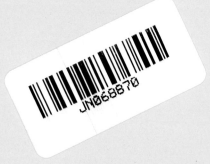

妙教《みょうきょう》

総索引

平成20年特別記念号（一八七号）
~令和4年6月号（三五七号）

妙教総索引　目次

項目別 …… 4

御法主日如上人猊下
お言葉・御指南・新年之辞　ほか …… 4
『妙教』誌の大日蓮出版への
移管について
御法主日如上人猊下　御指南
御法主日如上人猊下　新年之辞
お見舞い　御法主日如上人猊下
お見舞い　日蓮正宗宗務院
御礼　東日本大震災義援金
日蓮正宗宗務院

『妙教』第三百号を祝す
日蓮正宗総監　八木日照御尊能化 …… 8
今月のグラビア …… 9
総本山大石寺の風景 …… 14
講中アラカルト …… 14
寺院紹介 …… 21
妙法の唱え閻浮に絶えず …… 25

【か行】
海外通信 …… 33
九州開導の師　妙寿貴尼伝 …… 33
御書に親しむ …… 34
御書拝読 …… 巻末参照
コミック …… 35
熱原三烈士
阿仏房物語
日蓮大聖人物語

コラム　妙法の実践 …… 39

【さ行】
座談会 …… 40
布教区座談会
正義顕揚を目指して
広布への師子吼

支部座談会
御命題達成への闘い
講員50％増を目指して
80万人体勢構築に向かって
我が支部の折伏・育成

折伏・育成のための基礎教学 …… 48
折伏の手引き …… 49
正縁問答 …… 52
少年少女のための仏教 …… 53
史料に見る篤姫の信仰 …… 54
信仰の基本を学ぼう …… 54
信心の原点 …… 55
新入信者の育成のために …… 56
身命を捨てて
―日興上人の御生涯を拝して― …… 57
総本山だより・竜象への道 …… 58

【た行】
体験発表 …… 63
体験発表

法華講員50％増達成記念大会から
　中等部・高等部合宿に参加して
体曲がれば影ななめなり …… 72
大利剣 …… 73
中学生仏教教室 …… 73
中高生のためのやさしい教学 …… 75
中興の祖　日寛上人伝 …… 77
展示紹介 …… 78
　立正安国論記念展
　第二祖日興上人
　　御生誕七百七十年記念特別展
　大石寺五重塔展から
　大石寺三門展
　総本山第五十六世日應上人
　　第百回遠忌記念展
　アメリカ・ニューヨーク　妙説寺
　　日蓮大聖人御聖誕八百年展
伝統を永遠に …… 80
　五重塔修復工事レポート
　三門大改修工事レポート
当流法難史 …… 82

【な行】
なるほどなっとく！Q＆A …… 82

【は行】
布教講演 …… 86
　立正安国論正義顕揚七百五十年
　　記念総登山布教講演
　御霊宝虫払大法会布教講演
　日蓮大聖人御大会布教講演
　支部総登山・添書登山布教講演
　オンライン法話
仏教説話をひもとく …… 98
仏教探訪 …… 99
仏教読本 …… 101
仏教入門 …… 102
仏法の視座から …… 103
法華講衆の魁 …… 103

【や行】
よい子の仏教 …… 104

【ら行】
歴代上人の御指南を拝して
　日有上人　化儀抄 …… 106
Let's! チャレンジ教学 …… 107

【その他】
御講参詣のすすめ …… 107

号数別 …… 108

御書拝読 …… 199

【項目別】

凡例

＊索引の順序

御法主日如上人猊下の御指南・グラビア・総本山の風景・講中アラカルト・寺院紹介・妙法の唱え閻浮に絶えずを筆頭にし、それ以外は五十音順にまとめた。

＊索引の見方

タイトル名　…

平成○（年）・○（月号）―○（ページ）

特は特別記念号の略

御法主日如上人猊下お言葉・御指南・新年之辞　ほか

『妙教』誌の大日蓮出版への移管について …… 平成20・特―2
決起大会の意義 …… 平成20・5―6
折伏の大きな功徳 …… 平成20・6―6
「置」の字を恐れよ …… 平成20・7―6
全支部が折伏誓願達成へ …… 平成20・8―6
「為せば成る」の決意で …… 平成20・9―6
折伏成就は行動にあり …… 平成20・10―6
一向に法華経を説くべし …… 平成20・11―6
各支部折伏誓願達成へ …… 平成20・12―6
『立正安国論』に示された大原理 …… 平成21・1―6
正義顕揚の戦い …… 平成21・2―6
唱題の功徳をもって御命題達成を …… 平成21・3―6
登山参詣の功徳と使命の自覚 …… 平成21・4―6
唱題行の功徳と自行化他の信心 …… 平成21・5―6
「七万五千名大結集総会」に参加しよう …… 平成21・6―6

全支部共に大結集の達成へ …………… 平成21・7―6
全世界の平和実現のために …………… 平成21・8―6
新たなる御命題に向かって …………… 平成21・9―6
「やればできる」という確信 …………… 平成21・10―6
本年の折伏誓願を必ず達成 …………… 平成21・11―6
これからの戦いは折伏が主体 …………… 平成21・12―6
憂国の士となって折伏前進 …………… 平成22・2―6
活動の焦点を折伏に合わせて …………… 平成22・3―6
唱題は折伏活動の源泉 …………… 平成22・4―6
週単位の折伏戦を …………… 平成22・5―6
真剣な唱題で折伏成就 …………… 平成22・6―6
折伏は最高の報恩行 …………… 平成22・7―6
信心の厚薄 …………… 平成22・8―6
唱題、折伏の良い循環を …………… 平成22・9―6
折伏と育成は一体 …………… 平成22・10―6
身体を動かして折伏に …………… 平成22・11―6
自他共の幸せを実現するために …………… 平成22・12―6
厳しい戦いのなかに、本当の功徳あり …………… 平成23・2―6
本宗僧俗のなすべき使命 …………… 平成23・3―6
我が心を仏法に任せて …………… 平成23・5―6
今、我々がなすべきこと …………… 平成23・6―6
時人を待たず …………… 平成23・7―6
自分の心を仏様に …………… 平成23・8―6
我々の信力・行力 …………… 平成23・9―6
三障四魔が起きた時こそ …………… 平成23・10―6
広布に生きる信念 …………… 平成23・11―6
実践行動をもって広布へ挺身 …………… 平成23・12―6
折伏された人が折伏できるように …………… 平成24・2―6
広布の人材の育成 …………… 平成24・3―6
天変地夭等の災難を防止するために …………… 平成24・4―6
信仰の功徳を体験して …………… 平成24・5―6
「若有聞法者　無一不成仏」 …………… 平成24・6―6
正直な信心 …………… 平成24・7―6
慣れや惰性からの脱却 …………… 平成24・8―6
相手を思う一念で折伏を …………… 平成24・9―6
折伏はだれでもできる …………… 平成24・10―6
折伏した人を育成する …………… 平成24・11―6
日蓮正宗の信心 …………… 平成24・12―6
「団結前進の年」の信行 …………… 平成25・2―6
大聖人御出現の目的は広宣流布 …………… 平成25・3―6
真剣に一人が一人の折伏を …………… 平成25・4―6
誓願達成の秘訣 …………… 平成25・5―6
折伏の動きを止めない …………… 平成25・6―6

十月末までに全支部誓願達成を……平成25・7—6
お題目を第一に……平成25・8—6
信力・行力を奮い起こして……平成25・9—6
十月中に全支部が誓願達成を……平成25・10—6
地域における大法弘通の法城として……平成25・11—6
救済する方途はただ一つ……平成25・12—6
誓願達成の秘訣……平成26・2—6
勝利の秘訣は異体同心……平成26・3—6
末法の仏道修行は自行化他の信心……平成26・4—6
断固たる決意と勇気をもって……平成26・5—6
最善の慈悲行こそ折伏……平成26・6—6
折伏すれば、おのずと自分も救われる
……平成26・7—6
時や場所を選ばず折伏を……平成26・8—6
共に折伏に歩き、共に広布を語り……平成26・9—6
広宣流布の大きなうねりを作ろう……平成26・10—6
みんなで折伏していこう……平成26・11—6
必ず願いは達成できる……平成26・12—6
全力を傾注して……平成27・2—6
一人ひとりが如来の使いとして……平成27・3—8
妙法の功徳を自分一人だけに止めず……平成27・4—10
強いて妙法を説く……平成27・5—10
一切衆生救済の大願に立つ……平成27・6—10
異体同心の団結こそ勝利の要諦……平成27・7—10
法体の血脈が根本……平成27・8—10
与えられた時間を広布のために……平成27・9—10
一歩前進の信心を……平成27・10—10
唱題・折伏で講中一結……平成27・11—10
日々精進……平成27・12—10
信心とは障魔との戦い……平成28・2—10
なんとしてでも八十万人体勢構築を……平成28・3—10
決然として破邪顕正の折伏を……平成28・4—10
断固たる決意を持って折伏を……平成28・5—10
広宣流布の一点に焦点を合わせ……平成28・6—10
依正不二の大原則……平成28・7—10
講中一結して破邪顕正の折伏を……平成28・8—10
折伏と育成は一体……平成28・9—10
如来の使……平成28・10—10
広宣流布を目指す信心……平成28・11—10
一日一日を大事に……平成28・12—10
確信を持って折伏に当たる……平成29・2—10
障魔に負けない強靭な組織……平成29・3—10
すべての人に慈悲の折伏を……平成29・4—10
法華経を強ひて説き聞かすべし……平成29・5—10

法華講衆の信心 ………… 平成29・6—10
娑婆世界は耳根得道 ………… 平成29・7—10
しっかりと育成をして ………… 平成29・8—12
私達の信心の原点 ………… 平成29・9—12
広宣流布の人材となるべく育成を ………… 平成29・10—10
折伏こそ、最高の報恩行 ………… 平成29・11—10
折伏正規 ………… 平成29・12—10
勇躍として自行化他の信心を ………… 平成30・2—10
お題目を唱えた命で折伏を ………… 平成30・3—10
一人ひとりが慈悲の心を持って ………… 平成30・4—10
今、我々がなすべきこと ………… 平成30・5—12
折伏は相手の幸せを願う慈悲行 ………… 平成30・6—10
障魔を粉砕する最善の方途 ………… 平成30・7—10
しっかり折伏していますか ………… 平成30・8—10
法華講衆の大事な使命 ………… 平成30・9—10
謗法こそが不幸の根源 ………… 平成30・10—10
だれでも折伏はできる ………… 平成30・11—10
誓願達成の秘訣は異体同心 ………… 平成30・12—10
異体同心で誓願達成 ………… 平成31・2—10
折伏された人が折伏できるように ………… 平成31・3—10
みんなで心を合わせて折伏に ………… 平成31・4—10
まずは立ち上がって動く ………… 令和元・5—10
折伏することが　いかに尊いか ………… 令和元・6—10
余念なく一筋に信仰を ………… 令和元・7—10
心の財を積んで妙法広布に生きる ………… 令和元・8—10
滔々と流れる水の如き信心を ………… 令和元・9—10
一人ひとりが必ず折伏に立ち上がる ………… 令和元・10—10
信心とは実践行 ………… 令和元・11—12
御本尊様にお誓いした約束を守る ………… 令和元・12—14
折伏は　心を込めて　根気よく ………… 令和2・2—10
人心が乱れる原因は謗法の害毒 ………… 令和2・3—10
『立正安国論』に示された原理 ………… 令和2・4—10
安穏なる仏国土実現のため ………… 令和2・5—10
不幸の根源を断つ ………… 令和2・6—10
『立正安国論』の御聖意を拝して ………… 令和2・7—10
妙法の大良薬をもって ………… 令和2・8—10
一人もかけず仏に成る ………… 令和2・9—10
断固たる決意と確信と勇気を持って ………… 令和2・10—10
いかに折伏が大事か ………… 令和2・11—10
妙法を強いて説き聞かせる ………… 令和2・12—10
正法広布に我が身を捧げて ………… 令和3・2—10
勝利の秘訣 ………… 令和3・3—10
真心からの折伏を ………… 令和3・4—12
世の中の安寧と人々の幸せのために ………… 令和3・5—10

決然として破邪顕正の折伏に …………… 令和3・6―10
断固たる決意を持って折伏を ………… 令和3・7―10
南無妙法蓮華経は師子吼の如し ……… 令和3・8―10
一人でも多くの人に妙法の功徳を …… 令和3・9―10
一天広布を目指して ………………… 令和3・10―10
今こそ、持てる力のすべてを出して … 令和3・11―10
この妙法を一人でも多くの人々に …… 令和3・12―10
信心とは実践 ……………………… 令和4・2―10
今こそ　折伏の時 ………………… 令和4・3―10
一人でも多くの人々に妙法を ……… 令和4・4―12
確信あるひとことが、相手の心を動かす
…………………………………… 令和4・5―10
折伏を行ずることが第一 ………… 令和4・6―10
新年の辞 ………………………… 平成22・1―6
新年の辞 ………………………… 平成23・1―6
新年の辞 ………………………… 平成24・1―6
新年の辞 ………………………… 平成25・1―6
新年之辞 ………………………… 平成26・1―10
新年之辞 ………………………… 平成27・1―6
新年之辞 ………………………… 平成28・1―10
新年之辞 ………………………… 平成29・1―10
新年之辞 ………………………… 平成30・1―10
新年之辞 ………………………… 平成31・1―10
新年之辞 ………………………… 令和2・1―10
新年之辞 ………………………… 令和3・1―10
新年之辞 ………………………… 令和4・1―10
お見舞い　御法主日如上人猊下 ……… 平成23・4―6
お見舞い　日蓮正宗宗務院 ………… 平成23・4―7
御礼　東日本大震災義援金
日蓮正宗宗務院 …………………… 平成23・5―4

『妙教』第三百号を祝す

日蓮正宗総監　八木日照御尊能化 …… 平成29・9―2

今月のグラビア

九州決起大会……平成20・特―4
御霊宝虫払大法会……平成20・5―1
北海道決起大会……平成20・6―1
佐渡塚原跡題目碑開眼法要……平成20・7―1
東日本決起大会……平成20・8―1
少年部合宿・鼓笛隊コンクール……平成20・9―1
第十三回海外信徒夏期研修会……平成20・10―1
寛師会……平成20・11―1
総本山第六十五世日淳上人　第五十回遠忌法要……平成20・12―1
日蓮大聖人御大会……平成21・1―4
立正安国論正義顕揚七百五十年出陣式……平成21・2―1
記念総登山始まる……平成21・3―1
宗祖御誕生会並びに五重塔お塔開き……平成21・4―1
得度式……平成21・5―1
御霊宝虫払大法会……平成21・6―1
海外信徒二万名大結集　第一回総会……平成21・7―1
七百五十億遍百日間唱題行……平成21・8―1
立正安国論正義顕揚七百五十年記念大法要……平成21・9―1
七万五千名大結集総会……平成21・10―1
寛師会……平成21・11―1
海外信徒二万名大結集　第四回総会……平成21・12―1
日蓮大聖人御大会……平成22・1―4
元旦勤行・広布唱題会・法華講連合会初登山……平成22・2―1
台湾御親修……平成22・3―1
宗祖御誕生会並びに五重塔お塔開き……平成22・4―1
得度式・大坊在勤式……平成22・5―1
教師補任式……平成22・6―1
総本山御影堂立柱式……平成22・7―1
法華講夏期講習会……平成22・8―1
法華講連合会少年部合宿登山……平成22・9―1
第十四回　海外信徒夏期研修会……平成22・10―1
寛師会……平成22・11―1
理境坊本堂耐震改修奉告法要……平成22・12―1
日蓮大聖人御大会……平成23・1―4
法華講連合会初登山会……平成23・2―1

フィリピン御親修 …………………… 平成23・3―1
宗祖御誕生会並びに五重塔お塔開き …… 平成23・4―1
得度式・大坊在勤式 ………………… 平成23・5―1
東日本大震災殉難者追善法要 ……… 平成23・6―1
第八回法華講夏期講習会（第一期） …… 平成23・7―1
七月度広布唱題会 ………………… 平成23・8―1
少年部合宿登山 …………………… 平成23・9―1
海外信徒夏期研修会 ……………… 平成23・10―1
パナマ共和国　立正山大廣寺
　寺号公称並びに板御本尊入仏法要 …… 平成23・11―1
寛師会 ……………………………… 平成23・12―1
日蓮大聖人御大会 ………………… 平成24・1―4
法華講連合会初登山会 …………… 平成24・2―1
節分会 ……………………………… 平成24・3―1
宗祖御誕生会並びに五重塔お塔開き …… 平成24・4―1
総本山御影堂上棟式 ……………… 平成24・5―1
教師補任式 ………………………… 平成24・6―1
法華講夏期講習会（第一期） ……… 平成24・7―1
第四回台湾法華講総会 …………… 平成24・8―1
法華講中等部・高等部合宿 ……… 平成24・9―1
海外信徒夏期研修会 ……………… 平成24・10―1
寛師会 ……………………………… 平成24・11―1
十一月度広布唱題会・支部総登山 …… 平成24・12―1
日蓮大聖人御大会 ………………… 平成25・1―4
法華講連合会初登山会 …………… 平成25・2―1
節分会 ……………………………… 平成25・3―1
宗祖御誕生会並びに五重塔お塔開き …… 平成25・4―1
法華講連合会第五十回総会 ……… 平成25・5―1
教師補任式 ………………………… 平成25・6―1
法華講夏期講習会 ………………… 平成25・7―1
七月度唱題行 ……………………… 平成25・8―1
法華講中等部・高等部合宿 ……… 平成25・9―1
盂蘭盆会・墓参の儀 ……………… 平成25・10―1
アフリカ・ガーナ　法華寺
　創立十五周年記念法要 ………… 平成25・11―1
御影堂御本尊並びに宗祖御影御遷座式
　…………………………………… 平成25・12―1
御影堂大改修落慶大法要 ………… 平成26・1―4
御影堂大改修落慶記念法要 ……… 平成26・2―1
節分会 ……………………………… 平成26・3―1
総本山第二十四世日永上人第三百回遠忌法要
　…………………………………… 平成26・4―1
得度式 ……………………………… 平成26・5―1
御霊宝虫払大法会 ………………… 平成26・6―1

教師補任式 …………………… 平成26・7—1
第十一回法華講夏期講習会 ………… 平成26・8—1
法華講中等部・高等部合宿 ………… 平成26・9—1
第十七回海外信徒夏期研修会 ……… 平成26・10—1
寛師会 ……………………… 平成26・11—1
十一月度広布唱題会 …………… 平成26・12—1
日蓮大聖人御大会 ……………… 平成27・1—4
敬台院殿妙法日詔大姉第三百五十回遠忌法要
…………………………… 平成27・2—1
法華講新年初登山 ……………… 平成27・3—1
第二祖日興上人御生誕七百七十年奉祝大法要
…………………………… 平成27・4—1
第二祖日興上人
御生誕七百七十年奉祝記念法要並びに
法華講員50％増達成記念大会 …… 平成27・5—1
三門大改修並びに五重塔修復着工法要
第二祖日興上人御生誕七百七十年奉祝記念法要
並びに法華講員50％増達成記念大会（海外）
…………………………… 平成27・6—1
教師補任式 …………………… 平成27・7—1
第十二回法華講夏期講習会 ………… 平成27・8—1
法華講中等部・高等部合宿 ………… 平成27・9—1
第十八回海外信徒夏期研修会 ……… 平成27・10—1
寛師会 ……………………… 平成27・11—1
総本山第四十七世日珠上人第二百回遠忌法要
…………………………… 平成27・12—1
日蓮大聖人御大会 ……………… 平成28・1—4
法華講新年初登山 ……………… 平成28・2—1
総本山第四十六世日調上人第二百回遠忌法要
…………………………… 平成28・3—1
節分会 ……………………… 平成28・4—1
得度式 ……………………… 平成28・5—1
御霊宝虫払大法会 ……………… 平成28・6—1
教師補任式 …………………… 平成28・7—1
第十三回法華講夏期講習会 ………… 平成28・8—1
法華講中等部・高等部合宿 ………… 平成28・9—1
第十九回海外信徒夏期研修会 ……… 平成28・10—1
寛師会 ……………………… 平成28・11—1
広布唱題会 …………………… 平成28・12—1
日蓮大聖人御大会 ……………… 平成29・1—4
法華講新年初登山 ……………… 平成29・2—1
総本山五重塔修復完成法要 ………… 平成29・3—1
宗祖御誕生会並びに五重塔お塔開き … 平成29・4—1
得度式 ……………………… 平成29・5—1

御霊宝虫払大法会 …… 平成*29*・*6*—*1*
教師補任式 …… 平成*29*・*7*—*1*
第十四回法華講夏期講習会 …… 平成*29*・*8*—*1*
法華講中等部・高等部合宿 …… 平成*29*・*9*—*4*
第二十回海外信徒夏期研修会 …… 平成*29*・*10*—*1*
寛師会 …… 平成*29*・*11*—*1*
広布唱題会 …… 平成*29*・*12*—*1*
日蓮大聖人御大会 …… 平成*30*・*1*—*4*
法華講新年初登山 …… 平成*30*・*2*—*1*
節分会 …… 平成*30*・*3*—*1*
宗祖御誕生会並びに五重塔お塔開き …… 平成*30*・*4*—*1*
得度式 …… 平成*30*・*5*—*1*
台湾御親修
　正妙山善浄院山号院号公称並びに板御本尊入仏法要
　　台湾法華講結成二十周年記念総会
　　…… 平成*30*・*6*—*1*
教師補任式 …… 平成*30*・*7*—*1*
第十五回法華講夏期講習会 …… 平成*30*・*8*—*1*
法華講中等部・高等部合宿 …… 平成*30*・*9*—*1*
第二十一回海外信徒夏期研修会 …… 平成*30*・*10*—*1*
寛師会 …… 平成*30*・*11*—*1*
総本山第十九世日舜上人第三百五十回遠忌法要
　…… 平成*30*・*12*—*1*
日蓮大聖人御大会 …… 平成*31*・*1*—*4*
法華講新年初登山 …… 平成*31*・*2*—*1*
節分会 …… 平成*31*・*3*—*1*
宗祖御誕生会並びに五重塔お塔開き …… 平成*31*・*4*—*1*
得度式 …… 令和元・*5*—*1*
御霊宝虫払大法会 …… 令和元・*6*—*1*
第十六回法華講夏期講習会 …… 令和元・*7*—*1*
総本山三門上棟式 …… 令和元・*8*—*1*
法華講中等部・高等部合宿 …… 令和元・*9*—*1*
第二十二回海外信徒夏期研修会 …… 令和元・*10*—*1*
寛師会 …… 令和元・*11*—*1*
総本山第六十七世日顕上人御遷化 …… 令和元・*11*—*6*
総本山第六十七世御法主日顕上人猊下奉悼特集
　…… 令和元・*12*—*1*
日蓮大聖人御大会 …… 令和*2*・*1*—*4*
総本山第六十七世日顕上人　百箇日御忌法要
　…… 令和*2*・*2*—*1*
法華講新年初登山 …… 令和*2*・*3*—*1*
節分会 …… 令和*2*・*4*—*1*
宗祖御誕生会並びに五重塔お塔開き …… 令和*2*・*5*—*1*

得度式……令和2・6—1
大行会……令和2・7—1
唱題行……令和2・8—1
八月度広布唱題会……令和2・9—1
盂蘭盆会……令和2・10—1
総本山第六十七世日顕上人　第一周御忌法要
……令和2・11—1
大石寺三門展開幕式……令和2・12—1
日蓮大聖人御大会……令和3・1—4
法華講新年初登山……令和3・2—1
総本山三門大改修
並びに諸堂宇修復完成奉告法要……令和3・3—1
宗祖日蓮大聖人御聖誕八百年慶祝大法要
……令和3・4—1
総本山第十一世日底上人第五百五十回遠忌並びに
第十五世日昌上人第四百回遠忌法要
……令和3・5—1
得度式……令和3・6—1
法華講講習会……令和3・7—1
総本山第五十六世日應上人　第百回遠忌法要
……令和3・8—1
法華講中等部研修会……令和3・9—1
法華講学生部研修会・法華講高等部研修会
……令和3・10—1
総本山第六十七世日顕上人　第三回御忌法要
……令和3・11—1
総本山第十世日乗上人　第五百五十回遠忌法要
……令和3・12—1
日蓮大聖人御大会……令和4・1—4
法華講新年初登山……令和4・2—1
節分会……令和4・3—1
宗祖御誕生会並びに五重塔お塔開き……令和4・4—1
アメリカ・ニューヨーク　妙説寺
日蓮大聖人御聖誕八百年展……令和4・4—6
得度式……令和4・5—1
大行会……令和4・6—1

総本山大石寺の風景

奉安堂……令和元・10—26
法華講新年初登山……令和2・1—26
五重塔のお塔開き……令和2・2—26
新発意の墓参……令和2・3—26
洗心（宗務院前）……令和2・4—26
妙祇園の新緑と富士山……令和2・5—26
あじさいと御影堂……令和2・6—26
奉安堂照心庭……令和2・7—26
盂蘭盆　墓参……令和2・8—26
寛師会の花火……令和2・9—26
早朝、初冠雪の富士山を望む……令和2・10—26
かがり火と助番僧（御大会）……令和2・11—26
六万塔と富士……令和2・12—26

講中アラカルト

秋田県湯沢市・本要寺
創立二十周年記念法要……平成20・特—61
シンガポール　広布山開妙院
山号院号公称並びに板御本尊入仏法要
公称記念シンガポール地涌倍増決起大会……平成20・5—57
アフリカ・ガーナ　法華寺
創立十周年記念法要
並びに決起大会……平成20・5—75
東京都世田谷区・善福寺
創立四十周年記念法要……平成20・6—57
埼玉県朝霞市・日成寺
創立三十周年記念法要……平成20・7—57
茨城県土浦市・本妙寺　創立九十五周年記念法要
並びに三師塔開眼法要……平成20・8—57
熊本市東区・涌徳寺　開創五十周年記念法要
並びに御宝蔵新築落慶法要……平成20・9—57

北九州市門司区・妙境寺
創立百周年記念法要 ……………… 平成20・10―57
鳥取県鳥取市・日香寺　創立三百四十周年記念
本堂新築落慶法要 ……………… 平成20・11―57
京都市左京区・住本寺事務所
開所式 ……………………… 平成20・12―57
大阪府豊中市・本教寺
新築落慶法要 …………………… 平成21・1―57
愛知県尾張旭市・慧光山法遍寺
本堂・庫裡新築寺号公称落慶入仏式
…………………………………… 平成21・2―57
兵庫県加古川市・浄福寺
開創四十周年記念法要並びに
地涌倍増大結集推進決起大会 ……… 平成21・3―57
三重県鈴鹿市・仏境寺　創立二十周年記念
本堂庫裡増築完成奉告法要 ………… 平成21・4―57
宮城県栗原市・妙教寺
震災復興奉告法要 ………………… 平成21・5―57
札幌市清田区・大慈院
創立三十周年記念法要 …………… 平成21・6―57
東京都八王子市・常修寺事務所
開所十周年記念法要 ……………… 平成21・7―57
法道院第三代主管観妙院日慈上人
第十七回忌法要並びに
宝生院妙徳日賀大姉祥月命日忌法要
…………………………………… 平成21・8―57
北海道網走市・得成寺事務所
開所式 ……………………… 平成21・9―57
東京都品川区・妙光寺　第九代住職入院式並びに
第八代住職常宣院日至贈上人五七日忌法要
…………………………………… 平成21・10―57
東京都墨田区・常泉寺
第四十一代住職妙玄院日深上人第三十三回忌法要
…………………………………… 平成21・12―57
千葉市中央区・秀興山妙聡寺
落慶入仏式 ……………………… 平成22・1―57
三重県鈴鹿市・光徳寺
支部結成式 ……………………… 平成22・2―57
アフリカ・ガーナ共和国アクラ市
法華寺第三代住職入院式 ………… 平成22・3―57
茨城県水戸市・恵妙寺
創立五十周年記念法要 …………… 平成22・4―57
福岡県志免町・教説寺
創立二十周年記念法要 …………… 平成22・5―57

東京都江戸川区・白蓮院
　創立百周年記念法要 …………… 平成22・6—57
東京都足立区・本修寺　開創十五周年記念並びに
　庫裡新築落成法要 …………… 平成22・7—57
京都市東山区・住本寺
　復帰奉告法要 …………… 平成22・8—57
佐渡・塚原跡を護る妙護寺支部 …… 平成22・9—57
東京都目黒区・妙眞寺　復帰奉告法要並びに
　第三代住職入院式 …………… 平成22・10—57
神奈川県平塚市・大経寺
　復帰奉告法要 …………… 平成22・11—57
静岡県沼津市・蓮興寺　創立七百周年記念
　第二十一回重宝御虫払法要及び
　　蓮興寺歴代年忌法要 ………… 平成22・12—57
千葉県野田市・法道寺
　創立四十周年本堂改修記念法要 …… 平成23・1—57
鹿児島県奄美市・立安寺
　創立五十周年記念法要 ………… 平成23・2—57
岩手県釜石市・常説寺
　創立五十周年記念法要 ………… 平成23・3—57
東京都国分寺市・大宣寺　第二代住職入院式並びに
常観院日龍贈上人五七日忌法要 …… 平成23・4—57
北九州市八幡東区・法霑寺
　創立百二十五周年記念法要並びに
　法霑寺会館落成法要 ………… 平成23・5—57
石川県金沢市・妙喜寺
　創立百三十周年記念法要並びに
　　妙成墓苑三師塔開眼法要 …… 平成23・6—57
福岡県筑紫野市・信法寺
　創立三十周年記念法要 ………… 平成23・7—57
長野県飯田市・恵光寺
　創立四十五周年記念法要 ……… 平成23・8—57
福岡県飯塚市・普遍寺　創立五十周年記念法要並びに
　手水舎新築落成法要 ………… 平成23・9—57
長野県長野市・妙相寺
　創立五十周年記念法要 ………… 平成23・10—57
鹿児島県伊佐市・蓮秀寺
　創立二十五周年記念法要 ……… 平成23・11—57
青森県八戸市・玄中寺　創立百五十周年記念法要並びに
　御霊宝虫払会 …………… 平成23・12—57
新潟県佐渡市・妙護寺　創立五十周年記念法要並びに
　三師塔開眼法要 …………… 平成24・1—57
山口県防府市・覚正寺
　開創五十周年記念法要 ………… 平成24・2—57

愛媛県松山市・妙源寺
創立五十周年記念法要 …………… 平成24・3—57
山梨県富士川町・白蓮寺
創立四十周年記念法要 …………… 平成24・4—57
長崎県佐世保市・法光寺
創立百周年記念法要 …………… 平成24・5—57
大阪府交野市・了義山真興寺
落慶入仏法要 …………… 平成24・6—57
総本山任務者研修会 …………… 平成24・7—57
佐渡塚原跡地植樹会 …………… 平成24・8—57
台湾・妙照院
創立十周年記念移転落慶法要 ………… 平成24・9—57
台湾活動状況報告 …………… 平成24・10—57
福島県いわき市・妙法寺
第二十二代住職和合阿闍梨日如贈上人
第二百回忌法要 …………… 平成24・11—57
山梨県身延町・有明寺
創立五百四十五周年記念法要 ………… 平成24・12—57
熊本県阿蘇市・長照寺
復興奉告法要 …………… 平成25・1—57
千葉県我孫子市・啓正寺
災害復興新築落慶法要 …………… 平成25・3—57
福島県三春町・法華寺
開創四百年記念法要 …………… 平成25・6—57
埼玉県川越市・本種寺
創立五十周年記念法要 …………… 平成25・7—57
大分県豊後大野市・本種山妙益寺（旧妙益院）
移転新築・寺号公称板御本尊入仏法要
…………… 平成25・8—57
奈良県平群町・法雲寺
創立五十周年記念法要 …………… 平成25・9—57
北海道函館市・正法寺　創立百二十周年記念法要
並びに三師塔開眼法要 …………… 平成25・10—57
福島県須賀川市・廣宣寺
創立百三十周年記念法要並びに
東日本大震災復旧工事完了法要 …… 平成25・11—57
高知県高知市・法厳寺
創立三十周年記念法要 …………… 平成25・12—57
千葉県鎌ヶ谷市・鎌谷寺　創立四十周年記念法要
並びに客殿入仏法要 …………… 平成26・2—57
東京都目黒区・妙眞寺　創立八十周年並びに
法華講結成六十五周年記念法要 …… 平成26・3—57
香川県小豆島町・龍王寺
創立四十周年記念法要 …………… 平成26・4—57

愛媛県今治市・実正寺
創立四十周年記念法要……平成26・5—57
新潟県上越市・専光寺
創立五十周年記念法要……平成26・6—57
群馬県沼田市・浄蓮寺
創立四十周年記念法要……平成26・7—57
さいたま市大宮区・正因寺　復帰奉告法要
並びに第三代住職入院式……平成26・8—57
大阪市住吉区・妙輪寺
創立三十周年記念法要……平成26・9—57
福島県中島村・本法寺
開創四百年記念
東日本大震災復旧復興奉告法要…平成26・11—57
福島県喜多方市・万宝寺
創立四十周年記念法要……平成26・12—57
長野県軽井沢町・妙照寺
創立六十周年記念法要……平成27・1—57
徳島県三好市・皆妙寺
創立三十五周年記念法要……平成27・2—57
福岡県久留米市・霑妙寺
妙寿日成貴尼第百回遠忌並びに
九州開教百五十年記念法要……平成27・3—45
山梨県富士川町・白蓮寺
日興上人御生誕七百七十年記念法要
並びに新記念碑除幕式……平成27・4—43
埼玉県草加市・宣行寺
創立三十五周年記念法要……平成27・7—43
山口県岩国市・弘法寺
創立五十周年記念法要……平成27・8—43
福岡県太宰府市・大法山妙興寺（旧妙観院九州出張所）
寺号公称板御本尊入仏式……平成27・9—43
兵庫県西宮市・堅持院
復帰奉告法要並びに
第六代住職入院式……平成27・10—43
福島県いわき市・妙法寺
震災復興記念法要……平成27・11—43
大韓民国　ソウル布教所・釜山布教所
宗祖日蓮大聖人御会式……平成27・12—43
京都府舞鶴市・法護寺
創立三十周年記念法要……平成28・1—43
兵庫県西宮市・真法山法祥寺
新寺入仏式……平成28・2—43
福島県郡山市・壽海寺　創立百三十周年並びに
東日本大震災　復興記念法要……平成28・3—43

静岡県沼津市・蓮興寺
開基日興上人御生誕七百七十年記念法要並びに
重宝虫払法要 ……平成28・4―43
岡山県倉敷市・法龍寺
創立二十五周年記念法要 ……平成28・5―43
栃木県小山市・広布山教徳寺
移転新築・寺号公称板御本尊入仏法要
……平成28・6―43
兵庫県西宮市・正蓮寺
震災復興二十周年記念法要 ……平成28・7―43
茨城県ひたちなか市・正善寺
創立三十周年記念法要 ……平成28・8―43
静岡県伊東市・龍眼寺
創立五十五周年記念法要 ……平成28・9―43
埼玉県所沢市・能安寺
創立四十周年記念法要 ……平成28・10―43
岡山市北区・妙霑寺
創立六十周年記念法要 ……平成28・11―43
札幌市厚別区・直唱寺
移転新築落慶法要並びに御会式 ……平成28・12―43
埼玉県三郷市・妙乗寺
創立三十周年記念法要 ……平成29・1―43
埼玉県宮代町・妙本寺
第二十六代住職入院式 ……平成29・2―45
滋賀県近江八幡市・慧照寺
創立三十五周年記念法要 ……平成29・3―45
北海道北見市・法眼院
創立三十五周年記念法要 ……平成29・4―45
山梨県富士川町・白蓮寺
創立四十五周年記念法要 ……平成29・5―45
三重県伊勢市・本妙山法顕寺　本堂・庫裡新築・
寺号公称板御本尊入仏法要 ……平成29・6―45
香川県三豊市・本山本門寺塔中中之坊
本堂新築落慶法要 ……平成29・7―45
千葉県松戸市・本法山妙広寺
新寺落慶入仏式 ……平成29・10―45
北九州市小倉北区・覚命寺　復帰奉告法要並びに
第二代住職入院式 ……平成29・11―45
静岡県御殿場市・持妙寺
本堂新築落慶法要 ……平成30・1―43
横浜市南区・久遠寺　開創百十周年並びに
寺号公称七十年記念法要 ……平成30・2―43
神奈川県小田原市・小田原教会　復帰奉告法要並びに
第八代主管入院式 ……平成30・3―43

兵庫県尼崎市・大妙寺
創立五十周年記念法要 ……………… 平成30・4—43
東京都八丈町・無上寺
創立五十周年記念法要 ……………… 平成30・6—45
栃木県那須塩原市・覚徳寺　建立五十周年記念法要
並びに客殿入仏法要 ……………… 平成30・7—45
広島県尾道市・善照寺
創立五十周年記念法要 ……………… 平成30・8—43
北海道帯広市・法廣寺
創立六十周年記念法要 ……………… 平成30・11—43
福島県須賀川市・滿願寺
開創七百十五周年記念法要 ………… 平成31・1—43
大分県大分市・妙祥寺
移転新築落慶法要 ……………… 平成31・2—43
東京都大島町・妙安寺
災害復興新築落慶法要 ……………… 平成31・3—43
東京都小平市・広説寺
創立五十周年記念法要 ……………… 平成31・4—43
神奈川県鎌倉市・護国寺
創立五十周年記念法要 ……………… 令和元・5—43
東京都練馬区・華王寺
創立五十周年記念法要 ……………… 令和元・6—43
山梨県甲府市・正光寺　創立六十周年記念
移転新築落慶法要 ……………… 令和元・7—43
岡山県高梁市・園林寺
創立四十周年記念法要 ……………… 令和元・8—43
札幌市北区・日正寺
札幌開教百年記念法要 ……………… 令和元・9—43
岡山県備前市・音教寺
創立四十周年記念法要 ……………… 令和元・11—45
北海道網走市・得成寺
移転新築落慶法要並びに御会式 ……… 令和2・1—45
岐阜県大垣市・経説寺
創立五十周年記念法要 ……………… 令和2・2—45
神奈川県鎌倉市・護国寺
竜口発迹顕本七百五十年記念法要 … 令和2・11—45
群馬県安中市・法勤寺
創立四十周年記念法要 ……………… 令和2・12—45
千葉県野田市・法道寺　創立五十周年並びに
梵鐘堂新築落慶記念法要 …………… 令和3・1—45
横浜市旭区・大歓寺
創立五十周年記念法要 ……………… 令和3・2—45
千葉県成田市・智妙寺
創立三十五周年記念法要 …………… 令和3・6—45

鹿児島県奄美市・立安寺
創立六十周年記念法要……………令和3・7—45
新潟市秋葉区・正安寺
創立四十周年記念法要……………令和3・8—45
宮城県登米市・本源寺
復帰奉告法要並びに住職入院式……令和3・9—45
北海道帯広市・法廣寺
三師塔建立開眼法要………………令和3・10—45
兵庫県西宮市・正蓮寺
創立八十周年記念法要……………令和3・11—45
神奈川県小田原市・小田原教会
創立百三十五周年記念
本堂屋根改修完成奉告法要………令和3・12—45
滋賀県近江八幡市・慧照寺
創立四十周年記念法要……………令和4・1—45
静岡県富士宮市・要行寺
本堂新築落慶法要…………………令和4・2—45
岡山県玉野市・法命寺
創立四十周年記念法要……………令和4・5—43
東京都新宿区・大願寺
創立五十周年記念法要……………令和4・6—43

寺院紹介

本地山法勝寺（埼玉県）……………平成20・特—43
久道山開信寺（福岡県）……………平成20・5—39
三宝山普遍寺（福岡県）……………平成20・6—39
正法山本円寺（静岡県）……………平成20・7—39
法道山慈法寺（茨城県）……………平成20・8—39
清浄山佛心寺（千葉県）……………平成20・9—39
高耀山勝妙寺（群馬県）……………平成20・10—39
真光山聞佛寺（北海道）……………平成20・11—39
宿縁山深遠寺（佐賀県）……………平成20・12—39
所得山仏覚寺（奈良県）……………平成21・1—39
本妙山教信寺（大阪府）……………平成21・2—39
法永山宣行寺（埼玉県）……………平成21・3—39
久道山本説寺（大阪府）……………平成21・4—39
本智山妙久寺（兵庫県）……………平成21・5—39
久修山妙重寺（静岡県）……………平成21・6—39
本時山教明寺（愛知県）……………平成21・7—39
本光山寿照寺（神奈川県）…………平成21・8—39
無量山仏寿寺（東京都）……………平成21・9—39

信解山妙言寺（兵庫県）……………平成21・10―39
明光山大法寺（北海道）……………平成21・11―39
上野山法善寺（静岡県）……………平成21・12―39
天華山正遍寺（鹿児島県）…………平成22・1―39
寂然山仏土寺（愛知県）……………平成22・2―39
心生山大歓寺（神奈川県）…………平成22・3―39
南海山光明寺（沖縄県）……………平成22・4―39
深遠山法正寺（茨城県）……………平成22・5―39
龍田山法雲寺（奈良県）……………平成22・6―39
本円山宣要寺（兵庫県）……………平成22・7―39
開光山専妙寺（青森県）……………平成22・8―39
慧徳山法命寺（岡山県）……………平成22・9―39
真実山究竟寺（岡山県）……………平成22・10―39
顕正山妙流寺（福岡県）……………平成22・11―39
法種院（秋田県）……………………平成22・12―39
天龍山知法寺（北海道）……………平成23・1―39
真蓮山開妙寺（広島県）……………平成23・2―39
観法山法勤寺（群馬県）……………平成23・3―39
実法山正伝寺（香川県）……………平成23・4―39
優義山妙恵寺（大阪府）……………平成23・5―39
行学山久修寺（愛知県）……………平成23・6―39
広大山興教寺（北海道）……………平成23・7―39
佛身山実行寺（新潟県）……………平成23・8―39
妙慧山真修寺（栃木県）……………平成23・9―39
方広山大願寺（東京都）……………平成23・10―39
本縁山徳蔵寺（福岡県）……………平成23・11―39
津久井山妙苑寺（神奈川県）………平成23・12―39
立正山法常寺（千葉県）……………平成24・1―39
本国山浄顕寺（愛知県）……………平成24・2―39
本山本門寺塔中西山坊（香川県）…平成24・3―39
要道山弘宣寺（長崎県）……………平成24・4―39
千丈山妙岳寺（兵庫県）……………平成24・5―39
法泉山浄教寺（兵庫県）……………平成24・6―39
法縁山覚正寺（山口県）……………平成24・7―39
大洞山善修寺（宮城県）……………平成24・8―39
無上山法恵寺（福岡県）……………平成24・9―39
一心山見仏寺（奈良県）……………平成24・10―39
妙観院（東京都）……………………平成24・11―39
大東山正玄寺（徳島県）……………平成24・12―39
正円山興徳寺（北海道）……………平成25・1―39
自然山佛知寺（宮崎県）……………平成25・2―41
太洋山法清寺（千葉県）……………平成25・3―39
随義山実説寺（山形県）……………平成25・4―39
具足山妙頂寺（山口県）……………平成25・5―39

熱原山龍泉寺（静岡県）……平成25・6―39
妙経山法貴寺（福岡県）……平成25・7―39
慧光山妙隆寺（沖縄県）……平成25・8―39
常楽山得妙寺（大分県）……平成25・9―39
常住山本教寺（大阪府）……平成25・10―39
向陽山佛乘寺（東京都）……平成25・11―39
正説山諦聴寺（福岡県）……平成25・12―39
荘厳山宝相寺（和歌山県）……平成26・1―43
本種山仏命寺（鹿児島県）……平成26・2―39
正法山覚宝寺（山梨県）……平成26・3―39
本法山長久寺（千葉県）……平成26・4―39
甚深山本地寺（滋賀県）……平成26・5―39
法縁山弘妙寺（大阪府）……平成26・6―39
無上山泆楽寺（愛媛県）……平成26・7―39
信解山得浄寺（岐阜県）……平成26・8―39
久遠山正蓮寺（兵庫県）……平成26・9―39
大雲山法龍寺（岡山県）……平成26・10―39
福聚山安明寺（愛知県）……平成26・11―39
諦聴山教説寺（福岡県）……平成26・12―39
法光山正安寺（新潟県）……平成27・1―39
新興山正覚寺（新潟県）……平成27・2―39
良円山住本寺（京都府）……平成27・3―63
国東山寿福寺（大分県）……平成27・4―61
大光山普照寺（山口県）……平成27・5―61
本円山啓正寺（千葉県）……平成27・6―61
広大山宣明寺（福岡県）……平成27・7―61
本修山感応寺（兵庫県）……平成27・8―61
無量山功徳寺（島根県）……平成27・9―61
無量山浄法寺（群馬県）……平成27・10―61
新池山遠信寺（静岡県）……平成27・11―61
大法山妙乘寺（埼玉県）……平成27・12―61
法晶山正光寺（山梨県）……平成28・1―61
寳蔵山開顕寺（岐阜県）……平成28・2―61
妙法山弘教寺（福岡県）……平成28・3―61
大雪山専光寺（新潟県）……平成28・4―61
收廣山顕要寺（三重県）……平成28・5―61
大法山威徳寺（長野県）……平成28・6―63
妙長院（宮崎県）……平成28・7―61
光雲山蓮照寺（島根県）……平成28・8―61
広布山宣法寺（神奈川県）……平成28・9―61
修道山本慧寺（三重県）……平成28・10―61
妙興山要道寺（兵庫県）……平成28・11―61
法光山妙遍寺（宮城県）……平成28・12―61
法宣山妙徳寺（三重県）……平成29・1―61

佛縁山法輪寺（山形県）……平成29・2―63
常説山実法寺（大阪府）……平成29・3―63
本修山開源寺（愛知県）……平成29・4―63
本種山徳成寺（兵庫県）……平成29・5―63
本法山長昌寺（岐阜県）……平成29・6―63
本種山妙益寺（大分県）……平成29・7―63
安立山本泰寺（埼玉県）……平成29・8―63
宝塔山高妙寺（兵庫県）……平成29・9―63
慧光山法遍寺（愛知県）……平成29・10―63
法照山仏説寺（埼玉県）……平成29・11―63
法道山正隆寺（北海道）……平成29・12―61
三宝山開徳寺（埼玉県）……平成30・1―61
春日山広安寺（宮城県）……平成30・2―61
了義山順正寺（広島県）……平成30・3―61
徳円山常行寺（群馬県）……平成30・4―61
地涌山法泉寺（大分県）……平成30・5―61
本妙山法顕寺（三重県）……平成30・6―63
法久山大修寺（東京都）……平成30・7―63
恵日山大聖寺（宮城県）……平成30・8―61
本種山速成寺（青森県）……平成30・9―59
佛生山正因寺（埼玉県）……平成30・10―61
幽玄山本因寺（山口県）……平成30・11―61
顕正山法王寺（岩手県）……平成30・12―59
妙囿山日香寺（鳥取県）……平成31・1―61
聖道山蓮徳寺（静岡県）……平成31・2―61
道種山信法寺（福岡県）……平成31・3―61
大観山福徳寺（富山県）……平成31・4―61
中道山円妙寺（高知県）……令和元・5―61
妙義山啓道寺（滋賀県）……令和元・6―61
那須山覚徳寺（栃木県）……令和元・7―61
仏生山蓮華寺（大阪府）……令和元・8―61
本地山成顕寺（徳島県）……令和元・9―61
妙智山常照寺（福岡県）……令和元・10―63
寿徳山慧照寺（滋賀県）……令和元・11―63
正覚山妙通寺（愛知県）……令和元・12―63
大照山浄願寺（鹿児島県）……令和2・1―63
信光山妙照寺（長野県）……令和2・2―63
本法山妙広寺（千葉県）……令和2・3―61
専光山慈本寺（東京都）……令和2・4―61
妙義山法縁寺（福岡県）……令和2・5―61
蓮華山寿泉寺（秋田県）……令和2・6―61
東陽山持妙寺（静岡県）……令和2・7―61
華光山信善寺（新潟県）……令和2・8―61
永正山法乗寺（滋賀県）……令和2・9―61

妙法の唱え閻浮に絶えず

(64)「大都会での折伏行！」
ニューヨーク　妙説寺　……　平成22・2―21
(65)「法統相続『七五三』」
マレーシア布教所　……　平成22・3―21
(66)「報恩謝徳の一念を持って…」
ブラジル　正法寺　……　平成22・4―21
(67)「三重から幾重にも広がる歓喜の輪」
台湾　法秀院　……　平成22・5―21
(68)「一歩一歩着実に」
セルビア共和国　……　平成22・6―21
(69)「御命題達成に向けて突き進まん」
大韓民国　釜山布教所　……　平成22・7―21
(70)「カリブ海の法華講支部」
トリニダード・トバゴ　……　平成22・8―21
(71)「日興上人御生誕七七〇年を目指して」
オーストリア共和国　……　平成22・9―21
(72)「御親修を弾みに、さらなる地域広布に邁進」
台湾　正行院　……　平成22・10―21
(73)「誓願目標二年連続達成を目指して」
アルゼンチン布教所　……　平成22・11―21
(74)「脈々と継承される広布への思い」
タイ　……　平成22・12―21
(75)「御命題達成のため、新体制で新たな出発」
台湾　妙照院　……　平成23・1―21
(76)「広がる地域の活動」
オーストラリア　……　平成23・2―21
(77)「一歩一歩広布への前進」
大韓民国　ソウル布教所　……　平成23・3―21
(78)「道のとをきに心ざしのあらわるゝにや」
ブラジル　アングラ・ドス・ヘイス布教所
……　平成23・4―21
(79)「折伏は楽しみ」
アフリカ・ガーナ　法華寺　……　平成23・5―21
(80)「我も唱へ、他をも勧めん」
台湾　花東布教所　……　平成23・6―21
(81)「中米・カリブの国々にも広布の息吹」
メキシコ　……　平成23・7―21
(82)「大西洋の島々に妙法広布の声高らか」
妙昌寺テネリフェ出張所　……　平成23・8―21
(83)「いつの日か私たちの地域にも法城を」
フィリピン　……　平成23・9―21
(84)「今日の唱題は、明日の折伏へつながる！」
サンフランシスコ　妙信寺　……　平成23・10―21

(85)「歓喜の唱題・歓喜の折伏」
香港事務所 …………………… 平成23・11―21
(86)「御報恩の誠を尽くすために」
台湾　本照院 …………………… 平成23・12―21
(87)「笑顔で折伏を」
シンガポール　開妙院 …………… 平成24・1―21
(88)「講中一結して誓願達成を」
カナダ　バンクーバー布教所 …… 平成24・2―21
(89)「今こそ御報恩の折伏・唱題・寺院参詣を」
パナマ　大廣寺 ………………… 平成24・3―21
(90)「ドイツの地に広布の花を」
ドイツ連邦共和国 ……………… 平成24・4―21
(91)「御法主上人の御指南のままに、精進の日々」
インドネシア　妙願寺 ………… 平成24・5―21
(92)「三つの目標達成に向けて」
トーゴ共和国 …………………… 平成24・6―21
(93)「インド広布の新しい風」
インド …………………………… 平成24・7―21
(94)「異体同心に国境なし」
チリ共和国 ……………………… 平成24・8―21
(95)「明るく、元気に折伏を実践」
イタリア ………………………… 平成24・9―21
(96)「ハワイ広布を目指して」
ハワイ　本誓寺 ………………… 平成24・10―21
(97)「真の寂光土を目指して自行化他の
信行に邁進」コロンビア共和国 …… 平成24・11―21
(98)「育成が更に大きな育成につながるよう、
実行前進の日々」
台湾・高雄市　法宣院 ………… 平成24・12―21
(99)「僧俗一致の精進を」
ロサンゼルス　妙法寺 ………… 平成25・1―21
(100) 地球規模で躍進する法華講衆 …… 平成25・2―21
(101) 台湾　妙徳寺
創立十周年記念法要 ………… 平成25・3―21
(102)「自国における正法興隆に邁進」
ペルー共和国 …………………… 平成25・4―21
(103)「信心の歓喜の輪をひろげて」
大韓民国　釜山布教所 ………… 平成25・5―21
(104)「遠くとも菩提寺に連なり広布へ前進」
ニューヨーク　妙説寺（カナダ東部） 平成25・6―21
(105)「名実共に50％増を目指して」
台湾　妙行院 …………………… 平成25・7―21
(106)「遠距離をものともせず異体同心御命題達成へ」
シカゴ　妙行寺 ………………… 平成25・8―21

(107)「心は常に大御本尊様のもとにあり」
ブラジル　正法寺 …………………… 平成25・9―21

(108)「創立二十周年を迎え、御影堂大改修落慶大法要までに折伏誓願達成を！」
スペイン　妙昌寺 ………………… 平成25・10―21

(109)「根深葉茂（根深ければ枝繁し）」
台湾　本興院 ……………………… 平成25・11―21

(110)「『More shakubuku!!（もっと折伏を!!）』の合言葉で大前進！」
トーゴ共和国 ……………………… 平成25・12―21

(111)「御命題三倍達成を目指して」
香港事務所 ………………………… 平成26・1―25

(112)「諦めない信心」
サンフランシスコ　妙信寺 ……… 平成26・2―21

(113)「勢いの源は唱題と一体感」
台湾　法秀院 ……………………… 平成26・3―21

(114)「一歩一歩の前進を」
大韓民国　ソウル布教所 ………… 平成26・4―21

(115)「目指せ!!　200％増」
アフリカ　ベナン共和国 ………… 平成26・5―21

(116)「異体同心なれば万事を成ず」
セルビア共和国 …………………… 平成26・6―21

(117)「異体同心の組織で御命題達成を！」
ブラジル　アングラ・ドス・ヘイス布教所
…………………………………… 平成26・7―21

(118)「真実の幸せを求めて」
ワシントンD．C．　妙宣寺 …… 平成26・8―21

(119)「異体同心し、法華講員50％増の御命題達成を！」
イギリス …………………………… 平成26・9―21

(120)「御命題を達成した喜びでさらなる飛躍を!!」
台湾　正行院 ……………………… 平成26・10―21

(121)「道のとをきにこころざしのあらわるゝにや」
トリニダード・トバゴ …………… 平成26・11―21

(122)「蒼蝿驥尾に附して万里を渡る」
カナダ　妙正寺 …………………… 平成26・12―21

(123)「ヨーロッパの西端
テネリフェ出張所より　折伏の歓喜を！」
スペイン　テネリフェ出張所 …… 平成27・1―21

(124)「さらなる広布への出陣」
シンガポール　開妙院 …………… 平成27・2―21

(125)新たな御命題に向かう
世界の同志 ………………………… 平成27・3―23

(126)「すべてお題目を根本に!!」
アルゼンチン布教所 ……………… 平成27・4―6

(127)「正しい勤行習得を求めて」
タイ ……………… 平成27・5―6
(128)「新入信者が語り伝える信仰の喜び」
メキシコ ……………… 平成27・7―6
(129)「多民族の人々が心を一つに」
マレーシア布教所 ……………… 平成27・8―6
(130)「笑顔が集う我が法城」
台湾　妙照院 ……………… 平成27・9―6
(131)「いつの日か私の町に法城を」
フィリピン ……………… 平成27・10―6
(132)「パナマ広布の使命に燃えて」
パナマ共和国　大廣寺 ……………… 平成27・11―6
(133)「50周年の佳節に向け、いっそうの前進」
ハワイ　本誓寺 ……………… 平成27・12―6
(134)「アフリカ広布実現へ　モア・チャンティング!!」
トーゴ共和国 ……………… 平成28・1―6
(135)「各地で広がる異体同心の輪」
イタリア ……………… 平成28・2―6
(136)「妙法への熱き渇仰心　―喜びと勇気の源泉―」
大韓民国　釜山布教所 ……………… 平成28・3―6
(137)「釈尊生誕の地に　今、正法の光が」
インド ……………… 平成28・4―6
(138)「さらなる唱題！　さらなる折伏！」
チリ共和国 ……………… 平成28・5―6
(139)「全力で仏道修行を」
台湾　妙徳寺 ……………… 平成28・6―6
(140)「勢いを増す唱題と折伏の実践」
アフリカ・コンゴ共和国 ……………… 平成28・7―6
(141)「人種を越えて世界広布へ邁進」
アメリカ・ニューヨーク
妙説寺 ……………… 平成28・8―6
(142)「台湾躍進の鍵は僧俗和合の闘いに」
台湾・台北市　北投布教所 ……………… 平成28・9―6
(143)「北欧の地でも広布は着実に」
北欧 ……………… 平成28・10―6
(144)「次世代につなげ！台湾広布を」
台湾・彰化縣　本照院 ……………… 平成28・11―6
(145)「雄大な国土に根づく正法」
オーストラリア ……………… 平成28・12―6
(146)「台湾各寺院が足並みをそろえ
御命題達成へ！」
台湾・台中市　妙行院 ……………… 平成29・1―6
(147)「六年ぶりの出張御授戒に決意も新た」
アフリカ・ナイジェリア ……………… 平成29・2―6

(148)「唱題の功徳で着実な折伏」
アメリカ・シカゴ　妙行寺　……………平成29・3—6

(149)「御聖誕八百年に向けて今こそ報恩感謝の精進を！」
フランス　信行寺　……………平成29・4—6

(150)「篤き求道心が歓喜の登山に！」
ブラジル　正法寺　……………平成29・5—6

(151)「寺院参詣で人材育成」
台湾・高雄市　法宣院　……………平成29・6—6

(152)「創立五十周年を迎え　より一層の折伏を決意」
アメリカ・ロサンゼルス　妙法寺
……………平成29・7—6

(153)「正法広布へ　たゆまぬ努力」
インドネシア　妙願寺　……………平成29・8—8

(154)「正法流布で安穏な国土の実現を」
UK（英国　グレート・ブリテンおよび
北アイルランド連合王国）……………平成29・9—8

(155)「正法弘通の原動力は
『祈りとして叶わざるなし』の確信」
コロンビア共和国　……………平成29・10—6

(156)—海外部出張報告—
オセアニア信徒の笑顔と異体同心の和
……………平成29・11—6

(157)「活動センターの開所で台湾広布のさらなる飛躍が」
台湾　本興院　……………平成29・12—6

(158)「我が故郷の広布を！」
アフリカ・コートジボワール　……………平成30・1—6

(159)「『まず、行動』を合い言葉に！」
アメリカ・ワシントン　妙宣寺　……………平成30・2—6

(160)「異体同心で多くの人に妙法を」
インドネシア　法清寺　……………平成30・3—6

(161)「開創より二十年　さらなる弘教のうねりが」
アフリカ・ガーナ　法華寺　……………平成30・4—6

(162)海外信徒登山特集①
「笑顔あふれて」大韓民国　……………平成30・5—6

(163)「異体同心の唱題と折伏で御命題達成へ」
パナマ共和国　大廣寺　……………平成30・7—6

(164)「創立十周年に向け　さらなる発展を」
台湾・桃園市　正行院　……………平成30・8—6

(165)「唱題と行動の実践で、カナダ広布へ」
カナダ・バンクーバー　妙正寺　……………平成30・9—6

(166)海外信徒登山特集②
「海外信徒夏期研修会の参加者に聞く
登山の喜びと決意」　……………平成30・10—6

(167)　「より一層の飛躍を期して」
台湾・新北市　法秀院　……………　平成30・11—6
(168)　特集　海外折伏活動報告
「誓願達成の喜び　続々と」　…………　平成30・12—6
(169)　「お題目の声が全土に満ちるように」
スリランカ　……………………　平成31・1—6
(170)　「一年に一人が一人の折伏を」
ブラジル　アングラ・ドス・ヘイス布教所
……………………………　平成31・2—6
(171)　「スペイン、ヨーロッパ、さらには世界広布の先駆に!!」
スペイン　妙昌寺　………………　平成31・3—6
(172)　「成仏を願う我らの心一つに」
ペルー共和国　…………………　平成31・4—6
(173)　「今日の唱題は明日の折伏へつながる」
アメリカ・サンフランシスコ　妙信寺
……………………………　令和元・5—6
(174)　「すべては広宣流布のために」
フィリピン　法開寺　………………　令和元・6—6
(175)　「法華講支部結成十周年を迎えて」
シンガポール　開妙院　……………　令和元・7—6
(176)　「困難を力に変え　広布前進と地域安寧を」
台湾　花東布教所　………………　令和元・8—6
(177)　「一歩一歩、着実に広布への歩みを」
オーストリア　……………………　令和元・9—6
(178)　「地区活動の推進を通して　令和三年の目標達成!!」
香港事務所　……………………　令和元・10—6
(179)　「若人の姿が講中の活力に」
台湾・宜蘭市　妙照院　……………　令和元・11—8
(180)　「誓願達成を目指し、勇猛果敢に精進」
カナダ東部　……………………　令和2・1—6
(181)　「登山の陰の立役者　—ドメスティックサポート」
タイ　…………………………　令和2・2—6
(182)　「御命題達成へ異体同心」
アルゼンチン布教所　……………　令和2・3—6
(183)　「国土の安寧とオセアニア諸国の広布を目指して」
オーストラリア　…………………　令和2・4—6
(184)　「御命題達成の鍵は異体同心の信行」
台湾・苗栗縣　妙徳寺　……………　令和2・5—6
(185)　「講中全員が仏恩報謝の人に」
ハワイ　本誓寺　…………………　令和2・6—6
(186)　「誓いも新たに広布へ前進」
インドネシア　妙願寺　……………　令和2・7—6
(187)　「仏語は実にして虚しからず」
セルビア共和国　…………………　令和2・8—6

(188)「動けば必ず智慧が湧く」
台湾・彰化縣　本照院 ……………… 令和2・9—6
(189)「『日々、着実な実践』を合い言葉に」
メキシコ ………………………… 令和2・10—6
(190)「信心とは実践行なり」
アメリカ・シカゴ　妙行寺 ………… 令和2・11—6
(191)「南無妙法蓮華経は師子吼の如し」
ブラジル　正法寺 ………………… 令和2・12—6
(192)「広布への歩みを止めることなく」
チリ共和国 ……………………… 令和3・1—6
(193)「一人ひとりが広布の主役」
台湾・高雄市　法宣院 …………… 令和3・2—6
(194)「日蓮大聖人御聖誕八百年大佳節に飛躍を」
アメリカ・ロサンゼルス　妙法寺
………………………………… 令和3・3—6
(195)「今だからこそできる信行を」
インドネシア　法清寺 …………… 令和3・4—8
(196)「輝く笑顔で折伏に邁進」
スリランカ ……………………… 令和3・5—6
(197)「二人・三人・百人と次第に唱へつたふるなり」
ドイツ …………………………… 令和3・6—6
(198)「逆境に打ち勝つ信心を！」
台湾・台北市　本興院 …………… 令和3・7—6
(199)「蓮華のように清らかな信行を」
トリニダード・トバゴ …………… 令和3・8—6
(200)「いかなる時も弛まぬ信行を！」
アフリカ・ガーナ　法華寺 ………… 令和3・9—6
(201)「今だからこそできる折伏・育成を！」
スペイン　妙昌寺・テネリフェ出張所
………………………………… 令和3・10—6
(202)「渇仰恋慕の信心でコロナ禍を乗り越えよう！」
台湾・台中市　妙行院 …………… 令和3・11—6
(203)「いかなる困難にも打ち勝つ確固たる信行を」
カナダ・バンクーバー　妙正寺 … 令和3・12—6
(204)「異体同心で広布に前進」
ブラジル　アングラ・ドス・ヘイス布教所
………………………………… 令和4・1—6
(205)「遂に願ふべきは仏国なり」
フランス　信行寺 ………………… 令和4・2—6
(206)「御指南のままに異体同心の信行を」
フィリピン　法開寺 ……………… 令和4・3—6
(207)「疫病に負けない！　日々信行に精進」
台湾・新北市　法秀院 …………… 令和4・5—6

(208)「折伏と育成は一体」パナマ共和国　大廣寺 …… 令和4・6—6

【か行】

海外通信

海外メンバーをサポートする
サポートスタッフの活躍 …… 平成20・10—4
特集　海外サポートスタッフの活躍 …… 平成20・10—66
海外寺院・布教所紹介 …… 平成21・4—33
ブラジル・マナウス信徒の登山の道のり
…… 平成21・5—15
海外信徒記念総登山に参加して …… 平成21・6—15
「あこがれの総本山」
アフリカ・ガーナ　法華寺 …… 平成21・7—15
「異体同心で前進する大韓民国」
ソウル布教所 …… 平成21・8—15
百日間唱題行の功徳 …… 平成21・9—15
海外信徒二万名大結集第二回総会 …… 平成21・10—15
密着！登山中の海外メンバー …… 平成21・11—57
「インド洋の真珠」スリランカ …… 平成21・12—36
海外信徒記念総登山に参加して　PART2
…… 平成22・1—36
登山の歓喜を折伏に …… 平成22・2—36
（最終回）台湾御親修リポート …… 平成22・3—32

九州開導の師　妙寿貴尼伝

① 妙寿日成貴尼の御一代 …… 平成21・8—66
② 誕生から出家まで …… 平成21・9—61
③ 異流時代 …… 平成21・10—80
④ 異流義との決別 …… 平成21・11—80
⑤ 帰伏から得度受戒 …… 平成21・12—80
⑥ 練修時代 …… 平成22・1—72
⑦ 九州への道中 …… 平成22・2—51
⑧ 小倉・行橋 …… 平成22・3—51
⑨ 久留米到達 …… 平成22・4—76
⑩ 懺悔弘通の初期 …… 平成22・5—76

⑪ 懺悔弘通の成果 ……… 平成22・6―50
⑫ 留難時代初期 ……… 平成22・7―62
⑬ 留難時代中期 ……… 平成22・8―62
⑭ 留難時代後期 ……… 平成22・9―68
⑮ 霑妙寺設立認可 ……… 平成22・10―68
⑯ 本懐満足 ……… 平成22・11―68
⑰ 教会所建立 ……… 平成22・12―72
⑱ 水野慈恩との問答① ……… 平成23・1―72
⑲ 水野慈恩との問答② ……… 平成23・2―72
⑳ 水野慈恩との問答③ ……… 平成23・3―72
㉑ 水野慈恩との問答④ ……… 平成23・4―72
㉒ 霑妙寺開院式 ……… 平成23・5―72
㉓ 隠居するまで ……… 平成23・6―72
㉔ 隠居してから ……… 平成23・7―51
㉕ 妙寿尼有縁の寺院・教会 ……… 平成23・8―72
㉖ 妙寿尼の終焉 ……… 平成23・9―69
㉗ （最終回）広布への志 ……… 平成23・10―68

御書に親しむ

1 『立正安国論』と大聖人の御化導 ……… 平成20・特―75
2 『立正安国論』が教えるもの ……… 平成20・5―52
3 『立正安国論』に籠められた御真意 ……… 平成20・6―52
4 『立正安国論』と悪思想の興起 ……… 平成20・7―52
5 『立正安国論』の示唆するもの ―真っ直ぐに見る ……… 平成20・8―52
6 『開目抄』主師親三徳について ……… 平成20・9―30
7 『開目抄』法華経は内典の孝経 ……… 平成20・10―52
8 『開目抄』法華経の行者と末法の御本仏 ……… 平成20・11―31
9 『開目抄』御本仏の三大誓願 ……… 平成20・12―52
10 『開目抄』母子溺死の譬えと一念の大事 ……… 平成21・1―16
11 『秋元御書』器の四失 ……… 平成21・2―16
12 『佐渡御書』時機に叶った信行 ……… 平成21・3―61
13 『下山御消息』極楽寺良観のこと ……… 平成21・4―75

14『佐渡御書』
末法の一切衆生の宿業のこと……平成21・5—35
15『撰時抄』
天の時・地の利・人の和……平成21・6—66
16『一念三千法門』
妙の一字と唱題の大事……平成21・7—66

御書拝読……別項

199ページ参照

コミック

熱原三烈士
＝行智の悪だくみ＝……平成20・特—88
＝あやしい弥藤次＝……平成20・5—86
＝神主の危機＝……平成20・6—84
＝敵か味方か＝……平成20・7—84
＝邪教に染まった弥藤次＝……平成20・8—84
＝弥四郎斬られる＝……平成20・9—84
＝あらしの前＝……平成20・10—84
＝刈田の襲撃＝……平成20・11—84
＝神四郎つかまる＝……平成20・12—84
＝対決＝……平成21・1—84
＝悪だくみ＝……平成21・2—84
（最終回）＝楓の発心＝……平成21・3—84
阿仏房物語
＝立正安国論＝……平成21・4—84
＝受難の大聖人＝……平成21・5—84
＝竜の口＝……平成21・6—84
＝佐渡へ＝……平成21・7—84
＝阿仏房の帰伏＝……平成21・8—84
＝念仏者のたくらみ＝……平成21・9—84
＝塚原問答（一）＝……平成21・10—84
＝塚原問答（二）＝……平成21・11—84
＝塚原問答（三）＝……平成21・12—84
＝塚原問答（四）＝……平成22・1—84
＝塚原問答（五）＝……平成22・2—84
＝内乱の予言＝……平成22・3—84
＝幕府の真意＝……平成22・4—84
＝幕府がわの思わく＝……平成22・5—84
＝ウラとオモテ＝……平成22・6—84

＝一谷へ移る＝……平成22・7―84
＝佐渡への道＝……平成22・8―84
＝路銀のてんまつ＝……平成22・9―84
＝わかれ＝……平成22・10―84
＝善光寺の攻防＝……平成22・11―84
＝蒙古襲来（一）＝……平成22・12―84
＝法義論争＝……平成23・1―84
＝決裂＝……平成23・2―84
＝隠棲＝……平成23・3―84
＝蒙古襲来（二）＝……平成23・4―84
＝再会＝……平成23・5―84
＝蒙古軍上陸＝……平成23・6―84
＝蒙古内紛＝……平成23・7―84
＝蒙古敗退＝……平成23・8―84
＝文永の役余話＝……平成23・9―84
＝佐渡の布教＝……平成23・10―84
＝雪の中　身延へ＝……平成23・11―84
＝雪中のたたかい＝……平成23・12―84
＝大聖人のもとで＝……平成24・1―84
＝弘教のたたかい＝……平成24・2―84
＝親分の改心＝……平成24・3―84
＝最後の身延登山＝……平成24・4―84
＝とんだ災難＝……平成24・5―84
＝最後のお目通り＝……平成24・6―84
＝最後の別れ＝……平成24・7―84
＝最後の闘い＝……平成24・8―84
＝病との闘い＝……平成24・9―84
＝病を押して＝……平成24・10―84
（最終回）＝多宝塔の中で＝……平成24・11―84

日蓮大聖人物語

＝戦乱の中で＝……平成24・12―84
＝善日麿は砂遊び＝……平成25・1―84
＝善日麿の疑問＝……平成25・2―84
＝タタリ＝……平成25・3―84
＝末法の世相＝……平成25・4―74
＝善日麿の出家騒動＝……平成25・5―74
＝闘う善日麿＝……平成25・6―74
＝和解＝……平成25・7―76
＝浄顕の改心＝……平成25・8―76
＝善日麿の祈り＝……平成25・9―76
＝善日麿の向学心＝……平成25・10―76
＝善日麿の志＝……平成25・11―76
＝仏教の大海へ＝……平成25・12―76

＝禅を学ぶ善日麿＝……平成26・1―76
＝得度試験＝……平成26・2―74
＝善日麿の決意＝……平成26・3―76
＝事件＝……平成26・4―76
＝波起こる＝……平成26・5―76
＝蓮長の大望＝……平成26・6―76
＝虚々実々＝……平成26・7―76
＝それぞれの思惑＝……平成26・8―76
＝悪知恵のゆくえ＝……平成26・9―76
＝遊学のきざし＝……平成26・10―30
＝遊学への一歩＝……平成26・11―76
＝遊学への道＝……平成26・12―48
＝唐　天竺の果てまでも＝……平成27・1―76
＝蓮長の覚悟＝……平成27・2―30
＝鶴岡八幡宮へ＝……平成27・3―39
＝蓮長の智慧＝……平成27・4―37
＝領主の威力＝……平成27・5―37
＝大蔵経を見る＝……平成27・6―37
＝厠の騒動＝……平成27・7―55
＝神在月って何？＝……平成27・8―55
＝大蔵経読了＝……平成27・9―55
＝新しい一歩へ＝……平成27・10―55

＝道中あれこれ＝……平成27・11―55
＝真実の道心＝……平成27・12―55
＝蓮長の器量＝……平成28・1―55
＝筆録騒動＝……平成28・2―55
＝筆録のねうち＝……平成28・3―37
＝法然の念仏＝……平成28・4―37
＝俊範の意中＝……平成28・5―37
＝蓮長の真価＝……平成28・6―37
＝敵か味方か＝……平成28・7―37
＝難のはじまり＝……平成28・8―37
＝道元の道心＝……平成28・9―37
＝猫児斬殺＝……平成28・10―55
＝天台の行＝……平成28・11―55
＝いざ、紀州へ＝……平成28・12―55
＝真実の秘密とは＝……平成29・1―37
＝波濤の先の真理＝……平成29・2―57
＝即身仏の本体は？＝……平成29・3―39
＝決裂＝……平成29・4―57
＝ウラギリ者？＝……平成29・5―57
＝真髄を求めて＝……平成29・6―39
＝求道心のままに＝……平成29・7―57
＝真言の仮面＝……平成29・8―57

＝人を救うとは＝……平成29・9―57
＝人を救うとは（二）＝……平成29・10―70
＝戒体即身成仏義＝……平成29・11―57
＝南都遊学（一）＝……平成29・12―68
＝南都遊学（二）＝……平成30・1―68
＝南都遊学（三）＝……平成30・2―68
＝南都遊学（四）＝……平成30・3―37
＝南都遊学（五）＝……平成30・4―68
＝南都遊学（六）＝……平成30・5―68
＝南都遊学（七）＝……平成30・6―57
＝比叡山に帰る＝……平成30・7―70
＝広学竪義（一）＝……平成30・8―55
＝広学竪義（二）＝……平成30・9―66
＝広学竪義（三）＝……平成30・10―34
＝広学竪義（四）＝……平成30・11―68
＝横川　華光坊へ＝……平成30・12―66
＝台密と東密の探究＝……平成31・1―68
＝法華最勝の確信＝……平成31・2―55
＝末法弘通の要法＝……平成31・3―55
＝比叡山からの帰路（一）＝……平成31・4―72
＝比叡山からの帰路（二）＝……令和元・5―55
＝安房への帰郷＝……令和元・6―37
＝宗旨の内証宣示（一）＝……令和元・7―55
＝宗旨の内証宣示（二）＝……令和元・8―55
＝宗旨の内証宣示（三）＝……令和元・9―55
＝円智房らの画策＝……令和元・10―39
＝立宗の決意＝……令和元・11―39
＝宗旨建立（一）＝……令和元・12―38
＝宗旨建立（二）＝……令和2・1―36
＝宗旨建立（三）＝……令和2・2―36
＝清澄寺退出＝……令和2・3―36
＝父母の入信＝……令和2・4―36
＝いざ鎌倉へ＝……令和2・5―36
＝鎌倉での弘教＝……令和2・6―40
＝辻説法＝……令和2・7―36
＝弟子・檀那の出現＝……令和2・8―40
＝松葉ヶ谷での弘教＝……令和2・9―36
＝四条金吾の入信＝……令和2・10―44
＝清澄寺・二間寺を守る＝……令和2・11―36
＝災難の続発＝……令和2・12―54
＝岩本実相寺の一切経蔵＝……令和3・1―36
＝日興上人の入門＝……令和3・2―54
＝一念三千の法門＝……令和3・3―52
＝謎の雲水＝……令和3・4―54

＝『立正安国論』の奏呈＝……令和3・5―52
＝松葉ヶ谷の法難（一）＝……令和3・6―36
＝松葉ヶ谷の法難（二）＝……令和3・7―36
＝松葉ヶ谷の法難（三）＝……令和3・8―36
＝下総での弘教＝……令和3・9―36
＝極楽寺重時の陰謀＝……令和3・10―54
＝伊豆配流（一）＝……令和3・11―36
＝伊豆配流（二）＝……令和3・12―36
＝地頭・伊東八郎左衛門の帰伏＝……令和4・1―36
＝極楽寺重時の最期＝……令和4・2―36
＝五綱教判＝……令和4・3―38
＝金剛院行満の帰伏＝……令和4・4―38
＝毒不能害＝……令和4・5―55
＝白髪の翁の夢＝……令和4・6―55

コラム　妙法の実践

未来への確信……令和2・9―25
不染世間法　如蓮華在水……令和2・10―25
我が子の如く　我が親の如く……令和2・11―25
行かばその道は開けん……令和2・12―25
今こそ使命を果たす時……令和3・1―25
苦難の先に安楽あり……令和3・2―25
行住坐臥を選ぶべからず……令和3・3―25
世のため人のために……令和3・4―27
折伏成就のために「読む、話す、書く」の行動を……令和3・5―25
力あらば一文一句なりとも
かたらせ給ふべし……令和3・6―25
不可能を可能にする信心……令和3・7―25
真の正直者……令和3・8―25
「人格の完成」を目指して……令和3・9―25
理想的な僧伽……令和3・10―25
折伏は信心鍛錬の修行……令和3・11―25
喜びの心で折伏を……令和3・12―25
さいわいは心よりいでて我をかざる……令和4・1―25
縁を結べばこそ……令和4・2―25
如説修行の人を目指して……令和4・3―25
今こそ折伏の時……令和4・4―27
折伏の一歩を踏み出そう……令和4・5―25
悪友のために殺されては必ず三趣に至る……令和4・6―25

【さ行】

座談会

【布教区座談会】

正義顕揚を目指して

東北布教区（1）……平成20・特－25
（2）……平成20・5－21
静岡北布教区（1）……平成20・6－21
（2）……平成20・7－21
南四国布教区（1）……平成20・8－21
（2）……平成20・9－21
千葉布教区（1）……平成20・10－21
（2）……平成20・11－21
福島布教区（1）……平成20・12－21
（2）……平成21・1－21
茨城布教区（1）……平成21・2－21
（2）……平成21・3－21
西九州布教区（1）……平成21・4－22
（2）……平成21・5－22
南近畿布教区（1）……平成21・6－22
（2）……平成21・7－22
宮崎布教区（1）……平成21・8－22
（2）……平成21・9－22
東中国布教区（1）……平成21・10－22
（2）……平成21・11－22

広布への師子吼

新潟布教区（前）……平成22・1－61
（後）……平成22・2－61
東京第二布教区（前）……平成22・3－61
（後）……平成22・4－66
北近畿布教区（前）……平成22・5－61
（後）……平成22・6－62
福岡西布教区（前）……平成22・7－65
（後）……平成22・8－51
北海道第一布教区（前）……平成22・9－61
（後）……平成22・10－61
宮城布教区（前）……平成22・11－62
（後）……平成22・12－62

秋田布教区　（前）……平成26・9―61
（後）……平成26・10―56
南近畿布教区　（前）……平成26・11―61
（後）……平成26・12―73
福岡西布教区　（前）……平成27・1―61
（最終回）（後）……平成27・2―61

【支部座談会】

御命題達成への闘い
東京都墨田区　本行寺支部　……平成20・特―80
北九州市八幡東区　法霑寺支部
上……平成20・5―32
下……平成20・6―48
東京都墨田区　妙縁寺支部
……平成20・7―31
東京都国分寺市　大宣寺支部
上……平成20・8―61
下……平成20・9―64
東京都大田区　宝浄寺支部
上……平成20・10―16
下……平成20・11―52
熊本市東区　涌徳寺支部
上……平成20・12―16
下……平成21・1―48
埼玉県川越市　本種寺支部
上……平成21・2―48
下……平成21・3―48
香川県三豊市　讃岐本門寺支部
上……平成21・4―16
下……平成21・5―61
静岡市清水区　妙盛寺支部
上……平成21・6―61
下……平成21・7―61
東京都江東区　妙因寺支部
上……平成21・8―33
下……平成21・9―33
静岡県浜松市　寿量寺支部
上……平成21・10―61
下……平成21・11―34
広島市東区　興福寺支部　……平成21・12―21

講員50％増を目指して

富山県富山市　妙顕寺支部
（前編）……平成22・1―22
（後編）……平成22・2―22
長野県長野市　妙相寺支部
（前編）……平成22・3―22
（後編）……平成22・4―22
兵庫県加古川市　浄福寺支部
（前編）……平成22・5―22
（後編）……平成22・6―22
愛媛県新居浜市　法楽寺支部
（前編）……平成22・7―22
（後編）……平成22・8―22
山口県岩国市　弘法寺支部
（前編）……平成22・9―22
（後編）……平成22・10―22
千葉市若葉区　眞光寺支部
（前編）……平成22・11―22
（後編）……平成22・12―22
茨城県鹿嶋市　法正寺支部
（前編）……平成23・1―22
（後編）……平成23・2―22
長崎県佐世保市　法光寺支部
（前編）……平成23・3―22
（後編）……平成23・4―22
大阪府吹田市　本説寺支部
（前編）……平成23・5―22
（後編）……平成23・6―22
埼玉県草加市　宣行寺支部
（前編）……平成23・7―22
（後編）……平成23・8―22
宮崎県小林市　実報寺支部
（前編）……平成23・9―22
（後編）……平成23・10―22
福岡県行橋市　要言寺支部
（前編）……平成23・11―22
（後編）……平成23・12―22
東京都足立区　本修寺支部
（前編）……平成24・1―22
（後編）……平成24・2―22
東京都北区　妙證寺支部
（前編）……平成24・3―22
（後編）……平成24・4―22

京都市伏見区　宣照寺支部
（前編）……………平成24・5―22
（後編）……………平成24・6―22
大阪府高槻市　妙恵寺支部
（前編）……………平成24・7―22
（後編）……………平成24・8―22
大阪市淀川区　妙栄寺支部
（前編）……………平成24・9―22
（後編）……………平成24・10―22
大阪府豊中市　本教寺支部
（前編）……………平成24・11―22
（後編）……………平成24・12―22
栃木県小山市　教徳院支部
（前編）……………平成25・1―22
（後編）……………平成25・2―24
東京都杉並区　佛乗寺支部
（前編）……………平成25・3―22
（後編）……………平成25・4―22
和歌山県有田市　福生寺支部
（前編）……………平成25・5―22
（後編）……………平成25・6―22
岐阜県美濃市　本玄寺支部
（前編）……………平成25・7―22
（後編）……………平成25・8―22
岩手県花巻市　法王寺支部
（前編）……………平成25・9―22
（後編）……………平成25・10―22
福岡県筑紫野市　信法寺支部
（前編）……………平成25・11―22
（後編）……………平成25・12―22
東京都豊島区　常在寺支部
（前編）……………平成26・1―26
（後編）……………平成26・2―22
石川県白山市　最教寺支部
（前編）……………平成26・3―22
（後編）……………平成26・4―22
福岡県宗像市　遍照寺支部
（前編）……………平成26・5―22
（後編）……………平成26・6―22
高知県須崎市　照栄寺支部
（前編）……………平成26・7―22
（後編）……………平成26・8―22

熊本県八代市　法観寺支部
（前編）……平成26・9―22
（後編）……平成26・10―22
群馬県榛東村　善成寺支部
（前編）……平成26・11―22
（後編）……平成26・12―22
東京都豊島区　法道院支部（最終回）
（前編）……平成27・1―22
（後編）……平成27・2―22

80万人体勢構築に向かって

埼玉県所沢市　能安寺支部
（前編）……平成27・3―28
（後編）……平成27・4―26
東京都府中市　大修寺支部
（前編）……平成27・5―26
（後編）……平成27・6―26
愛知県犬山市　妙典寺支部
（前編）……平成27・7―26
（後編）……平成27・8―26
福岡市中央区　立正寺支部
（前編）……平成27・9―26
（後編）……平成27・10―26
札幌市清田区　大慈院支部
（前編）……平成27・11―26
（後編）……平成27・12―26
福岡県久留米市　霑妙寺支部
（前編）……平成28・1―26
（後編）……平成28・2―26
東京都江戸川区　白蓮院支部
（前編）……平成28・3―26
（後編）……平成28・4―26
静岡県沼津市　蓮興寺支部・蓮華講支部
（前編）……平成28・5―26
（後編）……平成28・6―26
熊本県菊池市　眞法寺支部
（前編）……平成28・7―26
（後編）……平成28・8―26
愛知県西尾市　開源寺支部
（前編）……平成28・9―26
（後編）……平成28・10―26

滋賀県草津市　啓道寺支部
（前編）……………平成28・11—26
（後編）……………平成28・12—26
名古屋市港区　本覚寺支部
（前編）……………平成29・1—26
（後編）……………平成29・2—28
仙台市宮城野区　善修寺支部
（前編）……………平成29・3—28
（後編）……………平成29・4—28
兵庫県西宮市　正蓮寺支部
（前編）……………平成29・5—28
（後編）……………平成29・6—28
愛媛県西条市　一心寺支部
（前編）……………平成29・7—28
（後編）……………平成29・8—30
札幌市中央区　佛見寺支部
（前編）……………平成29・9—30
（後編）……………平成29・10—28
神戸市西区　浄教寺支部
（前編）……………平成29・11—28
（後編）……………平成29・12—28
北海道北見市　法眼院支部
（前編）……………平成30・1—26
（後編）……………平成30・2—26
兵庫県神戸市　妙本寺支部
（前編）……………平成30・3—26
（後編）……………平成30・4—26
横浜市南区　久遠寺支部
（前編）……………平成30・5—28
（後編）……………平成30・6—28
新潟市東区　聞正寺支部
（前編）……………平成30・7—28
（後編）……………平成30・8—26
宮崎県新富町　本蓮寺支部
（前編）……………平成30・9—26
（後編）……………平成30・10—26
岐阜県岐阜市　長昌寺支部
（前編）……………平成30・11—26
（後編）……………平成30・12—26
沖縄県那覇市　光明寺支部
（前編）……………平成31・1—26
（後編）……………平成31・2—26

東京都町田市　妙声寺支部
（前編）……………平成31・3―26
（後編）……………平成31・4―26
愛知県阿久比町　正啓寺支部
（前編）……………令和元・5―26
（後編）……………令和元・6―26
山梨県富士川町　白蓮寺支部
（前編）……………令和元・7―26
（後編）……………令和元・8―26
広島県福山市　正教寺支部
（前編）……………令和元・9―26
（後編）……………令和元・10―28
福井県大野市　法妙寺支部
（前編）……………令和元・11―28
（後編）……………令和元・12―30
スペイン　妙昌寺支部
（前編）……………令和2・1―28
（後編）……………令和2・2―28
広島市安佐北区　本浄寺支部
（前編）……………令和2・3―28
（後編）……………令和2・4―28
大韓民国　ソウル布教所
（前編）……………令和2・5―28
（後編）……………令和2・6―28
パナマ　大廣寺支部
（前編）……………令和2・7―28
（後編）……………令和2・8―28
フィリピン　法開寺
（前編）……………令和2・9―28
（後編）……………令和2・10―28
台湾　本興院支部
（前編）……………令和2・11―28
（後編）……………令和2・12―28
広島市東区　興福寺支部
（前編）……………令和3・1―28
（後編）……………令和3・2―28

我が支部の折伏・育成

埼玉県東松山市　開徳寺支部
（前編）……………令和3・3―28
（後編）……………令和3・4―30

栃木県那須塩原市　覚徳寺支部
（前編）……………令和3・5—28
（後編）……………令和3・6—28
北海道岩見沢市　知道寺支部
（前編）……………令和3・7—28
（後編）……………令和3・8—28
千葉県松戸市　妙広寺支部
（前編）……………令和3・9—28
（後編）……………令和3・10—28
青森県弘前市　法典院支部
（前編）……………令和3・11—28
（後編）……………令和3・12—28

折伏・育成のための基礎教学

宗教批判の原理①……………平成26・1—33
宗教批判の原理②……………平成26・2—28
宗教批判の原理③……………平成26・3—35
宗教批判の原理④……………平成26・4—31
十界互具……………………平成26・5—48
十如是……………………平成26・6—44
六根清浄……………………平成26・7—30
即身成仏……………………平成26・8—30
十二因縁……………………平成26・9—44
宿業……………………平成26・10—72
色心不二……………………平成26・11—68
四苦八苦……………………平成26・12—65
一水四見……………………平成27・1—68
身口意の三業……………………平成27・2—73
貪瞋癡の三毒……………………平成27・3—72
世法即仏法……………………平成27・4—70
順縁と逆縁……………………平成27・5—66
依正不二……………………平成27・6—66
三障四魔……………………平成27・7—66
七慢……………………平成27・8—66
誓願……………………平成27・9—66
法四依……………………平成27・10—66
人四依……………………平成27・11—66
五濁……………………平成27・12—66
知恩・報恩……………………平成28・1—66
八風……………………平成28・2—66
三因仏性……………………平成28・3—66

善知識・悪知識 …… 平成28・4—66
六道輪回 …… 平成28・5—66
七宝 …… 平成28・6—68
三宝 …… 平成28・7—66
立正安国 …… 平成28・8—66
異体同心 …… 平成28・9—66
一生成仏 …… 平成28・10—66
以信代慧 …… 平成28・11—66
器の四失 …… 平成28・12—66
衣座室の三軌 …… 平成29・1—66
境智冥合 …… 平成29・2—68
顕益と冥益 …… 平成29・3—68
広宣流布 …… 平成29・4—68
金剛宝器戒 …… 平成29・5—68
罪障消滅 …… 平成29・6—68
種熟脱の三益 …… 平成29・7—68
娑婆即寂光 …… 平成29・8—68

折伏の手引き

—新興宗教編—

「新興宗教」破折の予備知識
（前） …… 平成24・1—35
（後） …… 平成24・2—77
総括破折 —新興宗教にだまされないために— …… 平成24・3—50
幸福の科学（前） …… 平成24・4—50
（後） …… 平成24・5—35
立正佼成会（前） …… 平成24・6—35
（後） …… 平成24・7—62
天理教（前） …… 平成24・8—31
（後） …… 平成24・9—68
霊友会（前） …… 平成24・10—30
（後） …… 平成24・11—31
佛所護念会教団（前） …… 平成24・12—50
（後） …… 平成25・1—32
世界救世教 …… 平成25・2—31

ＰＬ教団（前）……平成25・3―51
（後）……平成25・4―31
妙智曾教団（前）……平成25・5―32
（後）……平成25・6―34
真如苑（前）……平成25・7―35
（後）……平成25・8―29
大山祇命神示教会（前）……平成25・9―29
（後）……平成25・10―30
生長の家（前）……平成25・11―44
（後）……平成25・12―35
崇教真光（前）……平成26・1―52
（後）……平成26・2―36
世界基督教統一神霊協会（前）……平成26・3―31
（後）……平成26・4―54
天照皇大神宮教（前）……平成26・5―52
（後）……平成26・6―48
念法眞教（前）……平成26・7―34
（後）……平成26・8―44
金光教（前）……平成26・9―68
（後）……平成26・10―64
本門佛立宗（前）……平成26・11―28
（後）……平成26・12―44
阿含宗（前）……平成27・1―54
（後）……平成27・2―69
ほんみち（前）……平成27・3―55
（後）……平成27・4―53
世界真光文明教団（前）……平成27・5―33
（後）……平成27・6―34
エホバの証人（前）……平成27・7―22
（後）……平成27・8―40
辯天宗（前）……平成27・9―39
（後）……平成27・10―40
解脱会（前）……平成27・11―51
（後）……平成27・12―33

―実践破折編―

立正佼成会（前）……平成28・1―51
（後）……平成28・2―33
幸福の科学（前）……平成28・3―47
（後）……平成28・4―47
天理教（前）……平成28・5―47
（後）……平成28・6―47
佛所護念会教団（前）……平成28・7―47
（後）……平成28・8―47

世界救世教（前）……平成28・9―34
（後）……平成28・10―33
PL教団（前）……平成28・11―33
（後）……平成28・12―40
妙智會教団（前）……平成29・1―47
（後）……平成29・2―49
真如苑（前）……平成29・3―35
（後）……平成29・4―42
生長の家（前）……平成29・5―37
（後）……平成29・6―37
崇教真光（前）……平成29・7―35
（後）……平成29・8―55

―諸宗破折編―

浄土宗①……平成29・9―40
②……平成29・10―68
浄土真宗①……平成29・11―68
②……平成29・12―66
③……平成30・1―66
臨済宗①……平成30・2―66
②……平成30・3―50
③……平成30・4―66
真言宗①……平成30・5―66
②……平成30・6―36
③……平成30・7―68
④……平成30・8―34
⑤……平成30・9―64
日蓮宗①……平成30・11―66
②……平成30・12―64
③……平成31・1―66
天台宗①……平成31・2―33
②……平成31・3―34
③……令和元・5―36
律宗……令和元・6―52
真言律宗……令和元・7―34
華厳宗……令和元・8―34
曹洞宗……令和元・9―34
日蓮宗各派①……令和元・11―22
②……令和元・12―24
③……令和2・1―20
曹洞宗①……令和2・2―20
②……令和2・3―20
③……令和2・4―20
顕本法華宗①……令和2・5―20

顕本法華宗　② …………… 令和2・6―20
法華宗（本門流）① …………… 令和2・7―20
② …………… 令和2・8―20
本門佛立宗　① …………… 令和2・9―20
② …………… 令和2・10―20
法華宗（陣門流）① …………… 令和2・11―20
② …………… 令和2・12―52
法華宗（真門流）① …………… 令和3・2―20
② …………… 令和3・3―20
本門法華宗　① …………… 令和3・4―22
② …………… 令和3・5―20
神社神道・民族信仰・俗信　① …… 令和3・6―20
② …… 令和3・7―20
民間信仰　①稲荷信仰 …………… 令和3・8―20
②八幡信仰 …………… 令和3・11―20
③天神信仰 …………… 令和3・12―20
④観音信仰 …………… 令和4・1―20
⑤薬師信仰 …………… 令和4・2―20
⑥地蔵信仰 …………… 令和4・3―20
⑦不動信仰 …………… 令和4・4―22
⑧鬼子母神信仰 ………… 令和4・5―20
⑨七福神信仰 …………… 令和4・6―20

正縁問答

百六十九　『園城寺申状』『下し文』 …… 平成20・特―52
百七十　最後の天奏 …………… 平成20・5―72
百七十一　鎌倉幕府滅亡の背景 ………… 平成20・6―31
百七十二　建武の新政の始まり ………… 平成20・7―48
百七十三　日目上人様の申状 ………… 平成20・8―70
百七十四　日道上人様への血脈相承 …… 平成20・9―80
百七十五　他門他派による誹謗 ………… 平成20・10―74
百七十六　天奏の準備 …………… 平成20・11―66
百七十七　京都への道のり …………… 平成20・12―62
百七十八　命懸けの旅路 …………… 平成21・1―80
百七十九　小夜の中山を越える ………… 平成21・2―31
百八十　三河から美濃路へ ………… 平成21・3―30
百八十一　美濃垂井 …………… 平成21・4―80
百八十二　御遷化 …………… 平成21・5―74
百八十三　荼毘に付す …………… 平成21・6―74
百八十四　日尊師・日郷師 ………… 平成21・7―74
百八十五　御葬儀 …………… 平成21・8―74
百八十六　一閻浮提の御座主 ………… 平成21・9―74

百八十七　辞世の句と日目上人様の再来……平成21・10—76
百八十八　御入滅後の宗門……平成21・11—76
百八十九　幕府滅亡と南条家……平成21・12—76
百九十　東坊地問題……平成22・1—76
百九十一　衣座室の三軌……平成22・2—76
百九十二　摂受と折伏……平成22・3—76
百九十三　順縁と逆縁……平成22・4—80
百九十四　普段着の折伏、自行化他の題目……平成22・5—80
百九十五　十四誹謗……平成22・6—80
百九十六　三障四魔……平成22・7—80
百九十七　煩悩……平成22・8—80
百九十八　六根清浄……平成22・9—80
百九十九　依正不二……平成22・10—80
二百　業……平成22・11—80
二百一　転重軽受の果報……平成22・12—80
二百二　実践行動の年……平成23・1—80
二百三　四箇の格言（念仏無間）……平成23・2—80
二百四　四箇の格言（禅天魔①）……平成23・3—80
二百五　四箇の格言（禅天魔②）……平成23・4—80
二百六　四箇の格言（真言亡国①）……平成23・5—80
二百七　四箇の格言（真言亡国②）……平成23・6—80
二百八　四箇の格言（真言亡国③）……平成23・7—31
二百九　四箇の格言（真言亡国④）……平成23・8—80
二百十　四箇の格言（律国賊①）……平成23・9—80
二百十一　四箇の格言（律国賊②）……平成23・10—80
二百十二　四箇の格言（律国賊③）……平成23・11—80
二百十三（最終回）四箇の格言（律国賊④）……平成23・12—＋

少年少女のための仏教

邯鄲の夢……平成20・特—39
山よりも重く羽よりも軽い……平成20・5—61
老馬の道案内……平成20・6—35
株を守って兎を待つ……平成20・7—64
嗟来の食……平成20・8—66
塞翁が馬……平成20・9—35
百聞は一見に如かず……平成20・10—62
机上の空論……平成20・11—62
蝉とカマキリと雀……平成20・12—66

精衛　海をうずむ …… 平成21・1—64
梅の話で渇きを癒す …… 平成21・2—35
虎穴に入らずんば虎子を得ず …… 平成21・3—71

史料に見る篤姫の信仰

第一部　島津斉彬・天璋院篤姫の入信経緯
（一）高野周助の折伏 …… 平成20・8—30
（二）薩摩藩の小野島 …… 平成20・9—48
（三）大石寺への御祈念の願い出 …… 平成20・10—30
（四）斉彬と四人の姫の入信 …… 平成20・11—70
（五）八戸藩主南部信順の入信と折伏 …… 平成20・12—70
第二部　日英上人の諸堂復興と天璋院篤姫の信仰
（六）御隠尊日英上人の御化導 …… 平成21・1—33
（七）諸堂復興と天下安全の御祈念 …… 平成21・2—62
（終）幕末の動乱と篤姫の信心 …… 平成21・3—66

信仰の基本を学ぼう

初参り …… 令和元・9—47
七五三祝・成人式 …… 令和元・10—49
結婚式 …… 令和元・11—19
葬儀① …… 令和元・12—21
葬儀② …… 令和2・1—17
葬儀③ …… 令和2・2—17
法事 …… 令和2・3—17
地形式（地鎮祭）・起工式・上棟式・祈念 …… 令和2・4—17
大行会（1） …… 令和2・5—17
大行会（2） …… 令和2・6—17
盂蘭盆会（1） …… 令和2・7—17
盂蘭盆会（2） …… 令和2・8—17
寛師会 …… 令和2・9—17
日蓮大聖人御大会（御会式）(1) …… 令和2・10—17
日蓮大聖人御大会（御会式）(2) …… 令和2・11—17
丑寅勤行 …… 令和2・12—49
元旦勤行 …… 令和3・1—49

信心の原点

所作仏事

⑬所作仏事……平成24・9—76
⑭御本尊の御安置とお給仕……平成24・10—76
⑮合掌と数珠……平成24・11—76
⑯勤行（一）……平成24・12—76
⑰勤行（二）……平成25・1—76
⑱勤行（三）……平成25・2—76
⑲臨終の大事①……平成25・3—76
⑳臨終の大事②……平成25・4—66
㉑日蓮正宗の葬儀①……平成25・5—66
㉒日蓮正宗の葬儀②……平成25・6—50
㉓日蓮正宗の葬儀③……平成25・7—68

謗法厳戒

㉔謗法とは……平成25・8—44
㉕謗法厳誡の歴史……平成25・9—44
㉖謗法の果報……平成25・10—68
㉗実生活の中の謗法……平成25・11—68
㉘（最終回）謗法を破折しよう……平成25・12—68

新入信者の育成のために

勤行をはじめましょう……平成29・9—53
勤行の仕方と数珠について……平成29・10—37
御本尊への給仕について……平成29・11—35
寺院に参詣しよう……平成29・12—50
自宅に御本尊を迎えましょう……平成30・1—50
唱題のすすめ……平成30・3—18
登山の大事……平成30・4—51
謗法について（1）……平成30・5—53
謗法について（2）……平成30・6—53
謗法について（3）……平成30・7—36
謗法について（4）……平成30・8—51
折伏……平成30・9—35
教学研鑽のすすめ（1）……平成30・10—66
教学研鑽のすすめ（2）……平成30・11—35
御供養について（1）……平成30・12—35
御供養について（2）……平成31・1—51
法華講について（1）……平成31・2—51
法華講について（2）……平成31・3—40

法華講について（3） …… 平成31・4―35
法統相続 …… 令和元・5―51
師弟相対の信心（1） …… 令和元・6―33
師弟相対の信心（2） …… 令和元・7―51
化儀と化法 …… 令和元・8―51

身命を捨てて ―日興上人の御生涯を拝して―

①連載にあたって …… 平成22・1―30
②日興上人の御誕生と家系について …… 平成22・2―30
③故郷・富士川　日興上人の家系と法縁 …… 平成22・3―28
④日興上人と宗尊親王 …… 平成22・4―72
―伊豆法難七五〇年に当たって― …… 平成22・5―34
⑤『立正安国論』と日興上人の入門 …… 平成22・6―34
⑥駿河・伊豆における日興上人の常随給仕（上） …… 平成22・7―52
⑦駿河・伊豆における日興上人の常随給仕（中） …… 平成22・8―71
⑧駿河・伊豆における日興上人の常随給仕（下） …… 平成22・9―71
⑨流罪赦免と鎌倉における給仕 …… 平成22・10―72
⑩小松原法難と日興上人 …… 平成22・11―34
⑪南条家と大聖人・日興上人（一） …… 平成22・12―52
⑫南条家と大聖人・日興上人（二） …… 平成23・1―52
⑬実相寺衆徒愁状（一） …… 平成23・2―51
⑭実相寺衆徒愁状（二） …… 平成23・3―51
⑮波木井実長の入信 …… 平成23・4―32
⑯竜の口法難（一） …… 平成23・5―51
⑰竜の口法難（二） …… 平成23・6―69
⑱佐渡御配流 …… 平成23・7―68
⑲塚原三昧堂 …… 平成23・8―51
⑳佐渡における大聖人の急務 …… 平成23・9―51
㉑人本尊開顕の御化導（一） …… 平成23・10―54
㉒人本尊開顕の御化導（二） …… 平成23・11―54
㉓塚原問答 …… 平成23・12―51
㉔塚原問答と最蓮房の入門 …… 平成24・1―51
㉕日興上人による佐渡弘教と虚御教書 …… 平成24・2―51
㉖一谷における弘教 …… 平成24・3―77
㉗流罪赦免と鎌倉帰還 …… 平成24・4―77

㉘三回目の国主諫暁と「東郷館寄進」の伝承 …… 平成24・5―51
㉙身延入山 …… 平成24・6―77
㉚身延における常随給仕 …… 平成24・7―51
㉛南条家と新田家への教導 …… 平成24・8―54
㉜甲斐・駿河方面への弘教の展開 …… 平成24・9―33
㉝日目上人の入門 …… 平成24・10―69
㉞駿河弘教と実相寺・四十九院の法難 …… 平成24・11―51
㉟熱原法難（一） …… 平成24・12―61
㊱熱原法難（二） …… 平成25・1―61
㊲天奏と弘安の役 …… 平成25・2―59
㊳大聖人御入滅と唯授一人の血脈承継（最終回） …… 平成25・3―61

総本山だより

宗祖御誕生会並びに五重塔お塔開き …… 平成20・特―48
御霊宝虫払大法会 …… 平成20・5―44
教師補任式 …… 平成20・6―44
大行会 …… 平成20・7―44
第六回法華講夏期講習会 …… 平成20・8―44
少年部大会・鼓笛隊コンクール …… 平成20・9―44
行学講習会 …… 平成20・10―44
寛師会 …… 平成20・11―44
秋季彼岸会 …… 平成20・12―44
総本山第六十五世日淳上人　第五十回遠忌法要 …… 平成21・1―44
元旦勤行 …… 平成21・2―44
総本山宝物殿記念展 …… 平成21・3―44
節分会・興師会 …… 平成21・4―44
宗祖御誕生会並びに五重塔お塔開き …… 平成21・5―70
御霊宝虫払大法会 …… 平成21・6―70
教師補任式 …… 平成21・7―70
式掌・行道僧辞令授与式
　記念展（三階）御宝物入れ替え …… 平成21・8―70
七百五十億遍唱題行満了 …… 平成21・9―70
行学講習会・教師講習会 …… 平成21・10―72
総本山第二十六世日寛上人御正当会 …… 平成21・11―64
秋季彼岸会 …… 平成21・12―64
日蓮大聖人御大会 …… 平成22・1―80
元旦勤行 …… 平成22・2―80

節分会・寒経 …………………………… 平成22・3—80
興師会・宗祖御誕生会並びに五重塔お塔開き
…………………………………………… 平成22・4—32
得度式・大坊在勤式 ……………………… 平成22・5—72
補任式・立宗会 …………………………… 平成22・6—72
大行会・夏期講習会第一期 ……………… 平成22・7—76
御影堂立柱式 ……………………………… 平成22・8—76
法華講連合会少年部合宿登山 …………… 平成22・9—76
墓参・盂蘭盆会・行学講習会 …………… 平成22・10—76
宗祖御難会・秋季彼岸会 ………………… 平成22・11—76
寛師会 ……………………………………… 平成22・12—76
日蓮大聖人御大会 ………………………… 平成23・1—76
立宗七百五十九年　元旦勤行 …………… 平成23・2—76
節分会・寒経 ……………………………… 平成23・3—76
宗祖御誕生会並びに五重塔お塔開き・興師会
…………………………………………… 平成23・4—76
得度式・大坊在勤式 ……………………… 平成23・5—76
教師補任式・立宗会 ……………………… 平成23・6—76
大行会・第八回法華講夏期講習会 ……… 平成23・7—80
大坊学衆・シンガポール開妙院青年部交流会
…………………………………………… 平成23・8—4、76
全国鼓笛隊コンクール合宿・少年部合宿
…………………………………………… 平成23・9—76
行学講習会・墓参・盂蘭盆会 …………… 平成23・10—76
宗祖御難会・秋季彼岸会 ………………… 平成23・11—76
寛師会 ……………………………………… 平成23・12—76
日蓮大聖人御大会 ………………………… 平成24・1—80
元旦勤行 …………………………………… 平成24・2—80
節分会・寒経 ……………………………… 平成24・3—80
宗祖御誕生会並びに五重塔お塔開き・興師会
…………………………………………… 平成24・4—80
得度式・大坊在勤式 ……………………… 平成24・5—80
総本山御影堂上棟式 ……………………… 平成24・6—80
教師補任式 ………………………………… 平成24・7—80
法華講夏期講習会 ………………………… 平成24・8—80
法華講連合会結成五十周年記念大会
　全国鼓笛隊コンクール ………………… 平成24・9—80
行学講習会　法華講中等部・高等部合宿
…………………………………………… 平成24・10—80
日蓮正宗教学研鑽所開所式・宗祖御難会
…………………………………………… 平成24・11—80
寛師会 ……………………………………… 平成24・12—80
日蓮大聖人御大会 ………………………… 平成25・1—80

日蓮大聖人御大会……平成28・1—74
元旦勤行……平成28・2—74
節分会・寒経……平成28・3—74
山内子供会……平成28・4—74
【竜象への道】
朝勤行……平成28・5—74
松の廊下磨き……平成28・6—76
朝掃除……平成28・7—74
番役その壱　鳴り物……平成28・8—74
番役その弐　塔婆書き……平成28・9—74
番役その参　受付……平成28・10—74
点呼……平成28・11—74
食事……平成28・12—74
お給仕……平成29・1—74
学衆の寛師会……平成29・2—76
六壷磨き……平成29・3—76
御霊供膳・お盛物の準備……平成29・4—76
大坊在勤式……平成29・5—76
夕勤行……平成29・6—76
妙蓮寺参詣と筍御飯……平成29・7—76
夏期講習会の番役……平成29・8—76
海外信徒との交流会……平成29・9—76
行学講習会……平成29・10—76
盂蘭盆会の墓参……平成29・11—76
書道日……平成29・12—74
御大会のお花作り……平成30・1—74
勉強風景……平成30・2—74
寒経……平成30・3—74
学衆の唱題会……平成30・4—74
衣免許……平成30・5—74
会行事（教師補任式）……平成30・6—76
御影堂掃除……平成30・7—76
草むしり……平成30・8—74
富士学林大学科見学……平成30・9—72
佐渡研修……平成30・10—74
日寛上人奉納角力大会……平成30・11—74
富士学林大学科　授業風景……平成30・12—72
御大会・三々九度儀式の給仕……平成31・1—74
餅つき……平成31・2—74
初登山の受付……平成31・3—74
富士学林大学科　海外研修……平成31・4—18
海外状況説明会……令和元・5—74
練経……令和元・6—74

太鼓……令和元・7―74
夜勤番……令和元・8―74
マイク番役……令和元・9―74
御法主上人のお供……令和元・10―68
富士学林大学科　京都研修……令和元・11―68
日顕上人御葬儀……令和元・12―68
通学（登下校）……令和2・1―68
防災訓練……令和2・2―68
年末大掃除……令和2・3―66
白衣の着付け……令和2・4―66
十日番（勤行の準備）……令和2・5―66
御影堂番……令和2・6―66
唱題……令和2・7―66
課題論文の執筆……令和2・8―66
塔婆書き……令和2・9―66
食事当番……令和2・10―66
丑寅勤行　客殿番……令和2・11―68
正月の飾り付け……令和2・12―68
塔婆室番役……令和3・1―68
同期生……令和3・2―68
富士学林大学科　入試……令和3・3―66
大坊自治会……令和3・4―68
登山事務所番……令和3・5―66
御開扉……令和3・6―68
中学一年生……令和3・7―68
御経日の準備……令和3・8―68
蓮蔵坊掃除……令和3・9―68
樒の水替え……令和3・10―68
御講の準備……令和3・11―68
丑寅勤行のお供……令和3・12―68
お経廻り……令和4・1―68
典礼院番……令和4・2―68
英会話……令和4・3―66
仏飯のお給仕……令和4・4―66
富士学林大学科入学並びに開講式……令和4・5―66
中学二年生……令和4・6―66

【た行】

体験発表

「行学の二道を励んで」
埼玉県宣行寺支部　岡田暁子　………平成20・特―70

「百万遍の唱題で折伏を成就」
埼玉県本種寺支部　十河淳子　………平成20・5―48

「九死に一生を得た功徳」
総本山塔中久成坊支部　宮原愛三郎
……………………………平成20・6―15

「唱題で得た健康な生活」
東京都法道院支部　矢島ゆかり　……平成20・6―73

「本当の信心を知って　―念仏寺院の住職を退職―」
滋賀県本地寺支部　吉田正信　………平成20・7―15

「信心が楽しい　御報恩の折伏実践」
富山県妙顕寺支部　上田珠代　………平成20・7―72

「百万遍の唱題で
インドネシアに住む息子が御本尊様を御安置」
山口県妙宝寺支部　山本節子　……平成20・8―48

「私の決意」
埼玉県法生寺支部　松本瑠梨　………平成20・9―16

「御本尊様の功徳で築いた境界」
オーストリア信徒　レナーテ・フォンバンク
……………………………平成20・9―72

「子供たちに住みよい社会を」
埼玉県本種寺支部　齋藤敦子　………平成20・11―16

「『全てあれで良かった』と思える幸せ」
埼玉県能安寺支部　高津悠子　………平成20・12―30

「信心の功徳で夢が現実に」
山口県妙宝寺支部　二木智香子　……平成21・1―30

「地道に続けた唱題の功徳」
東京都法道院支部　江川恵美子　……平成21・2―65

「御本尊様の御陰で地獄の底から脱出」
ロサンゼルス妙法寺信徒　ルース　アイルスワース
……………………………平成21・3―34

「感謝！　文部科学大臣賞受賞！」
埼玉県本種寺支部　久保田正己　……平成21・4―48

「一切を御本尊様にお任せして」
東京都宝浄寺支部　今村明美 ……… 平成21・5—66
「母から教わった信心」
群馬県無量寺支部　鶴岡茉実 ……… 平成21・6—34
「勤行の実践で戴いた功徳」
広島県長妙寺支部　古堂英二 ……… 平成21・7—36
『妙とは蘇生の義なり』唱題で『癌』を克服」
福岡県本佛寺支部　難波江優朋 …… 平成21・8—61
「観念から抜け出せた信心のよろこび」
広島県興福寺支部　山内三佐代 …… 平成21・9—66
「不可能を可能にする信心」
大阪府覚仁寺支部　和田孝二 ……… 平成21・10—68
「御本尊様に守られて」
熊本県正宣院支部　佐藤繁 ………… 平成21・11—51
「七万五千名大結集総会に参加して」
埼玉県法生寺支部　飯塚楓 ………… 平成21・11—68
「正義に目覚めて」
総本山塔中百貫坊支部　齋藤浩記 … 平成21・12—68
「行動して実った折伏」
北海道日正寺支部　前鼻大恵 ……… 平成22・1—51
「遠回りをして巡り会った信心」
千葉県佛心寺支部　根本朱實 ……… 平成22・2—68
「感謝の折伏行」
福岡県徳蔵寺支部　廣渡まゆみ …… 平成22・3—68
「見守られて…感謝の信心」
総本山塔中南之坊蘇生講支部　石井悦子
………………………………………… 平成22・4—28
「私の信心奮闘記」
大阪府妙栄寺支部　石田美幸 ……… 平成22・4—61
「やれば出来る！」
大阪府本説寺支部　高橋美智子 …… 平成22・5—68
「娘に折伏されて」
北海道興徳寺支部　後藤勉 ………… 平成22・6—68
「入信後の心境と功徳」
千葉県啓正寺支部　河守鐵 ………… 平成22・7—72
「正法を信受できた歓び」
青森県専妙寺支部　川嶋礼子 ……… 平成22・8—66
『ニセ本尊』の害毒からの生還」
岐阜県本玄寺支部　渡辺美恵子 …… 平成22・9—34
「入信のきっかけと信心を続けること」
大阪府本教寺支部　藤長理恵 ……… 平成22・10—34
「私の入信と、その後の信心」
山口県弘法寺支部　宮島正興 ……… 平成22・11—72

「諦めず折伏行じ、難問克服」
滋賀県法乗寺支部　三浦信子 ……… 平成22・12—44
「入信のいきさつと初登山の歓喜」
北海道日正寺支部　鈴木元子 ……… 平成23・1—68
「姉弟四人、全員の信仰成就」
青森県玄中寺支部　小山和康 ……… 平成23・2—44
「兄の遺志を継いで」
神奈川県法照寺支部　高木宣子 …… 平成23・3—35
「レベル四のガンを信心で克服」
埼玉県日成寺支部　扇谷寿 ……… 平成23・4—29
「寺院参詣の功徳」
大阪府妙輪寺支部　髙下慎一郎 …… 平成23・5—34
「最愛の妻と力を合わせて」
北海道聞佛寺支部　田村敬一 ……… 平成23・6—31
リレー体験発表
「『折伏して結婚』の念願叶う！」
千葉県鎌谷寺支部　神澤佳代・清隆
……………………………… 平成23・7—72
「苦しかった子供時代を乗り越えて」
静岡県蓮徳寺支部　高橋一美 ……… 平成23・8—31
「御本尊様に感謝」
埼玉県本種寺支部　青柳規衣 ……… 平成23・9—31
「母への折伏で感じた親の有り難さ」
大分県妙祥寺支部　堀祥枝 ………… 平成23・10—31
「世界広布の人材を目指して」
山梨県有明寺支部　赤澤真実 ……… 平成23・11—31
「折伏の功徳で叶った長年の夢」
大阪府本教寺支部　吉田節子 ……… 平成23・12—34
「人生、山あり谷あり　すべての解決はこの信心で」
秋田県寿泉寺支部　清水秀子 ……… 平成24・1—61
「広布の礎たらん」
山梨県正光寺支部　笹本久美子 …… 平成24・2—72
「五時間唱題行の功徳で折伏成就」
山口県妙宝寺支部　井ノ口淑江 …… 平成24・3—72
「御本尊様に守られて折伏成就」
岐阜県本玄寺支部　渡辺美恵子 …… 平成24・4—72
「御本尊様に守られて折伏成就」
大分県妙祥寺支部　藤本絢子 ……… 平成24・5—72
「学会と決別！　家族そろって勧誡叶う」
東京都法道院支部　稗島進 ………… 平成24・6—70
「実を結んだ普段着の折伏」
千葉県法道寺支部　吉井太郎 ……… 平成24・7—34
「周りを思い、人のために！」
山梨県覚宝寺支部　安田美由紀 …… 平成24・8—71

「大病を克服し　更なる広布を決意」
宮城県善修寺支部　澤田裕輔　………平成24・9―72
「顕正会で作った罪障はこの信心で消していく！」
長野県開法寺支部　佐藤征二　………平成24・10―72
「広布のお役に立ちたい」
広島県善照寺支部　友成知佳子　……平成24・11―72
「癌を乗り越えて法統相続」
北海道正法寺支部　能代健蔵　………平成24・12―71
「最高の親孝行ができた!!」
高知県大信寺支部　西川政男　………平成25・1―72
リレー体験発表
「良い縁をつないで」千葉県法道寺支部　福田吉髙
「勤行・唱題が生活の一部に」米澤早恵
…………………………平成25・2―70
「体験が信心を深める」
広島県興福寺支部　池田肇　…………平成25・3―71
「師弟相対・異体同心の信心の大切さ」
奈良県仏覚寺支部　森田そよ　………平成25・4―51
「一千万人に一人のガン　完治に向けて」
埼玉県日成寺支部　山田優姫　………平成25・5―51
「私に課せられた使命」
岐阜県経行寺支部　加藤ゆき子　……平成25・6―54
「母を救うのは御本尊様だけ
それを伝えられるのは私だけ」
長野県妙照寺支部　橋本由紀子　……平成25・7―51
「折伏成就で境涯ひらく」
京都府妙清寺支部　大田実佳　………平成25・8―67
リレー体験発表
「同じ目的に向かって」
大阪府本教寺支部　粉河恒明・真崎絹子
…………………………平成25・9―52
「総本山任務の喜び」
兵庫県感応寺支部　市川知子　………平成25・10―64
「パニック障害を乗り越えて」
広島県興福寺支部　佐々木景子　……平成25・11―29
リレー体験発表
「一番大切な人を折伏できた喜び」
山口県妙宝寺支部　木村侑美子
「初信の功徳」木村雅人　……………平成25・12―29
「御本尊様から頂いた安心の境界」
沖縄県光明寺支部　川崎有希　………平成26・1―56
「息子と力を合わせ嫁の両親を折伏」
千葉県長久寺支部　風山清子　………平成26・2―66

「命ある限り折伏を決意」
埼玉県能安寺支部　結城明子 ………平成26・3―51
「妙とは蘇生の義なり」
鹿児島県恵楽寺支部　磯野政子 ……平成26・4―50
「『明るく、元気に、楽しく』をモットーに！」
千葉県佛心寺支部　松崎安代 ………平成26・5―44
「支部活動と本山任務と仕事と」
埼玉県妙本寺支部　堀江真美 ………平成26・6―52
「素直な心で行じた折伏」
岩手県宝器寺支部　千葉節子 ………平成26・7―50
「広布のお役に立ちたい!!」
千葉県彈正寺支部　福本隆夫 ………平成26・8―34
「お題目の力はすごい！」
埼玉県日成寺支部　山田優姫 ………平成26・9―52
「妙音と仲間に支えられて」
岐阜県本玄寺支部　伊地田聖子 ……平成26・10―68
「この信心をしていて良かった」
岐阜県経説寺支部　岡田昭子 ………平成26・11―51
「多くの方に支えられ」
神奈川県正継寺支部　永登美幸 ……平成26・12―54
「講中全員が立ち上がろう！」
長野県威徳寺支部　田中隆司 ………平成27・1―51
「正法を一人でも多くの方に」
広島県興福寺支部　河野広子 ………平成27・2―36
「御本尊様のお力で変わった！」
鹿児島県蓮秀寺支部　弓削昇 ………平成27・3―68
「一枚のリーフレットが人を救う」
静岡県持妙寺支部　浅野眞 ………平成27・4―22
「平成三十三年に向かって元気はつらつと！」
京都府妙清寺支部　小島紗千 ………平成27・7―32
「一番大切なものを守るため」
高知県大信寺支部　矢野昌秀 ………平成27・8―20
「すべて御本尊様のおかげ」
千葉県清涼寺支部　梅木まゆみ ……平成27・9―20
「訪問折伏から広がった折伏成就の輪」
高知県延寿寺支部　下村敏則 ………平成27・10―35
「折伏によって大きく変わった私」
大阪府妙恵寺支部　中村香菜 ………平成27・11―22
「御登山の功徳で折伏が成就！」
鹿児島県西大宣寺支部　溝口伸子 ……平成27・12―51
「正しい信仰で得た一家和楽」
神奈川県宣法寺支部　清水千秋 ……平成28・1―32
「信心して私は変わった!!」
岐阜県本玄寺支部　富澤保治 ………平成28・2―51

「御本尊様に守られて」
静岡県本廣寺支部　山下和代　……平成28・3―50
「『弛まず実践』で実った折伏!!」
埼玉県正興寺支部　桐原節子　……平成28・4―50
「折伏できたの？　ママ、すごいね！」
北海道日正寺支部　高橋望美　……平成28・5―50
「勇気を持って行動を!!」
長野県法修寺支部　堀内小百合　……平成28・6―50
「広宣流布のために!!」
青森県専妙寺支部　塩谷悦子　……平成28・7―33
「御登山の功徳で成就した折伏」
島根県蓮照寺支部　松本妙子　……平成28・8―57
「唱題の功徳と百人の折伏誓願」
大阪府妙栄寺支部　猪ノ子石三重子
……平成28・9―47
「やっと実った五年目の折伏」
長野県実境寺支部　内藤裕之　……平成28・10―47
「頂いた功徳の恩返しは折伏で！」
山口県妙宝寺支部　中山潤　……平成28・11―47
「折伏実践を通して得た信心のすばらしさ」
広島県正教寺支部　佐藤英子　……平成28・12―47
「正しい信心がやっとできた！」
神奈川県大歓寺支部　島添美保　……平成29・1―50
「学会から離れて大歓喜の信心ができた！」
千葉県本城寺支部　田中誠記　……平成29・2―52
「育成に励み、功徳いただく」
岐阜県開顕寺支部　平崎勝子　……平成29・3―49
「広布を強く深く祈る」
埼玉県開徳寺支部　小山聡美　……平成29・4―49
「こんな私でも折伏ができた！」
長野県威徳寺支部　矢島玲子　……平成29・5―49
「仏様の御慈悲に護られて」
埼玉県本種寺支部　平嶋こずえ　……平成29・6―49
「御本尊様から頂いたこの命　力のかぎり折伏に」
青森県法典院支部　三上勇治　……平成29・7―49
「折伏を、この命あるかぎり」
神奈川県寿照寺支部　菅原美保子　……平成29・8―39
「広宣流布の使命の重み」
埼玉県妙本寺支部　荒井彩華　……平成29・9―42
「信心ですべての苦難を乗り越えて」
東京都本行寺支部　小谷慧子　……平成29・10―41
「諦めなければ折伏のチャンスは必ずある！」
奈良県寧楽寺支部　藤井大輔　……平成29・11―39

「正しい信仰ができる喜び」
鹿児島県海王寺支部　古谷弘子 ……… 平成29・12―45
「一千万遍の唱題で折伏成就」
愛媛県妙源寺支部　渡部美紀 ……… 平成30・1―47
「折伏のすべてにドラマが！」
大阪府本説寺支部　森崎昭子 ……… 平成30・2―47
「唱題の功徳で叶った折伏」
岐阜県本栄寺支部　和田輝子 ……… 平成30・3―47
「折伏の〝思いは必ず通じる〟」
千葉県智妙寺支部　白田有子 ……… 平成30・4―40
「多くの人にこの信心を」
千葉県法経院支部　伊橋正人 ……… 平成30・5―45
「信心のすばらしさを伝えられる人に」
東京都法道院支部　高橋莉子 ……… 平成30・6―49
「ガンが消えた！　御本尊への確信深まる」
総本山塔中南之坊支部　作田尚哉 … 平成30・7―40
「この信心は間違いなく正しい!!」
東京都大修寺支部　林英雄 ……… 平成30・8―47
「必ず御本尊様は守ってくださる!!」
香川県立正寺報恩講支部　山端聖子
……… 平成30・9―43
『御本尊様に感謝して、頑張らんといかん』
福岡県徳蔵寺支部　松浦亜衣梨 ……… 平成30・10―18
「家族全員が不幸から救われた！」
岐阜県経説寺支部　伊藤智子 ……… 平成30・11―47
「家族全員が御本尊様を中心に」
沖縄県光明寺支部　玉那覇あゆみ … 平成30・12―43
「やっと叶った!!五十年目の入信」
神奈川県妙苑寺支部　森谷光子 ……… 平成31・1―47
「折伏への真剣な祈りは必ず叶う」
和歌山県福生寺支部　殿村きわ子 … 平成31・2―47
「入信して十年、『家族で信心』の夢叶う」
東京都本行寺支部　斉藤晴菜 ……… 平成31・3―36
「下種活動は人を選ばず、どんな時にも！」
青森県法浄寺支部　小山洋未 ……… 平成31・4―66
「折伏の輪が次から次に」
大阪府妙栄寺支部　村井菊代 ……… 令和元・5―47
「すべて御本尊様に身を任せ」
長野県妙照寺支部　山本彰 ……… 令和元・6―47
「できる時に、できることを精一杯！」
京都府顕妙寺支部　井上位登子 ……… 令和元・7―47
「大御本尊様の御慈悲に包まれて」
東京都法道院支部　小西幸子 ……… 令和元・8―47

「御報恩のため〝させて頂く〟信心を」
福岡県妙興寺支部　連波由佳　………　令和元・9—50
「今度こそ本当の広宣流布のお役に立ちたい」
東京都常泉寺支部　清水咲緒里　……　令和元・10—17
「とにかくお寺に行こう！」
岡山県究竟寺支部　岡田由美　………　令和元・11—49
「命の続く限り唱題、折伏」
沖縄県光明寺支部　高山清子　………　令和元・12—47
「大切な母への恩返し」
滋賀県啓道寺支部　青松美花　………　令和2・1—49
「今生人界の思い出は折伏しかない！」
東京都妙声寺支部　土山美幸　………　令和2・2—52
「この信心で絶対幸せになれる!!」
愛媛県実正寺支部　馬越美智子　……　令和2・3—42
「命ある限り折伏弘教に！」
長野県本立寺支部　湯田広年　………　令和2・4—42
「脱会して怒涛の一年　折伏成就次々と！」
千葉県清涼寺支部　片岡佳代　………　令和2・5—42
「すべては御本尊様の大功徳」
熊本県眞法寺支部　勘場悦子　………　令和2・6—35
「今こそ唱題　果敢に折伏！」
東京都大修寺支部　大森康平　………　令和2・7—45
「やっぱり日蓮正宗しかない！」
岐阜県経説寺支部　国枝活子　………　令和2・8—46
「広布のお役に立てる信心を」
高知県延寿寺支部　青木孝志　………　令和2・9—42
「母の病気から得たもの」
福岡県妙流寺支部　吉田未有季　……　令和2・10—50
「真剣に信心すれば必ず折伏はできる」
富山県福徳寺支部　川上正哉　………　令和2・11—49
「不幸に悩む周囲の人にこの信心を！」
北海道寶龍寺支部　伊藤美恵子　……　令和2・12—17
「まずは自分が一人立つ信心を！」
東京都法道院支部　佐々木洋一　……　令和3・1—17
「広布のお役に立つよう　これからも精進を」
北海道日正寺支部　野沢祐子　………　令和3・2—49
「折伏は動かなければ始まらない！」
青森県法典院支部　福澤照次　………　令和3・3—37
「一家和楽の信心で広布のお役に!!」
埼玉県華光寺支部　成澤祐也　………　令和3・4—50
「一歩、踏み出す勇気で願いは叶う」
神奈川県寿照寺支部　高橋廣子　……　令和3・5—40
「御本尊様に巡り値えた喜びをもって」
熊本県涌徳寺支部　吉田ユキ子　……　令和3・6—49

「御本尊様の広大無辺の力用に感謝！」
千葉県清涼寺支部　渡邉達也　………令和3・7―49
「より多くの方に笑顔になってもらえるよう折伏に」
静岡県妙重寺支部　鈴木喜代美　……令和3・8―49
リレー体験発表
「病によりて道心はおこり候か」
岡山県法命寺支部　上者美枝子・上者郁夫
……………………………………令和3・9―52
「ついに巡り会えた正しい教え」
茨城県光顕寺支部　大竹洸希　………令和3・10―49
「大切な方を何としても正信に！」
千葉県本顯寺支部　花島泰紀　………令和3・11―49
「変わるにはこの信心しかない！」
京都府平安寺支部　冨田小百合　……令和3・12―49
「邪宗との決別で正法の功徳を実感」
広島県正教寺支部　吉山正晃　………令和4・1―49
「広布のお手伝いに我が身を捧げて」
宮城県佛眼寺支部　尾崎正隆　………令和4・2―49
「折伏は諦めなければ必ず叶う！」
長野県妙照寺支部　中島俊子　………令和4・3―33
「折伏の縁は身近なところに」
福岡県霑妙寺支部　古賀文子　………令和4・4―48
「どんな願いも必ず叶う」
神奈川県正継寺支部　永登美幸　……令和4・5―47
「折伏の縁を願って」
岡山県究竟寺支部　牧敏恵　…………令和4・6―47
法華講員50％増達成記念大会から
全国支部代表発表「我ら、かく戦えり」
特別布教区理境坊妙観講支部　佐藤せい子
福岡西布教区霑妙寺支部　永松正直
広島布教区興福寺支部　二井野貞子
大阪南布教区法住寺支部　谷崎盛治郎
大阪北布教区妙栄寺支部　早瀬もと子
……………………………………平成27・5―43
埼玉布教区能安寺支部　磯部泰広
神奈川布教区久遠寺支部　滝和枝
青森布教区専妙寺支部　須藤高雄
北海道第一布教区佛見寺支部　高田好
東京第一布教区法道院支部　影山庄造
……………………………………平成27・6―43

中等部・高等部合宿に参加して
東京都本行寺支部　酒井あすか
石川県最教寺支部　大塚たろう
岡山県法龍寺支部　西山明理
宮崎県妙長院支部　永山理梨
東京都大修寺支部　市村慎志
新潟県実行寺支部　小林芙美子
兵庫県妙久寺支部　芝本健志
熊本県涌徳寺支部　大村浩輔　……………平成*29*・*10*—*57*
北海道大法寺支部　山田蓮
静岡県蓮興寺蓮華講支部　大西なつみ
青森県法典院支部　道川慧佑
静岡県蓮徳寺支部　山本好未
茨城県恵妙寺支部　和田宝輝
愛知県妙通寺支部　藤岡めぐみ
東京都本行寺支部　清水実
熊本県涌徳寺支部　荒川布貴　……………平成*30*・*10*—*43*
千葉県妙広寺支部　渡邊美貴
神奈川県小田原教会支部　勝又瑠哉
富山県妙顕寺支部　竹内佐智子
愛媛県妙源寺支部　加藤優太　……………令和元・*10*—*45*

体曲がれば影ななめなり

言論出版妨害事件　……………………平成*20*・特—*66*
言論出版妨害事件②　…………………平成*20*・*5*—*17*
共産党委員長宅への電話盗聴事件①　…平成*20*・*6*—*66*
共産党委員長宅への電話盗聴事件②　…平成*20*・*7*—*68*
月刊ペン事件　…………………………平成*20*・*8*—*16*
座談会事件　……………………………平成*20*・*9*—*68*
正信会事件（一連の背景）　……………平成*20*・*10*—*48*
正信会事件（五人訴訟と管長訴訟）　…平成*20*・*11*—*48*
正信会事件（蓮華寺訴訟と異説訴訟）　…平成*20*・*12*—*48*
第二次創価学会問題の惹起　……………平成*21*・*1*—*72*
創価学会による宗門攻撃　………………平成*21*・*2*—*68*
学会葬に対する名誉毀損を口実に、
宗門攻撃した訴訟　……………………平成*21*・*3*—*15*
納骨された遺骨の管理を口実に、
宗門攻撃した訴訟　……………………平成*21*・*4*—*30*

大利剣

「非教師」を使って宗門攻撃した訴訟 …… 平成21・5—54
寺院へ預けた遺骨の返還をめぐって、宗門攻撃した訴訟 …… 平成21・6—54
大石寺大坊在勤の無任所教師が、宗門攻撃した訴訟 …… 平成21・7—54
離脱した親に感化された非教師が、種々口実を構えて提訴した訴訟 …… 平成21・8—54
創価学会による離脱勧誘の実態 …… 平成21・9—54
呆れた言い掛かり いわゆる「コーヒーカップ」事件 …… 平成21・10—54
まるで根拠の無い言い掛かり 「平仄があわない」創価学会員の主張 …… 平成21・11—70
宗門末寺に対する難癖 「ためにする」主張で訴訟を提起 …… 平成21・12—51

中学生仏教教室

六根清浄 …… 平成20・特—58
無学 …… 平成20・5—80
三草二木 …… 平成20・6—78
ルール …… 平成20・7—36
中一ギャップ …… 平成20・8—78
防災 …… 平成20・9—54
熱原法難 …… 平成20・10—78
巧於難問答 …… 平成20・11—36
少欲知足 …… 平成20・12—78
日々新年の心持ちで精進 …… 平成21・1—54
「毒薬」 …… 平成21・2—54
四苦八苦 …… 平成21・3—54
花と実 …… 平成21・4—54
仏語をたすける …… 平成21・5—78
玉手箱 …… 平成21・6—78
法統相続 …… 平成21・7—78
うらぼん …… 平成21・8—78
まつりごと …… 平成21・9—78

とき……平成21・10―36
にせもの……平成21・11―54
北風と東風……平成21・12―54
えと……平成22・1―54
桜梅桃李……平成22・2―54
縁起・因縁……平成22・3―54
青年部員として……平成22・4―54
学ぶということ……平成22・5―54
都の月……平成22・6―54
伝えるということ……平成22・7―36
十界……平成22・8―36
茗荷……平成22・9―54
蜘蛛の糸……平成22・10―54
障子の明かり……平成22・11―54
書状……平成22・12―36
実践行動の年……平成23・1―36
御誕生会……平成23・2―54
彼岸会……平成23・3―54
立宗会……平成23・4―36
かえるべきところ……平成23・5―54
梅雨の季節に想う……平成23・6―36
蓮華……平成23・7―54
国の宝……平成23・8―54
毒気深入……平成23・9―54
灯火親しむべし……平成23・10―36
聚……平成23・11―36
悪人……平成23・12―54
兎と竜……平成24・1―54
雪山童子……平成24・2―54
暦……平成24・3―54
恩―新しい制服と鞄に想う―……平成24・4―54
「’」（アポストロフィー）……平成24・5―54
修学旅行……平成24・6―54
宝塔……平成24・7―54
登山……平成24・8―36
六道……平成24・9―36
仲秋の夜空……平成24・10―36
口に入れる……平成24・11―54
メモリー……平成24・12―54
紙の効果……平成25・1―54
立志……平成25・2―56
諸天善神……平成25・3―54
仏語……平成25・4―36
一仏乗……平成25・5―36

カースト（身分制度）……平成25・6—36
今まさにその時……平成25・7—54
大日蓮華山……平成25・8—64

中高生のためのやさしい教学

心と体の関係……平成25・9—48
広宣流布について考えてみよう……平成25・10—44
災いは口より出でて身をやぶる……平成25・11—48
陰徳あれば陽報あり……平成25・12—54
正月をもてなす……平成26・1—48
善と悪……平成26・2—32
なぜ他宗を邪宗と言うのか……平成26・3—54
感謝の心……平成26・4—35
困難を乗り越える……平成26・5—35
学ぶことの意味……平成26・6—29
父母の恩……平成26・7—53
善知識と悪知識……平成26・8—53
器の四失……平成26・9—48
上求菩薩・下化衆生……平成26・10—52
勤行の大事……平成26・11—32
依正不二……平成26・12—35
魔の通力……平成27・1—35
慢心……平成27・2—50
十界の命……平成27・3—59
師弟相対の大事……平成27・4—57
一眼の亀……平成27・5—70
即身成仏……平成27・6—70
仏法即世法……平成27・7—70
心の財……平成27・8—70
なぜ信仰は必要なのか……平成27・9—70
不妄語戒……平成27・10—70
災難の原因……平成27・11—70
占いについて……平成27・12—70
怨憎会苦……平成28・1—70
愛別離苦……平成28・2—70
求不得苦……平成28・3—70
五陰盛苦……平成28・4—70
桜梅桃李……平成28・5—70
四表の静謐を祈る……平成28・6—72
立派な人……平成28・7—70
三類の強敵……平成28・8—70

信心とは実践……平成28・9―70
正直……平成28・10―70
親への報恩……平成28・11―70
蘭室の友……平成28・12―70
ストレスについて……平成29・1―70
積み重ねることの大切さ……平成29・2―72
科学的とは……平成29・3―72
未来を変える……平成29・4―72
八風におかされない……平成29・5―72
登山の大切さ……平成29・6―72
心の鏡を磨く……平成29・7―72
煩悩について……平成29・8―72
罰について……平成29・9―72
歓喜について……平成29・10―53
インプットとアウトプット……平成29・11―53
「時間」について……平成29・12―41
本当の仏様……平成30・1―39
「変わるもの」と「変わらないもの」……平成30・2―57
最高の薬……平成30・3―70
仏様の願い……平成30・4―47
目標を掲げる……平成30・5―57
逆境が人を成長させる……平成30・6―72
ラッキーとアンラッキー……平成30・7―49
尊崇の念……平成30・8―70
人格を磨く……平成30・9―39
仏性について……平成30・10―70
周りに振り回されないために……平成30・11―39
己心の魔に打ち勝つ……平成30・12―39
宗旨建立と日蓮の二字……平成31・1―39
これからの人生……平成31・2―70
衣について……平成31・3―70
真の孝養……平成31・4―57
新しい時代を歩む……令和元・5―70
一切の物にわたりて　名の大切なるなり……令和元・6―70
信じるということ……令和元・7―70
学び知ること……令和元・8―70
私達の使う「言葉」……令和元・9―70
親に笑顔を贈ろう……令和元・10―36
身に妙法を染める……令和元・11―36
ルールと心得……令和元・12―44
相伝の大事……令和2・1―42
「八千七百六十」と「五十二万五千六百」……令和2・2―42

失敗を恐れずに …………… 令和2・3—58
常にお題目を唱えて …………… 令和2・4—58
感謝を行動に移そう …………… 令和2・5—57
感染症に打ち勝つ！ …………… 令和2・6—58
善鬼と悪鬼 …………… 令和2・7—42
仏様の慈悲 …………… 令和2・8—37
未来のために、今を大切に …………… 令和2・9—22
自他へエールを …………… 令和2・10—22
慈悲ある人になろう …………… 令和2・11—22
自らの使命を知り動こう …………… 令和2・12—41
節目を大切にして …………… 令和3・1—52
自分らしさを大切に …………… 令和3・2—60
今日より明日、立派な自分に …………… 令和3・3—58
東日本大震災から十年 …………… 令和3・4—60
鯉のぼり …………… 令和3・5—58
正しい信仰を守る …………… 令和3・6—42
ありのままに輝く自分 …………… 令和3・7—42
世の中のことにアンテナを張ろう …………… 令和3・8—42
成功の鍵 …………… 令和3・9—60
依法不依人 …………… 令和3・10—60
幸せになるためのひと手間 …………… 令和3・11—42
どうして人はみんな違うの？ …………… 令和3・12—42
発心 …………… 令和4・1—42
あなたが背負う看板 …………… 令和4・2—42
視野を広げて世界を見る …………… 令和4・3—22
文字は人の心の表れ …………… 令和4・4—24
「ウサギとカメ」に学ぶ …………… 令和4・5—40
五十展転の功徳 …………… 令和4・6—40

中興の祖　日寛上人伝

（1）大聖人御入滅後の時代　御誕生から青年期 …………… 令和2・9—58
（2）普門品の奉納　六十六部の行者との問答 …………… 令和2・10—58
（3）市之進の出家　覚真の修行　細草檀林（一） …………… 令和2・11—42
（4）細草檀林（二） …………… 令和2・12—60
（5）覚真の檀林生活
『草鶏記』各本にみる覚真の細草昇進 …………… 令和3・1—42

(6) 名目条箇部・四教儀集解部時代・大石寺叙景詩 …… 令和*3*・*2*—*22*
(7) 玄義部時代（一） …… 令和*3*・*3*—*22*
(8) 玄義部時代（二） …… 令和*3*・*4*—*24*
(9) 文句部時代（一） …… 令和*3*・*5*—*22*
(10) 文句部時代（二） …… 令和*3*・*6*—*22*
(11) 文句部時代（三） …… 令和*3*・*7*—*22*
(12) 文句部時代（四） …… 令和*3*・*8*—*22*
(13) 文句部満講 …… 令和*3*・*9*—*42*
(14) 『新説結座説法』 …… 令和*3*・*10*—*42*
(15) 細草檀林の講主時代 …… 令和*3*・*11*—*22*
(16) 御書の講談（一） …… 令和*3*・*12*—*22*
(17) 御書の講談（二） …… 令和*4*・*1*—*22*
(18) 御書の講談（三） …… 令和*4*・*2*—*22*
(19) 御書の講談（四） …… 令和*4*・*3*—*48*
(20) 御書の講談（五） …… 令和*4*・*4*—*56*
(21) 御登座 …… 令和*4*・*5*—*22*
(22) 金沢信徒への御指南（一） …… 令和*4*・*6*—*22*

展示紹介

立正安国論記念展　立正安国論と忍難弘通の歩み

①鎌倉大地震・鎌倉時代の飢饉図 …… 平成*21*・*2*—*4*
②一切経 …… 平成*21*・*3*—*4*
③安国論・国策諫奏 …… 平成*21*・*4*—*21*
④安国論問答・安国論愚記 …… 平成*21*・*5*—*21*
⑤安国論註記・立正安国論秘記 …… 平成*21*・*6*—*21*
⑥御申状・半装束の数珠 …… 平成*21*・*7*—*21*
⑦年中行事帳・聖教之箪笥・下馬札 …… 平成*21*・*8*—*21*
⑧讃岐雨乞いに詠ず・日霑上人国諌之図 …… 平成*21*・*9*—*21*
⑨日應上人手沢御書（縮冊遺文）・御法衣 …… 平成*21*・*10*—*21*
⑩八戸法難史・南部信順公寄進品 …… 平成*21*・*11*—*21*
⑪日蓮大聖人一代記 …… 平成*21*・*12*—*4*

第二祖日興上人御生誕七百七十年記念特別展
日興上人の御生涯と富士の正義
①四信五品抄・日蓮一期弘法付嘱書 ……………………… 平成27・3—27
②日興上人・日目上人御筆十通
宗祖御筆集十六通 ……………… 平成27・4—25
③南条兵衛七郎殿御書 ……………… 平成27・5—25
④卿公御返事 ……………………… 平成27・6—25
⑤五人所破抄 ……………………… 平成27・7—25
⑥白米二斗御返事・西御坊御返 … 平成27・8—25
⑦日興上人御遷化次第・葬列図 … 平成27・9—25
⑧年中行事帳 ……………………… 平成27・10—25
⑨富士山と三大秘法抄 ……………… 平成27・11—25

大石寺五重塔展から
①仏塔の伝来・ストゥーパと五重塔の相輪
……………………………………… 平成29・2—27
②徳川家と近衛家 ………………… 平成29・3—27
③法華経に示された七宝 ………… 平成29・4—27
④心柱模型、五重塔建立絵巻 …… 平成29・5—27
⑤建立の契機 ……………………… 平成29・7—27
⑥板倉勝澄公からの御供養 ……… 平成29・8—29
⑦心柱 ……………………………… 平成29・9—29
⑧金沢信徒による唐戸の御供養 … 平成29・10—27
⑨昭和の修復と重要文化財 ……… 平成29・11—27
⑩五重塔の模型 …………………… 平成29・12—27

大石寺三門展
①建立の経緯 ……………………… 令和3・1—26
②『当山由緒書』 ………………… 令和3・2—26
③大石寺三門模型 ………………… 令和3・3—26
④下層柱の輪切り・三門屋根の旧銅板
……………………………………… 令和3・4—28
⑤看板「日蓮正宗總本山」 ……… 令和3・5—26
⑥三門を支え続けた梁 …………… 令和3・6—26
⑦大棟の輪宝紋と瓦棒・鬼の鶴丸紋
……………………………………… 令和3・7—26
⑧懸魚六葉・降り懸魚六葉 ……… 令和3・8—26
⑨御供養者の名前が刻まれた銅板
……………………………………… 令和3・9—26
⑩令和の大改修で取り替えられた肘木と柱
……………………………………… 令和3・10—26
⑪御厨子（実物展示） …………… 令和3・11—26

総本山第五十六世日應上人　第百回遠忌記念展

①日應上人略伝・御肖像画、御辞世石摺 …………………… 令和3・12—26

②御句「深川に蛸一匹の浮き沈み」
富士派萬歳之図 ………………… 令和4・1—26

アメリカ・ニューヨーク　妙説寺
日蓮大聖人御聖誕八百年展

①開催概要 ………………… 令和4・2—26

②展示開催報告 ……………… 令和4・3—26

③現地レポート ……………… 令和4・4—6

伝統を永遠に

五重塔修復工事レポート

①露盤銘発見　五重塔の建立に新事実 …………………… 平成27・12—22

②五重塔の修理履歴 ………… 平成28・1—22

③文化財修理の考え方と素屋根の建設 …………………… 平成28・2—22

④五重塔の調査　―実測調査 ……… 平成28・3—22

⑤五重塔の調査　―破損調査 ……… 平成28・4—22

⑥五重塔の調査　―解体と仕様調査 …………………… 平成28・5—22

⑦五重塔の調査　―年代判定調査 … 平成28・6—22

⑧五重塔の調査　―痕跡調査と復原的考察
飾金具と一重目の縁 ………… 平成28・7—22

⑨五重塔の調査　―痕跡調査と復原的考察
屋根の復原 ……………… 平成28・8—22

⑩木部の修理と組み立て ………… 平成28・9—22

⑪屋根の桧皮葺型銅板葺 ………… 平成28・10—22

⑫弁柄塗と飾金具の復原 ………… 平成28・11—22

⑬（最終回）大石寺五重塔の建築的特徴 …………………… 平成28・12—22

三門大改修工事レポート

①三門建立の立役者とは ………… 平成29・1—22

②三門の分布と修理履歴 ………… 平成29・2—22

③昭和十年の半解体修理 ………… 平成29・3—22

④昭和十年の半解体修理（2）
工事内容について ………………… 平成29・4—22

⑤昭和十年の半解体修理（3）
見積書より見る工事内容……平成29・5―22
⑥三門大改修の工事内容……平成29・6―22
⑦素屋根の建設……平成29・7―22
⑧三門修復の寄進者……平成29・8―24
⑨三門修復の寄進者（2）……平成29・9―24
⑩鬼・棟の納まり……平成29・10―22
⑪野物の仕様……平成29・11―22
⑫軒先の仕様……平成29・12―22
⑬化粧隅木の調査……平成30・1―22
⑭化粧垂木の調査（1）……平成30・2―22
⑮化粧垂木の調査（2）……平成30・3―22
⑯小屋梁の調査……平成30・4―22
⑰台輪・頭貫の調査……平成30・5―24
⑱大斗・斗組の仕様……平成30・6―22
⑲二階内部の調査……平成30・7―22
⑳高欄と下屋根……平成30・8―22
㉑高欄の部材……平成30・9―22
㉒三門の絵様（1）……平成30・10―22
㉓三門の絵様（2）……平成30・11―22
㉔一階梁の仕組み……平成30・12―22
㉕軒先の復原……平成31・1―22
㉖下層天井……平成31・2―22
㉗下層の躯体……平成31・3―22
㉘下層の壁板と柱……平成31・4―22
㉙柱の根継ぎと地覆……令和元・5―22
㉚三門を支える礎石……令和元・6―22
㉛礎石の下部……令和元・7―22
㉜柱の組み上げ順序……令和元・8―22
㉝銅板葺きについて（1）……令和元・9―22
㉞銅板葺きについて（2）……令和元・10―22
㉟錺金具について……令和元・11―24
㊱木製建具について……令和元・12―26
㊲塗装について（1）……令和2・1―22
㊳塗装について（2）……令和2・2―22
㊴階段について……令和2・3―22
㊵須弥壇周りについて……令和2・4―22
㊶板壁と柱の継ぎ手……令和2・5―22
㊷頭貫と台輪の継ぎ手……令和2・6―22
㊸継ぎ手と仕口……令和2・7―22
㊹（最終回）金物の種類……令和2・8―22

当流法難史

1江戸時代の大石寺と江戸幕府の宗教政策 …… 令和4・1—28

2金沢法難（一）加賀藩における大石寺信仰の濫觴 …… 令和4・2—28

金沢法難（二）取り調べの顛末 …… 令和4・3—28

金沢法難（三）日詳上人による末寺建立願い …… 令和4・4—28

金沢法難（四）一結講中・異体同心 …… 令和4・5—26

金沢法難（五）法統相続と加賀からの出家得度 …… 令和4・6—26

【な行】

なるほどなっとく！Q&A

どうして勤行するの？ …… 平成21・4—64

丑寅勤行ってな〜に？ …… 平成21・5—31

三具足ってな〜に？① …… 平成21・6—30

三具足ってな〜に？② …… 平成21・7—32

お数珠はどうしてもつの？ …… 平成21・8—29

お彼岸ってな〜に？ …… 平成21・9—29

御講ってな〜に？ …… 平成21・10—30

目師会ってな〜に？ …… 平成21・11—30

御供養ってな〜に？ …… 平成21・12—32

御授戒ってな〜に？ …… 平成22・1—68

日興上人様について教えて① …… 平成22・2—72

日興上人様について教えて② …… 平成22・3—35

立宗宣言ってな〜に？ …… 平成22・4—35

大行会ってな〜に？ …… 平成22・5—30

登山ってな～に？……平成22・6—30
お盆ってな～に？……平成22・7—29
太鼓はなぜたたくの？……平成22・8—29
御難会ってな～に？……平成22・9—30
御会式ってな～に？……平成22・10—30
御書ってな～に？……平成22・11—30
謗法ってな～に？……平成22・12—48
お給仕ってな～に？……平成23・1—29
法華講ってな～に？……平成23・2—29
修行ってな～に？……平成23・3—31
唱題ってな～に？……平成23・4—53
いま、私たちにできることはなに？……平成23・5—30
法統相続ってな～に？……平成23・6—50
少年部合宿登山ってな～に？……平成23・7—35
夏休みの過ごし方を教えて……平成23・8—35
正直ってな～に？……平成23・9—35
異体同心ってな～に？……平成23・10—50
特別御供養ってな～に？……平成23・11—50
クリスマスはなぜいけないの？……平成23・12—30
どうして目標を立てるの？……平成24・1—31
御誕生会ってな～に？……平成24・2—31
御命題ってな～に？……平成24・3—31
御霊宝虫払会ってな～に？……平成24・4—31
寺院ってな～に？……平成24・5—31
慈悲ってな～に？……平成24・6—31
ご登山の意義ってな～に？……平成24・7—30
夏休みを有意義に過ごすには？……平成24・8—50
知恩報恩ってな～に？……平成24・9—53
「立正安国」ってな～に？……平成24・10—53
七五三ってな～に？……平成24・11—35
身の供養ってな～に？……平成24・12—35
御影堂ってな～に？……平成25・1—35
節分ってな～に？……平成25・2—37
三月八日はなんの日？……平成25・3—35
雪山の寒苦鳥ってな～に？……平成25・4—14
不軽菩薩について教えて……平成25・5—14
孝養ってな～に？……平成25・6—14
奉安堂について教えて……平成25・7—14
信心即生活ってな～に？……平成25・8—14
お彼岸とお墓参り……平成25・9—14
御会式のお飾りについて教えて？……平成25・10—14
御影堂大改修落慶記念法要ってな～に？……平成25・11—14
地涌の菩薩ってな～に？……平成25・12—14

今年の年間実践テーマを教えてください …… 平成26・1―18
目標と誓願について教えてください …… 平成26・2―14
御観念文と御祈念についておしえてください …… 平成26・3―14
お経とお題目の関係についておしえてください …… 平成26・4―14
護法ってな〜に？ …… 平成26・5―14
火の信心と水の信心ってな〜に？ …… 平成26・6―14
蓮華ってな〜に？ …… 平成26・7―14
順縁と逆縁ってな〜に？ …… 平成26・8―14
十四誹謗ってな〜に？ …… 平成26・9―14
「申状」ってな〜に？ …… 平成26・10―14
茶毘ってな〜に？ …… 平成26・11―14
小松原法難って？ …… 平成26・12―14
今年の年間実践テーマを教えて …… 平成27・1―14
日興上人様のお徳について教えて① …… 平成27・2―14
日興上人様のお徳について教えて② …… 平成27・3―16
三門ってな〜に？ …… 平成27・4―18
五重塔ってな〜に？ …… 平成27・5―22
法衣ってな〜に？ …… 平成27・6―22
六壷について教えて？ …… 平成27・7―47
寛師会ってな〜に？ …… 平成27・8―47
どうして仏像を拝んではいけないの？ …… 平成27・9―47
なぜ、お題目を唱えるの？ …… 平成27・10―47
御本仏ってなんですか？ …… 平成27・11―47
良医病子の譬えってな〜に？ …… 平成27・12―47
今年の実践テーマを教えて？ …… 平成28・1―47
大聖人様のお名前について教えて？ …… 平成28・2―47
三車火宅の譬えってな〜に？ …… 平成28・3―18
長者窮子の譬えってな〜に？ …… 平成28・4―18
貧人繋珠の譬えってな〜に？ …… 平成28・5―18
少年部合宿登山について教えて？ …… 平成28・6―18
信心の目的について教えて？ …… 平成28・7―18
特別御供養について教えて？ …… 平成28・8―18
三草二木の譬えってな〜に？ …… 平成28・9―18
日有上人様ってどんな方？ …… 平成28・10―18
大石寺について教えて？ …… 平成28・11―18
なぜ神社に行ってはいけないの？ …… 平成28・12―18
今年の実践テーマについて教えて？ …… 平成29・1―18
お塔開きってな〜に？ …… 平成29・2―18
三宝ってな〜に？ …… 平成29・3―18
鬼門ってな〜に？ …… 平成29・4―18

客殿について教えて？……平成29・5—18
大石寺の蔵について教えて？……平成29・6—18
阿仏房ってどんな人？……平成29・7—18
南条時光殿について教えて？①……平成29・8—20
南条時光殿について教えて？②……平成29・9—20
御大会ってな〜に？……平成29・10—18
池上兄弟について教えて？……平成29・11—18
冬休みの過ごし方は？……平成29・12—18
今年の実践テーマを教えて！……平成30・1—18
年中行事についておしえて？……平成30・2—18
四条金吾殿について教えて！①……平成30・3—34
四条金吾殿について教えて！②……平成30・4—18
伊豆法難について教えて！……平成30・5—20
五老僧について教えて！……平成30・6—18
『立正安国論』について教えて！……平成30・7—18
「法華経」ってな〜に？……平成30・8—18
お彼岸ってな〜に？……平成30・9—18
身延離山について教えて！①……平成30・10—40
身延離山について教えて！②……平成30・11—18
五座の勤行について教えて！……平成30・12—18
今年の実践テーマを教えて！……平成31・1—18
どうして節分に豆をまくの？……平成31・2—18
座禅は正しい修行？……平成31・3—18
立宗会について教えて！……平成31・4—39
四恩報謝ってな〜に？……令和元・5—18
髻中明珠の譬えってな〜に？……令和元・6—18
化城宝処の譬えってな〜に？……令和元・7—18
盂蘭盆会ってな〜に？……令和元・8—18
「久遠」ってな〜に？……令和元・9—18
本門と迹門ってな〜に？……令和元・10—52
日目上人様について教えて……令和元・11—52
宝物殿について教えて……令和元・12—52
今年の実践テーマを教えて！……令和2・1—53
示同凡夫ってな〜に？……令和2・2—49
春季総登山会ってな〜に？……令和2・3—46
御遺命ってな〜に？……令和2・4—46
内護と外護ってな〜に？……令和2・5—46
信心と生活の関係を教えて！……令和2・6—46
信心の心がけを教えて！……令和2・7—50
特別御供養について教えて！……令和2・8—50
富木常忍ってどんな人？……令和2・9—54
なぜ、御会式には桜の花を飾るの？……令和2・10—54
唱題行ってな〜に？……令和2・11—53
三門大改修工事について教えて！……令和2・12—21

今年の実践テーマを教えて！……令和3・1—21
宗祖御誕生会について教えて！……令和3・2—36
親孝行について教えて！……令和3・3—42
相伝ってな〜に？……令和3・4—46
なぜ、たくさんのお経があるの？……令和3・5—36
所属寺院について教えて！……令和3・6—53
勤行の心構えを教えて！……令和3・7—53
夏休みの過ごし方を教えて！……令和3・8—53
お墓について教えて！……令和3・9—49
熱原法難について教えて①……令和3・10—21
熱原法難について教えて②……令和3・11—53
須梨槃特ってどんな人？……令和3・12—53
今年の実践テーマを教えて！……令和4・1—54
興師会ってな〜に？……令和4・2—54
御本尊様へのお供えについて教えて！……令和4・3—52
どうしたら平和な世界になるの？……令和4・4—52
諸天善神ってな〜に？……令和4・5—51
なぜ、御講に参詣するの？……令和4・6—51

【は行】

布教講演

【立正安国論正義顕揚七百五十年記念総登山布教講演】
「正義顕揚とは折伏の実践」
総本山塔中妙住坊住職　田畑道権御尊師……平成21・4—68
「一閻浮提に広宣流布せん事疑いなし」
宗務院海外部主任　井尻執道御尊師……平成21・5—44
「血脈の流れに身を置く歓び」
宮崎県宮崎市　寿正寺住職　柏熊信乗御尊師……平成21・6—44
「正義顕揚の時を感じて」
長野県長野市　実境寺住職　西川正史御尊師……平成21・7—44
「こころをひとつに」
宗務院書記　野村信導御尊師……平成21・8—44

「日蓮と同意ならば地涌の菩薩たらんか」
総本山塔中理境坊内　小川正豪御尊師
……………………平成21・9—44

「未来広布への精進」
宗務院渉外部主任
本山妙蓮寺塔中蓮光坊住職　宮原委道御尊師
……………………平成21・10—44

「魔軍に打ち勝ち　新たなるご命題へ向かって」
横浜市戸塚区　宣法寺住職　高野千道御尊師
……………………平成21・11—44

「心の財」
宗務院書記　野中信栄御尊師
……………………平成21・12—44

「心に折伏を誓い、実践の人となろう」
東京都世田谷区　善福寺住職　木村信龍御尊師
……………………平成22・1—44

「折伏主体の信心姿勢を、今こそ確立しよう」
埼玉県鶴ヶ島市　啓信寺住職　宮野審道御尊師
……………………平成22・2—44

【御霊宝虫払大法会布教講演】

「四法成就の信心で折伏行の実践を」
全国布教師
浜松市浜北区　妙重寺住職　早瀬義栄御尊師
……………………平成27・7—36

「八十万人体勢構築へ向け常精進の信行を」
全国布教師　宗務院教学部副部長
埼玉県鶴ヶ島市　啓信寺住職　宮野審道御尊師
……………………平成27・8—34

「粘り強い折伏の実践を」
全国布教師　宗務院教学部長
埼玉県所沢市　能安寺住職　水島公正御尊師
……………………平成28・6—54

「身は心の従」
全国布教師
埼玉県草加市　宣行寺住職　武安力道御尊師
……………………平成28・7—50

「甘露をもって灌がるるが如し」
全国布教師
さいたま市大宮区　法勝寺住職　合原歓道御尊師
……………………平成29・7—38

「折伏と育成で広布へ前進」
全国布教師
東京都足立区　本修寺住職　園田司道御尊師
……平成29・8―47

「自行化他の功徳で御命題達成を」
全国布教師
千葉県市川市　彈正寺住職　中村収道御尊師
……平成30・6―38

「登山参詣の歓喜をもって、いざ行動を」
全国布教師
大阪市住吉区　妙輪寺住職　盛岡窮道御尊師
……平成30・7―56

「不退の精進行をもって誓願達成を」
全国布教師
群馬県前橋市　覚王寺住職　阿部美道御尊師
……令和元・6―54

「御命題達成は御本尊様とのお約束」
全国布教師　宗務院教学部副部長
東京都墨田区　妙縁寺住職　宮野審道御尊師
……令和元・7―36

【日蓮大聖人御大会布教講演】

「最勝の教理を実践して自他共に幸福になろう」
全国布教師
札幌市手稲区　闡仏寺住職　矢野訓道御尊師
……平成28・2―35

「時代の希求に応え使命を果たさん」
全国布教師
大阪府高槻市　妙恵寺住職　西岡雄信御尊師
……平成28・3―54

「平成三十三年の御命題達成をめざして」
布教師会会長　宗務院布教部長
東京都豊島区　常在寺住職　阿部信彰御尊師
……平成29・2―39

「原点に立ち返り、喜びの信心で御命題達成を！」
全国布教師
富山県富山市　妙顕寺住職　竹内雄寧御尊師
……平成29・3―52

「法華講員八十万人体勢の構築は未来広布の礎なり」
全国布教師
福岡県久留米市　霑妙寺住職　諏訪涼道御尊師
……平成30・2―34

「使命と歓びをもって御命題達成を」
全国布教師
福岡県行橋市　要言寺住職　荒谷正鎮御尊師……平成30・3―52
「地獄の身となるも、仏の身となるも、只一心の所作なり」
全国布教師　宗務院布教部副部長
東京都板橋区　妙國寺住職　新井契道御尊師……平成31・2―35
「時を移さず前進しよう」
全国布教師
大阪府吹田市　本説寺住職　濵津治道御尊師……平成31・3―47
「師弟相対の信心で御命題達成を」
全国布教師
浜松市浜北区　妙重寺住職　早瀬義栄御尊師……令和2・2―56
「御命題達成に向かい自他共にお題目を強盛に唱えて折伏実践を」
全国布教師
富山県富山市　妙顕寺住職　竹内雄寧御尊師……令和2・3―50

【支部総登山・添書登山布教講演】

「人の和をもって折伏前進」
長野県飯田市　恵光寺住職　細井正玉御尊師……平成22・3―44
「折伏実践に功徳あり」
静岡県磐田市　宣正寺住職　今野信圓御尊師……平成22・4―44
「今なすべきこと」
長野県軽井沢町　妙照寺住職　早瀬道義御尊師……平成22・5―44
「手を取りあって共に寂光土を築こう」
山形県寒河江市　真覚寺住職　藤原信訓御尊師……平成22・6―44
「『折伏前進』」
福岡県筑紫野市　信法寺住職　鈴木道雅御尊師……平成22・7―44
「素直な心で折伏前進」
北海道留萌市　開道寺住職　宮脇正能御尊師……平成22・8―44
「全支部誓願達成に向かって」
兵庫県加古川市　浄福寺住職　園田司道御尊師……平成22・9―44

「日興上人の謗法厳誡の精神を今に」
大石寺大坊内　漆畑正善御尊師 ……平成22・10—44

「身命を捨てて随力弘通を」
神奈川県小田原市　蓮久寺住職　松尾器道御尊師 ……平成22・11—44

「折伏は、だれにでもできる！」
大石寺大坊内　百々正寿御尊師 ……平成22・12—29

「法華弘通の大願は、我ら生涯の使命なり」
大石寺大坊内　鉄本雄威御尊師 ……平成23・1—44

「実践行動の年に向かって」
大石寺大坊内　梅津正栄御尊師 ……平成23・2—33

「人の和を深めるために」
大石寺大坊内　長谷川信達御尊師 ……平成23・3—44

「宗祖御誕生・五重塔建立の意義を拝し、更なる精進を」
大石寺大坊内　堀田信教御尊師 ……平成23・4—44

「異体同心して広布前進を」
大石寺大坊内　岡田信績御尊師 ……平成23・5—44

「今こそ折伏を実践し、毒鼓の縁を結んでいこう」
千葉県香取市　法経院主管　佐名雄学御尊師 ……平成23・6—44

「異体同心で実践行動を」
大石寺大坊内　堀部正円御尊師 ……平成23・7—44

「今、我らがなすべき実践」
総本山塔中総二坊住職　平野道益御尊師 ……平成23・8—44

「此の度仏法を心みよ」
総本山塔中報恩坊住職　秦道夫御尊師 ……平成23・9—44

「慈悲の心をもって」
大石寺大坊内　宗務院書記　長倉信祐御尊師 ……平成23・10—44

「臨終、只今にあり」
総本山塔中東之坊住職　吉田道善御尊師 ……平成23・11—44

「正法弘通の責任と使命」
宗務院教学部主任
本山妙蓮寺塔中本妙坊住職　樽澤道広御尊師
……………………………平成23・12―44

「熱湯の信仰で折伏を」
栃木県栃木市　信行寺住職　長野鍛道御尊師
……………………………平成24・1―44

「今こそ広布の主体者に」
沖縄県那覇市　光明寺住職　川合道収御尊師
……………………………平成24・2―44

「為すべき事を実行し、退くことなく常に前進しよう」
千葉県鎌ケ谷市　鎌谷寺住職　菅野道渉御尊師
……………………………平成24・3―44

「只法華経の事のみさはぐら（思索）せ給ふべし」
堺市中区　実法寺住職　河邉正信御尊師
……………………………平成24・4―44

「折伏の意義と使命」
名古屋市中村区　妙通寺住職　細井道迅御尊師
……………………………平成24・5―64

「貴方から始める立正安国の実行前進」
総本山塔中了性坊住職　原田輝道御尊師
……………………………平成24・6―64

「着実な折伏の実践により本年の誓願を達成しよう」
山梨県甲府市　正光寺住職　島田靖道御尊師
……………………………平成24・7―66

「残り時間」
宗務院布教部主任
総本山塔中妙遠坊住職　南條信聴御尊師
……………………………平成24・8―44

「今こそ大御本尊への絶対の確信をもって」
和歌山県有田市　福生寺住職　菅原信稔御尊師
……………………………平成24・9―62

「異体同心の折伏実行で広布へ前進」
東京都府中市　大修寺住職　國島道保御尊師
……………………………平成24・10―62

「難来たるを以て安楽と意得べきなり」
千葉市若葉区　眞光寺住職　新井契道御尊師
……………………………平成24・11―44

「三界の火宅より衆生を抜済せん」
福岡県行橋市　要言寺住職　濵津治道御尊師
……………………………平成24・12―44

「唱題は折伏の原動力」
京都市東山区　住本寺住職　阿部郭道御尊師
……………………………平成25・1―44

「尊い時間をムダにせず広布へ前進しよう」
長野県飯田市　惠光寺住職　細井正玉御尊師……平成25・2―46

「総力を集結し、御命題成就へ」
岩手県奥州市　宝器寺住職　山崎信理御尊師……平成25・3―44

「折伏は真剣なる求道心から」
東京都世田谷区　善福寺住職　木村信龍御尊師……平成25・4―44

「志高く仏様のお使いを果たそう」
愛知県犬山市　妙典寺住職　小竹正素御尊師……平成25・5―44

「法華経より折伏を学ぶ～力を合わせて折伏実践～」
山口県岩国市　弘法寺住職　髙橋正芳御尊師……平成25・6―44

「折伏とは法華経の命を継ぐ人を育てること」
宗務院海外部長　本山妙蓮寺住職　漆畑行雄御尊師……平成25・7―44

「折伏と育成・御講参詣」
横浜市神奈川区　応顕寺住職　早瀬道寧御尊師……平成25・8―34

「折伏を実践するに当たって」
山口県周南市　妙頂寺住職　三井共道御尊師……平成25・9―32

「謗ずる人は大海、進む人は一渧なり」
総本山塔中理境坊在勤　小川正豪御尊師……平成25・10―33

「成仏は持つにあり」
宗務院教学部主任
総本山塔中妙住坊住職　田畑道権御尊師……平成25・11―32

「本因妙二千部修行」
宗務院教学部主任
総本山塔中南之坊住職　藁科鑑道御尊師……平成25・12―44

「折伏の実践で充実した人生を送ろう」
山梨県甲府市　正光寺住職　島田靖道御尊師……平成26・1―37

「御命題貫徹に向かって」
埼玉県東松山市　開徳寺住職　小山宏道御尊師……平成26・2―44

「『貫徹』するために」
滋賀県草津市　啓道寺住職　大藪道宗御尊師 …… 平成26・3—44

「日興上人に学ぶ師弟相対の信心」
千葉県八千代市　正願寺住職　鈴木信福御尊師 …… 平成26・4—44

「時に適った信心」
茨城県取手市　法悦院主管　渡部信法御尊師 …… 平成26・5—29

「下種折伏と育成で御命題達成」
福岡県飯塚市　普遍寺住職　近藤謙導御尊師 …… 平成26・6—61

「育成の大事」
山口県周南市　妙頂寺住職　三井共道御尊師 …… 平成26・7—61

「力強く使命を遂行しよう」
岩手県花巻市　法王寺住職　原田篤道御尊師 …… 平成26・8—48

「折伏貫徹で三宝へ御報恩」
大石寺大坊内　細井信哲御尊師 …… 平成26・9—32

「悔いなき人生・幸福な人生を送るために」
大石寺大坊内　野中信栄御尊師 …… 平成26・10—44

「艱難汝を玉にす」
東京都世田谷区　善福寺住職　木村信龍御尊師 …… 平成26・11—44

「自行と化他行こそ」
栃木県栃木市　信行寺住職　長野鍛道御尊師 …… 平成26・12—29

「全支部50％増の御命題達成を目指して」
福岡県筑紫野市　信法寺住職　鈴木道雅御尊師 …… 平成27・1—44

「折伏の精神」
山口県周南市　妙頂寺住職　三井共道御尊師 …… 平成27・2—44

「日興上人御生誕を祝し御報恩の折伏行を」
東京都府中市　大修寺住職　國島道保御尊師 …… 平成27・3—49

「崇高なる使命の自覚と遂行」
大阪府高槻市　妙恵寺住職　西岡雄信御尊師 …… 平成27・4—47

「平成三十三年の御命題達成を目指し、いざ出陣しよう」
宗務院布教部副部長
千葉市若葉区　眞光寺住職　新井契道御尊師
……………………平成27・9―33

「求道心で実践しよう」
富山県富山市　妙顕寺住職　竹内雄寧御尊師
……………………平成27・10―18

「勇気ある折伏で、逆順二縁ともに救っていこう」
名古屋市中村区　妙通寺住職　細井道迅御尊師
……………………平成27・11―36

「法華講員八十万人体勢構築に向かって」
福岡県飯塚市　普遍寺住職　近藤謙導御尊師
……………………平成27・12―36

「病によりて道心はおこり候か」
大石寺大坊内　教学研鑽所所員　長倉信祐御尊師
……………………平成28・1―35

「強盛の大信力をもって一切無障礙の折伏を」
滋賀県草津市　啓道寺住職　大藪道宗御尊師
……………………平成28・4―54

「八十万人体勢構築の主体者とならん」
東京都足立区　本修寺住職　園田司道御尊師
……………………平成28・5―54

「みんなで折伏に立ち上がろう！」
大石寺大坊内　三宅正倫御尊師
……………………平成28・8―50

「逆境のなか、正法弘通を貫き通した先達に学ぶ」
栃木県栃木市　信行寺住職　長野鍛道御尊師
……………………平成28・9―56

「三障四魔を打ち破る信行」
宗務院渉外部主任
総本山塔中総二坊住職　平野道益御尊師
……………………平成28・10―36

「方載に俯して慮りを深くす」
北九州市門司区　妙境寺住職　高木栄正御尊師
……………………平成28・11―36

「身命を仏にまいらせる信行で御命題完遂」
神奈川県藤沢市　寿照寺住職　西岡雄信御尊師
……………………平成28・12―34

「御命題達成に向け、すべての人が使命を果たそう」
宗務院布教部副部長
東京都板橋区　妙國寺住職　新井契道御尊師
……………………平成29・1―54

「折伏と育成の誓願」
神戸市西区　浄教寺住職　佐藤記道御尊師　……平成29・4—36
「真心をもって折伏育成に励もう」
北海道釧路市　法珠寺住職　山﨑正諭御尊師　……平成29・5—39
「是好良薬を服す素直な信心を」
宮崎県小林市　実報寺住職　河野正朗御尊師　……平成29・6—58
「随喜の心で異体同心」
群馬県太田市　高林寺住職　宮脇正能御尊師　……平成29・9—47
「唱題の功徳をもって折伏の実践を」
石川県白山市　最教寺住職　白井信益御尊師　……平成29・11—70
「慈悲の折伏」
新潟市東区　聞正寺住職　大塚正範御尊師　……平成29・12—54
「苦楽を開悟した信心修行を」
総本山塔中理境坊内　小川正豪御尊師　……平成30・1—54
「『行動の年』の信行に心を尽くそう」
山梨県甲府市　正光寺住職　島田靖道御尊師　……平成30・4—55
「仏法の根本は信を以て源とす」
大石寺大坊内　細井信哲御尊師　……平成30・5—39
「信心は実践・行動」
大石寺大坊内　渡邉信盟御尊師　……平成30・8—36
「今こそ人材育成を」
山口県周南市　妙頂寺住職　三井共道御尊師　……平成30・9—52
「折伏行こそ最高の仏道修行」
埼玉県東松山市　開徳寺住職　小山宏道御尊師　……平成30・10—54
「初志貫徹の信心に住し」
名古屋市港区　本覚寺住職　本間雄華御尊師　……平成30・11—55
「謗法を破折し妙法広布へ挺身しよう」
大石寺大坊内　百々正寿御尊師　……平成30・12—51

「自行化他の信心で誓願完遂」
総本山塔中妙住坊住職　田畑道権御尊師 ……平成31・1―55

「御信心のねのふかく、
いさぎよき玉の心のうちにわたらせ給ふか」
大阪府豊中市　本教寺住職　南原評道御尊師 ……平成31・4―47

「子にすぎたる財なし」
神奈川県平塚市　大経寺住職　横山雄玉御尊師 ……令和元・5―38

「勤行・唱題で折伏推進」
仙台市宮城野区　善修寺住職　岩切耐道御尊師 ……令和元・8―36

「折伏と育成への行動」
新潟市東区　聞正寺住職　大塚正範御尊師 ……令和元・9―36

「自行化他の実践で誓願達成」
大石寺大坊内　細井信哲御尊師 ……令和元・10―56

「不自惜身命の精神で折伏を」
栃木県栃木市　信行寺住職　長野鍛道御尊師 ……令和元・11―56

「為せば成る」
大阪府岸和田市　平等寺住職　高橋慈豊御尊師 ……令和元・12―56

「知恩報恩　―恩を知って恩に報いる信心を」
宮崎県小林市　実報寺住職　河野正朗御尊師 ……令和2・1―57

「不改本位の成仏」
宮崎県新富町　本蓮寺住職　鈴木法徳御尊師 ……令和2・4―50

「慈悲の心をもって　着実な折伏の実践を」
長野県軽井沢町　妙照寺住職　木村道昭御尊師 ……令和2・5―50

「大悪をこれば大善きたる」
広島県福山市　正教寺住職　長谷川信達御尊師 ……令和2・6―50

「異体同心して御命題を達成しよう」
埼玉県東松山市　開徳寺住職　菅原信稔御尊師 ……令和2・7―54

「素直な心で信心に徹しよう」
名古屋市港区　本覚寺住職　本間雄華御尊師 ……令和2・8―54

「御命題達成へ向けて」
福岡県筑紫野市　信法寺住職　鈴木道雅御尊師
……………………令和2・9—46
「不退転の信行を身につけよう」
総本山塔中理境坊内　小川正豪御尊師
……………………令和2・10—37
「異体同心して全支部達成」
大阪市住吉区　妙輪寺住職　盛岡窮道御尊師
……………………令和2・11—57
「誓願に生きる信仰の在り方」
愛媛県西条市　一心寺住職　長谷良孝御尊師
……………………令和2・12—35
「生きる真の目的」
大阪市淀川区　妙栄寺住職　岡﨑法顕御尊師
……………………令和3・1—56
「慈悲の心で一言を発しよう」
東京都江戸川区　大護寺住職　原道準御尊師
……………………令和3・2—40
「悔いを残さずに　この一年を終えよう」
名古屋市港区　本覚寺住職　本間雄華御尊師
……………………令和3・3—46
「広布の戦いのなかに身を置いてこそ」
相模原市緑区　正継寺住職　松尾器道御尊師
……………………令和3・4—39

【オンライン法話】

「立正安国の時来たり」
広島県福山市　正教寺住職　長谷川信達御尊師
……………………令和3・5—47
「今こそ大御本尊様を根本とした信行の実践を」
埼玉県東松山市　開徳寺住職　菅原信稔御尊師
……………………令和3・6—57
「チャンスを逃さず折伏実践」
京都市東山区　住本寺住職　阿部郭道御尊師
……………………令和3・7—57
「唯我が信ずるのみに非ず　又他の誤りをも誡めんのみ」
相模原市緑区　正継寺住職　松尾器道御尊師
……………………令和3・8—57
「未来広布への確信を持って前進しよう」
大石寺大坊内　野中信栄御尊師
……………………令和3・9—20

「御難会の月、折伏実践を誓い合おう」
群馬県太田市　高林寺住職　宮脇正能御尊師 ……………… 令和3・10―17
「大聖人様の御意にかなった信心」
仙台市宮城野区　善修寺住職　岩切耐道御尊師 ……………… 令和3・11―57
「日目上人様のお振る舞いを拝して」
山梨県富士川町　白蓮寺住職　長倉正裕御尊師 ……………… 令和3・12―57
「最後まで、敢然と挑戦を」
愛媛県松山市　妙源寺住職　大橋慈興御尊師 ……………… 令和4・1―58
「一天四海本因妙広宣流布達成を目指して」
宗務院海外部長
静岡県富士宮市　妙蓮寺住職　漆畑日実御尊能化 ……………… 令和4・2―58
「確信と勇気をもって折伏しよう」
名古屋市中村区　妙通寺住職　細井道迅御尊師 ……………… 令和4・3―56
「今こそ折伏の時」
岩手県盛岡市　得道寺住職　水島信淳御尊師 ……………… 令和4・4―33
「今こそ自分にできる報恩の折伏を」
東京都町田市　妙声寺住職　井尻執道御尊師 ……………… 令和4・5―31
「一心欲見仏　不自惜身命の折伏実践」
熊本県菊池市　眞法寺住職　黒沢糾道御尊師 ……………… 令和4・6―31

仏教説話をひもとく

第一話「石虎将軍」……………… 令和4・1―32
第二話「鹿野苑の鹿」……………… 令和4・2―32
第三話「季札」……………… 令和4・3―44
第四話「須達長者と祇園精舎」……………… 令和4・4―44
第五話「卞和の璞」……………… 令和4・5―36
第六話「喜根比丘と勝意比丘」……………… 令和4・6―36

仏教探訪

釈尊の生涯

①釈尊出現当時のインド　……　平成*21*・*6*―*51*
②誕生・出家以前の青少年期　……　平成*21*・*7*―*51*
③出家・修行期　……　平成*21*・*8*―*51*
④仏陀　釈尊　……　平成*21*・*9*―*51*
⑤衆生救済の旅路　一　……　平成*21*・*10*―*51*
⑥衆生救済の旅路　二　……　平成*21*・*11*―*15*
⑦衆生救済の旅路　三　……　平成*21*・*12*―*15*
⑧出世の本懐・法華経の説法　一　……　平成*22*・*1*―*15*
⑨出世の本懐・法華経の説法　二　……　平成*22*・*2*―*15*
⑩涅槃　……　平成*22*・*3*―*15*

インド仏教

①経典の結集　第一回仏典結集　……　平成*22*・*4*―*15*
②仏典結集（一）　……　平成*22*・*5*―*15*
③仏典結集（二）　……　平成*22*・*6*―*15*
④馬鳴菩薩伝　……　平成*22*・*7*―*15*
⑤竜樹菩薩伝　……　平成*22*・*8*―*15*
⑥提婆菩薩伝　……　平成*22*・*9*―*15*
⑦無著菩薩・天親（世親）菩薩伝　……　平成*22*・*10*―*15*
⑧付法蔵　密教の出現と終焉　……　平成*22*・*11*―*15*

中国仏教

①諸子百家　仏教伝播のルート　……　平成*22*・*12*―*15*
②仏教伝来　……　平成*23*・*1*―*15*
③後漢時代　……　平成*23*・*2*―*15*
④三国と西晋時代　……　平成*23*・*3*―*15*
⑤東晋・五胡十六国時代　……　平成*23*・*4*―*15*
⑥後秦の鳩摩羅什（一）　……　平成*23*・*5*―*15*
⑦後秦の鳩摩羅什（二）　……　平成*23*・*6*―*15*
⑧南北朝時代―南朝の仏教（一）　……　平成*23*・*7*―*15*
⑨南北朝時代―南朝の仏教（二）　……　平成*23*・*8*―*15*
⑩南北朝時代―北朝の仏教（一）　……　平成*23*・*9*―*15*
⑪南北朝時代―北朝の仏教（二）　……　平成*23*・*10*―*15*
⑫隋時代（一）天台大師智顗伝1　……　平成*23*・*11*―*15*
⑬隋時代（一）天台大師智顗伝2　……　平成*23*・*12*―*15*
⑭隋時代（一）天台大師智顗伝3　……　平成*24*・*1*―*15*
⑮隋時代（一）天台大師智顗伝4　……　平成*24*・*2*―*15*
⑯隋時代（一）天台大師智顗伝5　……　平成*24*・*3*―*15*
⑰隋時代（一）天台大師智顗伝6　……　平成*24*・*4*―*15*

⑱隋時代（一）天台大師智顗伝7 …… 平成24・5―15
⑲隋時代（一）天台大師智顗伝8 …… 平成24・6―15
⑳隋時代（一）天台大師智顗伝9 …… 平成24・7―15
㉑隋時代（二）章安大師灌頂 …… 平成24・8―15
㉒隋時代（三）嘉祥大師吉蔵・晋王楊広 …… 平成24・9―15
㉓唐時代（一）建国　玄奘三藏 …… 平成24・10―15
㉔唐時代（二）則天武后と邪教の興隆 …… 平成24・11―15
㉕唐時代（三）妙楽大師湛然 …… 平成24・12―15
㉖唐時代（四）玄宗　善無畏　金剛智　不空 …… 平成25・1―15
㉗唐以降の中国仏教 …… 平成25・2―15

日本仏教

①仏教公伝以前の思想 …… 平成25・3―15
②古代の仏教 …… 平成25・4―18
③聖徳太子と仏教興隆（一） …… 平成25・5―18
④聖徳太子と仏教興隆（二） …… 平成25・6―18
⑤飛鳥・奈良時代の仏教（一） …… 平成25・7―18
⑥飛鳥・奈良時代の仏教（二） …… 平成25・8―18
⑦奈良時代の仏教　鑑真（一） …… 平成25・9―18
⑧奈良時代の仏教　鑑真（二） …… 平成25・10―18
⑨奈良時代の仏教　鑑真（三） …… 平成25・11―18
⑩奈良時代の仏教　鑑真（四） …… 平成25・12―18
⑪奈良時代の仏教　鑑真（五） …… 平成26・1―22
⑫奈良時代から平安時代へ …… 平成26・2―18
⑬平安時代　伝教大師最澄（一） …… 平成26・3―18
⑭平安時代　伝教大師最澄（二） …… 平成26・4―18
⑮平安時代　伝教大師最澄（三） …… 平成26・5―18
⑯平安時代　伝教大師最澄（四） …… 平成26・6―18
⑰平安時代　伝教大師最澄（五） …… 平成26・7―18
⑱平安時代　伝教大師最澄（六） …… 平成26・8―18
⑲平安時代　伝教大師最澄（七） …… 平成26・9―18
⑳平安時代　伝教大師最澄（八） …… 平成26・10―18
㉑平安時代　伝教大師最澄（九） …… 平成26・11―18
㉒平安時代　真言宗の祖・空海 …… 平成26・12―18
㉓平安時代末から鎌倉時代へ
浄土宗の祖・法然　浄土真宗の祖・親鸞 …… 平成27・1―18
㉔臨済宗の祖・栄西　曹洞宗の祖・道元 …… 平成27・2―18
㉕（最終回）法華の系譜　下種仏法の出現 …… 平成27・3―20

仏教読本

修行について……平成23・11—68
道徳と宗教……平成23・12—69
宗教への理解（その一）……平成24・1—73
宗教への理解（その二）……平成24・2—61
信仰への心構え……平成24・3—61
浅い教えと深い教え……平成24・4—61
宗旨選択の必要……平成24・5—61
仏教の起源……平成24・6—61
仏の本体と十種の境界……平成24・7—73
自由を束縛する煩悩（一）……平成24・8—61
自由を束縛する煩悩（二）……平成24・9—30
自由を束縛する煩悩（三）……平成24・10—34
仏教の組織と体系……平成24・11—61
四つの教化法
　蔵教という教え（一）……平成24・12—31
　蔵教という教え（二）……平成25・1—51
　通教という教え……平成25・2—53
　別教という教え……平成25・3—31
　円教という教え（一）……平成25・4—55
　円教という教え（二）……平成25・5—54
四つの教化方式・釈尊一代五時の説法……平成25・6—30
釈尊一代五時の説法（二）……平成25・7—31
釈尊一代五時の説法（三）……平成25・8—61
釈尊一代五時の説法（四）……平成25・9—69
法華経という教え……平成25・10—61
法華経迹門の要綱
　序品第一・方便品第二〈その一〉……平成25・11—52
　方便品第二〈その二〉……平成25・12—50
　譬喩品第三……平成26・1—69
　信解品第四〜授記品第六……平成26・2—70
　化城喩品第七〜五百弟子受記品第八……平成26・3—68
　授学無学人記品第九〜見宝塔品第十一……平成26・4—68
　提婆達多品第十二〜安楽行品第十四……平成26・5—68
法華経本門の要綱
　従地涌出品第十五〜如来寿量品第十六（その一）……平成26・6—68

如来寿量品第十六（その二）～分別功徳品第十七 …… 平成*26*・*7*―*68*
随喜功徳品第十八～常不軽菩薩品第二十 …… 平成*26*・*8*―*68*
如来神通力品第二十一～嘱累品第二十二 …… 平成*26*・*9*―*29*
薬王菩薩本事品第二十三～妙音菩薩品第二十四 …… 平成*26*・*10*―*36*
観世音菩薩普門品第二十五～陀羅尼品第二十六 …… 平成*26*・*11*―*36*
妙荘厳王本事品第二十七～普賢菩薩勧発品第二十八 …… 平成*26*・*12*―*61*
釈尊化導の完結 …… 平成*27*・*1*―*31*
釈尊化導の眼目　華厳宗の要旨（その一） …… 平成*27*・*2*―*54*
華厳宗の要旨（その二）～律宗の要旨（その一） …… 平成*27*・*3*―*35*
律宗の要旨（その二）～浄土宗の要旨 …… 平成*27*・*4*―*33*
浄土真宗の要旨～真言宗の要旨 …… 平成*27*・*5*―*56*
禅宗の要旨 …… 平成*27*・*6*―*57*
法相宗と三論宗～天台宗の要旨 …… 平成*27*・*7*―*51*
日蓮大聖人の宗旨① …… 平成*27*・*8*―*18*
日蓮大聖人の宗旨② …… 平成*27*・*9*―*18*
日蓮大聖人の宗旨③ …… 平成*27*・*10*―*38*
（最終回）日蓮大聖人の宗旨④ …… 平成*27*・*11*―*34*

仏教入門

一期一会 …… 平成*20*・特―*19*
四苦八苦 …… 平成*20*・*5*―*83*
一生懸命 …… 平成*20*・*6*―*70*
温故知新 …… 平成*20*・*7*―*61*
合縁奇縁 …… 平成*20*・*8*―*33*
一念発起 …… 平成*20*・*9*―*61*
発心 …… 平成*20*・*10*―*33*
粉骨砕身 …… 平成*20*・*11*―*73*
貧女の一灯 …… 平成*20*・*12*―*33*
陰徳陽報 …… 平成*21*・*1*―*68*
誓願 …… 平成*21*・*2*―*71*
八風 …… 平成*21*・*3*―*74*
醍醐味 …… 平成*21*・*4*―*61*
一水四見 …… 平成*21*・*5*―*51*

仏法の視座から

主体性を持った判断……平成20・特―35
怖いもの知らず……平成20・5―68
老いを生きる……平成20・6―62
昔の光いま何処……平成20・7―76
忍びよる危険……平成20・8―74
信仰の大樹に育とう……平成20・9―76
学会員への手紙（一）……平成20・10―70
学会員への手紙（二）……平成20・11―76
慣れの怖さ……平成20・12―74
人材育成の大切さ……平成21・1―76
不気味な世相……平成21・2―74
学会員への手紙（三）……平成21・3―78

法華講衆の魁

南条時光①……平成27・4―66
南条時光②……平成27・5―18
南条時光③……平成27・6―18
南条時光④……平成27・7―18
高橋入道夫妻①……平成27・8―51
高橋入道夫妻②……平成27・9―51
高橋入道夫妻③……平成27・10―51
高橋入道夫妻④……平成27・11―18
河合入道①……平成27・12―18
河合入道②……平成28・1―18
河合入道③……平成28・2―18
河合入道④……平成28・3―34
富木常忍①……平成28・4―34
富木常忍②……平成28・5―33
富木常忍③……平成28・6―34
富木常忍④……平成28・7―58
富木常忍⑤……平成28・8―34
池上兄弟①……平成28・9―52

【や行】

よい子の仏教

ママのクラス会 ……………… 平成22・6—18
初級教学試験 ……………… 平成22・7—18
ママの朝参り ……………… 平成22・8—18
鼓笛隊の新スタッフ ……………… 平成22・9—18
ナマス・テ ……………… 平成22・10—18
ジパング ……………… 平成22・11—18
実践行動の年へ ……………… 平成22・12—18
それぞれの初登山 ……………… 平成23・1—18
誓願達成に向けて ……………… 平成23・2—18
初節句 ……………… 平成23・3—18
心の支え ……………… 平成23・4—18
ミキトちゃんの夢 ……………… 平成23・5—18
僧俗心を合わせて ……………… 平成23・6—18
実践行動のために ……………… 平成23・7—18
子々孫々 ……………… 平成23・8—18
不思議な因縁 ……………… 平成23・9—18
末法の三宝 ……………… 平成23・10—18
宝物殿にて折伏を ……………… 平成23・11—18
実行前進の年 ……………… 平成23・12—18
年始の折伏 ……………… 平成24・1—18
よりよい講中を目指して ……………… 平成24・2—18
折伏に、育成に ……………… 平成24・3—18
三世の大願 ……………… 平成24・4—18
法華美人 ……………… 平成24・5—18
かけがえのないひとり ……………… 平成24・6—18
仏様のお遣い ……………… 平成24・7—18
鼓笛隊の目的 ……………… 平成24・8—18
御僧侶を敬う ……………… 平成24・9—18
知恩報恩 ……………… 平成24・10—18
御命題達成に向けて ……………… 平成24・11—18
分々の御奉公 ……………… 平成24・12—18
因縁と使命 ……………… 平成25・1—18
お別れ御講 ……………… 平成25・2—18
（最終回）温故知新 ……………… 平成25・3—18

【ら行】

歴代上人の御指南を拝して

（※日蓮正宗聖典の頁数を付記）

日有上人　化儀抄

百三十二　聖典一二二八・百十八条 …… 平成23・2―69
百三十三　聖典一二二九・百十八条 …… 平成23・3―69
百三十四　聖典一二二九・百十九条 …… 平成23・4―69
百三十五　聖典一二二九・百十九条 …… 平成23・5―69
百三十六　聖典一二二九・百二十条 …… 平成23・6―54
百三十七　聖典一二三〇・百二十一条 …… 平成23・7―77
百三十八　聖典一二三〇　末文 …… 平成23・8―69

Let's! チャレンジ教学

釈尊の生涯 …… 平成29・9―68
三時と五箇の五百歳 …… 平成29・10―49
四悉檀 …… 平成29・11―49
法華経の概要 …… 平成29・12―37
五濁 …… 平成30・1―35
一大事因縁 …… 平成30・2―53
大通覆講 …… 平成30・3―66
已今当の三説 …… 平成30・4―36
久遠実成 …… 平成30・5―49
衣座室の三軌 …… 平成30・6―68
地涌の菩薩 …… 平成30・7―52
天台大師と法華三大部 …… 平成30・8―66
五時 …… 平成30・9―48
化法の四教 …… 平成30・10―49
化儀の四教 …… 平成30・11―51
六即 …… 平成30・12―47
一念三千 …… 平成31・1―35
日蓮大聖人伝　概略 …… 平成31・2―66
日興上人伝　概略 …… 平成31・3―66
日目上人伝　概略 …… 平成31・4―53
熱原法難 …… 令和元・5―66
二箇相承 …… 令和元・6―66
十大部御書 …… 令和元・7―66
種熟脱の三益 …… 令和元・8―66
三障四魔 …… 令和元・9―66

その他

御講参詣のすすめ …… 平成29・8―6

【号数別】

平成20年 2008

特別記念号（一八七号）

御法主日如上人猊下御言葉 『妙教』誌の 大日蓮出版への移管について …… 2
グラビア 九州決起大会 …… 4
御書拝読 四条金吾殿御返事 …… 10
仏教入門 一期一会 …… 19
よい子の仏教 信心の原点 …… 22
正義顕揚を目指して 東北布教区（1） …… 25
仏法の視座から 主体性を持った判断 …… 35
少年少女のための仏教 邯鄲の夢 …… 39
寺院紹介 本地山法勝寺 …… 43
総本山だより 宗祖御誕生会並びに五重塔お塔開き …… 48
正縁問答 日蓮正宗って何ぞや？篇 百六十九 『園城寺申状』『下し文』 …… 52
中学生仏教教室 六根清浄 …… 58
講中アラカルト 秋田県湯沢市・本要寺 創立二十周年記念法要 …… 61
体曲がれば影ななめなり 言論出版妨害事件 …… 66
体験発表 行学の二道を励んで 埼玉県宣行寺支部 岡田暁子 …… 70
御書に親しむ1 『立正安国論』と大聖人の御化導 …… 75
御命題達成への闘い 東京都墨田区 本行寺支部 …… 80
歴代上人の御指南を拝して 日有上人 化儀抄 九十八 …… 84
コミック 熱原三烈士 ＝行智の悪だくみ＝ …… 88

五月号（一八八号）

グラビア 御霊宝虫払大法会 …… 1
妙法の唱え閻浮に絶えず（53） 「南米チリより 総登山と大結集を目指して！」 …… 4
御法主日如上人猊下御指南 決起大会の意義 …… 6
御書拝読 弁殿尼御前御書 …… 8
体曲がれば影ななめなり 言論出版妨害事件② …… 17
正義顕揚を目指して 東北布教区（2） …… 21
御命題達成への闘い 北九州市八幡東区 法霑寺支部 上 …… 32
よい子の仏教 講習会に向けて …… 36
寺院紹介 久道山開信寺 …… 39
総本山だより 御霊宝虫払大法会 …… 44
体験発表 百万遍の唱題で折伏を成就 埼玉県本種寺支部 十河淳子 …… 48
御書に親しむ2 『立正安国論』が教えるもの …… 52
講中アラカルト シンガポール 広布山開妙院 山号院号公称並びに板御本尊入仏法要 公称記念シンガポール 地涌倍増決起大会 …… 57
少年少女のための仏教 山よりも重く羽よりも軽い …… 61

歴代上人の御指南を拝して
日有上人　化儀抄　九十九 …… 64
仏法の視座から　怖いもの知らず …… 68
正縁問答
日蓮正宗って何ぞや？篇
百七十　最後の天奏 …… 72
講中アラカルト
アフリカ・ガーナ　法華寺
創立十周年記念法要
並びに決起大会 …… 75
中学生仏教教室　無学 …… 80
仏教入門　四苦八苦 …… 83
コミック　熱原三烈士
＝あやしい弥藤次＝ …… 86

六月号（一八九号）

グラビア　北海道決起大会 …… 1
御法主日如上人猊下御指南
折伏の大きな功徳 …… 6
御書拝読　御講聞書 …… 8
体験発表　九死に一生を得た功徳
総本山塔中久成坊支部　宮原愛三郎 …… 15
よい子の仏教　プレ大会ファイナル …… 18
正義顕揚を目指して
静岡北布教区（1） …… 21
正縁問答　日蓮正宗って何ぞや？篇
百七十一　鎌倉幕府滅亡の背景 …… 31
少年少女のための仏教　老馬の道案内 …… 35
寺院紹介　三宝山普遍寺 …… 39
総本山だより　教師補任式 …… 44
御命題達成への闘い
北九州市八幡東区　法霑寺支部　下 …… 48
御書に親しむ3
『立正安国論』に籠められた御真意 …… 52
講中アラカルト
東京都世田谷区・善福寺
創立四十周年記念法要 …… 57
仏法の視座から　老いを生きる …… 62
体曲がれば影ななめなり
共産党委員長宅への電話盗聴事件① …… 66
仏教入門　一生懸命 …… 70
体験発表
唱題で得た健康な生活
東京都法道院支部　矢島ゆかり …… 73
中学生仏教教室　三草二木 …… 78
歴代上人の御指南を拝して
日有上人　化儀抄　百 …… 81
コミック　熱原三烈士
＝神主の危機＝ …… 84

七月号（一九〇号）

グラビア　佐渡塚原跡題目碑開眼法要 …… 1
御法主日如上人猊下御指南
「置」の字を恐れよ …… 6
御書拝読　教行証御書 …… 8
体験発表
本当の信心を知って
―念仏寺院の住職を退職―
滋賀県本地寺支部　吉田正信 …… 15
よい子の仏教　コンクールに向けて …… 18
正義顕揚を目指して
静岡北布教区（2） …… 21
御命題達成への闘い
東京都墨田区　妙縁寺支部 …… 31
中学生仏教教室　ルール …… 36
寺院紹介　正法山本円寺 …… 39
総本山だより　大行会 …… 44
正縁問答
日蓮正宗って何ぞや？篇
百七十二　建武の新政の始まり …… 48
御書に親しむ4
『立正安国論』と悪思想の興起 …… 52

講中アラカルト　埼玉県朝霞市・日成寺
創立三十周年記念法要 …… 57
仏教入門　温故知新 …… 61
少年少女のための仏教
株を守って兎を待つ …… 64
体曲がれば影ななめなり
共産党委員長宅への電話盗聴事件② …… 68
体験発表
信心が楽しい　御報恩の折伏実践
富山県妙顕寺支部　上田珠代 …… 72
仏法の視座から　昔の光いま何処 …… 76
歴代上人の御指南を拝して
日有上人　化儀抄　百一 …… 80
コミック　熱原三烈士
＝敵か味方か＝ …… 84

八月号（一九一号）

グラビア　東日本決起大会 …… 1
御法主日如上人猊下御指南
全支部が折伏誓願達成へ …… 6
御書拝読　諸法実相抄 …… 8
体曲がれば影ななめなり
月刊ペン事件 …… 16
正義顕揚を目指して
南四国布教区（1） …… 21
史料に見る篤姫の信仰（一）
高野周助の折伏 …… 30
仏教入門　合縁奇縁 …… 33
よい子の仏教　五十万総登山 …… 36
寺院紹介　法道山慈法寺 …… 39
総本山だより
第六回法華講夏期講習会 …… 44
体験発表
百万遍の唱題でインドネシアに住む
息子が御本尊様を御安置
山口県妙宝寺支部　山本節子 …… 48
御書に親しむ5
『立正安国論』の示唆するもの
―真っ直ぐに見る …… 52
講中アラカルト　茨城県土浦市・本妙寺
創立九十五周年記念法要並びに
三師塔開眼法要 …… 57
御命題達成への闘い
東京都国分寺市　大宣寺支部　上 …… 61
少年少女のための仏教　嗟来の食 …… 66
正縁問答
日蓮正宗って何ぞや？篇
百七十三　日目上人様の申状 …… 70
仏法の視座から　忍びよる危険 …… 74
中学生仏教教室　中一ギャップ …… 78
歴代上人の御指南を拝して
日有上人　化儀抄　百二 …… 81
コミック　熱原三烈士
＝邪教に染まった弥藤次＝ …… 84

九月号（一九二号）

グラビア
少年部合宿・鼓笛隊コンクール …… 1
妙法の唱え閻浮に絶えず（54）
「明年の総登山に向かって
今なすべきこと!!」
台湾・台中市　妙行院 …… 4
御法主日如上人猊下御指南
「為せば成る」の決意で …… 6
御書拝読　異体同心事 …… 8
体験発表　私の決意
埼玉県法生寺支部　松本瑠梨 …… 16
よい子の仏教
パパの貯金箱 …… 18
正義顕揚を目指して
南四国布教区（2） …… 21
御書に親しむ6
『開目抄』　主師親三徳について …… 30
少年少女のための仏教　塞翁が馬 …… 35

寺院紹介　清浄山佛心寺 …… 39
総本山だより
少年部大会・鼓笛隊コンクール …… 44
史料に見る篤姫の信仰（二）
薩摩藩の小野島 …… 48
歴代上人の御指南を拝して
日有上人　化儀抄　百三 …… 51
中学生仏教教室　防災 …… 54
講中アラカルト　熊本市東区・涌徳寺
開創五十周年記念法要
並びに御宝蔵新築落慶法要 …… 57
仏教入門　一念発起 …… 61
御命題達成への闘い
東京都国分寺市　大宣寺支部　下 …… 64
体曲がれば影ななめなり　座談会事件 …… 68
体験発表　御本尊様の功徳で築いた境界
オーストリア信徒
レナーテ・フォンバンク …… 72
仏法の視座から　信仰の大樹に育とう …… 76
正縁問答　日蓮正宗って何ぞや？篇
百七十四　日道上人様への血脈相承 …… 80
コミック　熱原三烈士
＝弥四郎斬られる＝ …… 84

十月号（一九三号）

グラビア
第十三回海外信徒夏期研修会 …… 1
海外メンバーをサポートする
サポートスタッフの活躍 …… 4
御法主日如上人猊下御指南
折伏成就は行動にあり …… 6
御書拝読　松野殿御返事 …… 8
御命題達成への闘い
東京都大田区　宝浄寺支部　上 …… 16
正義顕揚を目指して　千葉布教区（1） …… 21
史料に見る篤姫の信仰（三）
大石寺への御祈念の願い出 …… 30
仏教入門　発心 …… 33
よい子の仏教　誓願達成に向けて …… 36
寺院紹介　高耀山勝妙寺 …… 39
総本山だより　行学講習会 …… 44
体曲がれば影ななめなり
正信会事件（一連の背景） …… 48
御書に親しむ7
『開目抄』　法華経は内典の孝経 …… 52
講中アラカルト
北九州市門司区・妙境寺
創立百周年記念法要 …… 57
少年少女のための仏教
百聞は一見に如かず …… 62
特集　海外サポートスタッフの活躍 …… 66
仏法の視座から　学会員への手紙（一） …… 70
正縁問答　日蓮正宗って何ぞや？篇
百七十五　他門他派による誹謗 …… 74
中学生仏教教室　熱原法難 …… 78
歴代上人の御指南を拝して
日有上人　化儀抄　百四 …… 81
コミック　熱原三烈士
＝あらしの前＝ …… 84

十一月号（一九四号）

グラビア　寛師会 …… 1
妙法の唱え閻浮に絶えず（55）
「白夜の国にも広布の息吹」　北欧 …… 4
御法主日如上人猊下御指南
一向に法華経を説くべし …… 6
御書拝読　兄弟抄 …… 8
体験発表　子供たちに住みよい社会を
埼玉県本種寺支部　齋藤敦子 …… 16

十二月号（一九五号）

平成21年
2009

一月号（一九六号）

グラビア　日蓮大聖人御大会……4
御法主日如上人猊下御指南
『立正安国論』に示された大原理……6
御書拝読　立正安国論……8
御書に親しむ10
『開目抄』
母子溺死の譬えと一念の大事……16
正義顕揚を目指して　福島布教区（2）……21
体験発表　信心の功徳で夢が現実に
山口県妙宝寺支部　二木智香子……30
史料に見る篤姫の信仰（六）
御隠尊日英上人の御化導……33
よい子の仏教　精鋭七万五千……36
寺院紹介　所得山仏覚寺……39
総本山だより　総本山第六十五世日淳上人
第五十回遠忌法要……44
御命題達成への闘い
熊本市東区　涌徳寺支部　下……48
中学生仏教教室
日々新年の心持ちで精進……54
講中アラカルト
大阪府豊中市・本教寺
新築落慶法要……57
歴代上人の御指南を拝して
日有上人　化儀抄　百七……61
少年少女のための仏教
精衛　海をうずむ……64
仏教入門　陰徳陽報……68
体曲がれば影ななめなり
第二次創価学会問題の惹起……72
仏法の視座から　人材育成の大切さ……76
正縁問答
日蓮正宗って何ぞや？篇
百七十八　命懸けの旅路……80
コミック　熱原三烈士　＝対決＝……84

二月号（一九七号）

グラビア
立正安国論正義顕揚七百五十年
出陣式……1
立正安国論記念展　展示紹介①
鎌倉大地震・鎌倉時代の飢饉図……4
御法主日如上人猊下御指南
正義顕揚の戦い……6
御書拝読　日女御前御返事……8
御書に親しむ11
『秋元御書』　器の四失……16
正義顕揚を目指して　茨城布教区（1）……21
正縁問答　日蓮正宗って何ぞや？篇
百七十九　小夜の中山を越える……31
少年少女のための仏教
梅の話で渇きを癒す……35
寺院紹介　本妙山教信寺……39
総本山だより
元旦勤行……44
御命題達成への闘い
埼玉県川越市　本種寺支部　上……48
中学生仏教教室「毒薬」……54
講中アラカルト
愛知県尾張旭市・慧光山法遍寺
本堂・庫裡新築
寺号公称落慶入仏式……57
史料に見る篤姫の信仰（七）
諸堂復興と天下安全の御祈念……62
体験発表　地道に続けた唱題の功徳
東京都法道院支部　江川恵美子……65
体曲がれば影ななめなり
創価学会による宗門攻撃……68

三月号（一九八号）

四月号（一九九号）

体験発表
感謝！　文部科学大臣賞受賞！
埼玉県本種寺支部　久保田正己 …… 48
歴代上人の御指南を拝して
日有上人　化儀抄　百十 …… 51
中学生仏教教室　花と実 …… 54
講中アラカルト
三重県鈴鹿市・仏境寺
創立二十周年記念
本堂庫裡増築完成奉告法要 …… 57
仏教入門　醍醐味 …… 61
なるほどなっとく！Q&A
どうして勤行するの？ …… 64
立正安国論正義顕揚七百五十年記念総登山
布教講演
正義顕揚とは折伏の実践
総本山塔中妙住坊住職
田畑道権御尊師 …… 68
御書に親しむ13
『下山御消息』　極楽寺良観のこと …… 75
正縁問答　日蓮正宗って何ぞや？篇
百八十一　美濃垂井 …… 80
コミック　阿仏房物語
＝立正安国論＝ …… 84

五月号（二〇〇号）

グラビア　得度式 …… 1
妙法の唱え閻浮に絶えず（58）
「御指南のままに」　パナマ布教所 …… 4
御法主日如上人猊下御指南
唱題行の功徳と自行化他の信心 …… 6
御書拝読　十章抄 …… 8
海外通信
ブラジル・マナウス信徒の
登山の道のり …… 15
よい子の仏教　死身弘法 …… 18
立正安国論記念展　展示紹介④
安国論問答・安国論愚記 …… 21
正義顕揚を目指して
西九州布教区（2） …… 22
なるほどなっとく！Q&A
丑寅勤行ってな～に？ …… 31
御書に親しむ14『佐渡御書』
末法の一切衆生の宿業のこと …… 35
寺院紹介　本智山妙久寺 …… 39
立正安国論正義顕揚七百五十年記念総登山
布教講演
一閻浮提に広宣流布せん事疑いなし
宗務院海外部主任
井尻執道御尊師 …… 44
仏教入門　一水四見 …… 51
大利剣
「非教師」を使って宗門攻撃した訴訟 …… 54
講中アラカルト　宮城県栗原市・妙教寺
震災復興奉告法要 …… 57
御命題達成への闘い
香川県三豊市　讃岐本門寺支部　下 …… 61
体験発表　一切を御本尊様にお任せして
東京都宝浄寺支部　今村明美 …… 66
総本山だより
宗祖御誕生会並びに五重塔お塔開き …… 70
正縁問答　日蓮正宗って何ぞや？
百八十二　御遷化 …… 74
中学生仏教教室　仏語をたすける …… 78
歴代上人の御指南を拝して
日有上人　化儀抄　百十一 …… 81
コミック　阿仏房物語
＝受難の大聖人＝ …… 84

六月号（二〇一号）

グラビア　御霊宝虫払大法会……1
妙法の唱え閻浮に絶えず（59）
　四〇〇〇名の唱題行……4
御法主日如上人猊下御指南
　「七万五千名大結集総会」に
　　参加しよう……6
御書拝読　祈祷抄……8
海外通信
　海外信徒記念総登山に参加して……15
よい子の仏教　本物の時代……18
立正安国論記念展　展示紹介⑤
　安国論註記・立正安国論秘記……21
正義顕揚を目指して
　南近畿布教区（1）……22
なるほどなっとく！Q&A
　三具足ってな〜に？①……30
体験発表　母から教わった信心
　群馬県無量寺支部　鶴岡茉実……34
寺院紹介　久修山妙重寺……39
立正安国論正義顕揚七百五十年記念総登山
　布教講演
　　血脈の流れに身を置く歓び
　　宮崎県宮崎市　寿正寺住職
　　　柏熊信乗御尊師……44
仏教探訪　釈尊の生涯①
　釈尊出現当時のインド……51
大利剣
　寺院へ預けた遺骨の返還をめぐって、
　　宗門攻撃した訴訟……54
講中アラカルト　札幌市清田区・大慈院
　創立三十周年記念法要……57
御命題達成への闘い
　静岡市清水区　妙盛寺支部　上……61
御書に親しむ15
　『撰時抄』天の時・地の利・人の和……66
総本山だより　御霊宝虫払大法会……70
正縁問答　日蓮正宗って何ぞや？
　百八十三　茶毘に付す……74
中学生仏教教室　玉手箱……78
歴代上人の御指南を拝して
　日有上人　化儀抄　百十二……81
コミック　阿仏房物語　＝竜の口＝……84

七月号（二〇二号）

グラビア　海外信徒二万名大結集
　第一回総会……1
御法主日如上人猊下御指南
　全支部共に大結集の達成へ……6
御書拝読　立正安国論……8
海外通信「あこがれの総本山」
　アフリカ・ガーナ　法華寺……15
よい子の仏教
　満願そして大結集総会へ……18
立正安国論記念展　展示紹介⑥
　御申状・半装束の数珠……21
正義顕揚を目指して
　南近畿布教区（2）……22
なるほどなっとく！Q&A
　三具足ってな〜に？②……32
体験発表　勤行の実践で戴いた功徳
　広島県長妙寺支部　古堂英二……36
寺院紹介　本時山教明寺……39

立正安国論正義顕揚七百五十年記念総登山
布教講演
正義顕揚の時を感じて
長野県長野市　実境寺住職
西川正史御尊師 …… 44
仏教探訪　釈尊の生涯②
誕生・出家以前の青少年期 …… 51
大利剣
大石寺大坊在勤の無任所教師が、
宗門攻撃した訴訟 …… 54
講中アラカルト
東京都八王子市・常修寺事務所
開所十周年記念法要 …… 57
御命題達成への闘い
静岡市清水区　妙盛寺支部　下 …… 61
御書に親しむ16
『一念三千法門』
妙の一字と唱題の大事 …… 66
総本山だより　教師補任式 …… 70
正縁問答
日蓮正宗って何ぞや？
百八十四　日尊師・日郷師 …… 74
中学生仏教教室　法統相続 …… 78
歴代上人の御指南を拝して
日有上人　化儀抄　百十三 …… 81
コミック　阿仏房物語　＝佐渡へ＝ …… 84

八月号（二一〇三号）

グラビア　七百五十億遍百日間唱題行 …… 1
妙法の唱え閻浮に絶えず（60）
カナダ　バンクーバー布教所 …… 4
御法主日如上人猊下御指南
全世界の平和実現のために …… 6
御書拝読　四条金吾殿御返事 …… 8
海外通信
「異体同心で前進する大韓民国」
ソウル布教所 …… 15
よい子の仏教　感動を胸に …… 18
立正安国論記念展　展示紹介⑦
年中行事帳・聖教之箪笥・下馬札 …… 21
正義顕揚を目指して
宮崎布教区（1） …… 22
なるほどなっとく！Q&A
お数珠はどうしてもつの？ …… 29
御命題達成への闘い
東京都江東区　妙因寺支部　上 …… 33
寺院紹介　本光山寿照寺 …… 39
立正安国論正義顕揚七百五十年記念総登山
布教講演
こころをひとつに
宗務院書記　野村信導御尊師 …… 44
仏教探訪　釈尊の生涯③
出家・修行期 …… 51
大利剣
離脱した親に感化された非教師が、
種々口実を構えて提訴した訴訟 …… 54
講中アラカルト
法道院第三代主管観妙院日慈上人
第十七回忌法要
並びに宝生院妙徳日賀大姉
祥月命日忌法要 …… 57
体験発表「妙とは蘇生の義なり」
唱題で「癌」を克服
福岡県本佛寺支部　難波江優朋 …… 61
九州開導の師　妙寿貴尼伝①
妙寿日成貴尼の御一生 …… 66
総本山だより
式掌・行道僧辞令授与式
記念展（三階）御宝物入れ替え …… 70
正縁問答　日蓮正宗って何ぞや？
百八十五　御葬儀 …… 74
中学生仏教教室　うらぼん …… 78
歴代上人の御指南を拝して
日有上人　化儀抄　百十四 …… 81

コミック　阿仏房物語
＝阿仏房の帰伏＝ …… 84

九月号（二一〇四号）

グラビア
立正安国論正義顕揚七百五十年
記念大法要 …… 1
妙法の唱え閻浮に絶えず（61）
「御法主上人猊下の御親修を目指して」
台湾　彰雲布教所 …… 4
御法主日如上人猊下御指南
新たなる御命題に向かって …… 6
御書拝読　諸法実相抄 …… 8
海外通信　百日間唱題行の功徳 …… 15
よい子の仏教　広布への新たな歩み …… 18
立正安国論記念展　展示紹介⑧
讃岐雨乞いに詠ず・
日霑上人国諫之図 …… 21
正義顕揚を目指して　宮崎布教区（2） …… 22
なるほどなっとく！Q＆A
お彼岸ってな〜に？ …… 29
御命題達成への闘い
東京都江東区　妙因寺支部　下 …… 33
寺院紹介　無量山仏寿寺 …… 39
立正安国論正義顕揚七百五十年記念総登山
布教講演
日蓮と同意ならば地涌の菩薩たらんか
総本山塔中理境坊内
小川正豪御尊師 …… 44
仏教探訪　釈尊の生涯④　仏陀　釈尊 …… 51
大利剣
創価学会による離脱勧誘の実態 …… 54
講中アラカルト
北海道網走市・得成寺事務所
開所式 …… 57
九州開導の師　妙寿貴尼伝②
誕生から出家まで …… 61
体験発表
観念から抜け出せた信心のよろこび
広島県興福寺支部　山内三佐代 …… 66
総本山だより
七百五十億遍唱題行満了 …… 70
正縁問答　日蓮正宗って何ぞや？
百八十六　一閻浮提の御座主 …… 74
中学生仏教教室　まつりごと …… 78
歴代上人の御指南を拝して
日有上人　化儀抄　百十五 …… 81
コミック　阿仏房物語
＝念仏者のたくらみ＝ …… 84

十月号（二一〇五号）

グラビア　七万五千名大結集総会 …… 1
御法主日如上人猊下御指南
「やればできる」という確信 …… 6
御書拝読　開目抄 …… 8
海外通信
海外信徒二万名大結集　第二回総会 …… 15
よい子の仏教　折伏は最高の仏道修行 …… 18
立正安国論記念展　展示紹介⑨
日應上人手沢御書
（縮冊遺文）・御法衣 …… 21
正義顕揚を目指して
東中国布教区（1） …… 22
なるほどなっとく！Q＆A
御講ってな〜に？ …… 30
歴代上人の御指南を拝して
日有上人　化儀抄　百十六 …… 33
中学生仏教教室　とき …… 36
寺院紹介　信解山妙言寺 …… 39

立正安国論正義顕揚七百五十年記念総登山
布教講演
未来広布への精進
宗務院渉外部主任　蓮光坊住職
宮原委道御尊師 …… 44
仏教探訪　釈尊の生涯⑤
衆生救済の旅路　一 …… 51
大利剣　呆れた言い掛かり
いわゆる「コーヒーカップ」事件 …… 54
講中アラカルト　東京都品川区・妙光寺
第九代住職入院式並びに
第八代住職常宣院日至贈上人
五七日忌法要 …… 57
御命題達成への闘い
静岡県浜松市　寿量寺支部　上 …… 61
体験発表　不可能を可能にする信心
大阪府覚仁寺支部　和田孝二 …… 68
総本山だより
行学講習会・教師講習会 …… 72
正縁問答　日蓮正宗って何ぞや？
百八十七
辞世の句と日目上人様の再来 …… 76
九州開導の師　妙寿貴尼伝③
異流時代 …… 80
コミック　阿仏房物語
＝塚原問答（一）＝ …… 84

十一月号（二〇六号）

グラビア　寛師会 …… 1
妙法の唱え閻浮に絶えず（62）
「ヨーロッパ広布を目指して」
フランス　信行寺 …… 4
御法主日如上人猊下御指南
本年の折伏誓願を必ず達成 …… 6
御書拝読　上野殿御返事 …… 8
仏教探訪　釈尊の生涯⑥
衆生救済の旅路　二 …… 15
よい子の仏教
『広布前進の年』に向かって …… 18
立正安国論記念展　展示紹介⑩
八戸法難史・南部信順公寄進品 …… 21
正義顕揚を目指して
東中国布教区（2） …… 22
なるほどなっとく！Q&A
目師会ってな〜に？ …… 30
御命題達成への闘い
静岡県浜松市　寿量寺支部　下 …… 34
寺院紹介　明光山大法寺 …… 39
立正安国論正義顕揚七百五十年記念総登山
布教講演
魔軍に打ち勝ち
新たなるご命題へ向かって
横浜市戸塚区　宣法寺住職
高野千道御尊師 …… 44
体験発表　御本尊様に守られて
熊本県正宣院支部　佐藤繁 …… 51
中学生仏教教室　にせもの …… 54
海外通信
密着！登山中の海外メンバー …… 57
総本山だより
総本山第二十六世日寛上人御正当会 …… 64
体験発表
七万五千名大結集総会に参加して
埼玉県法生寺支部　飯塚楓 …… 68
大利剣　まるで根拠の無い言い掛かり
「平仄があわない」創価学会員の主張 …… 70
歴代上人の御指南を拝して
日有上人　化儀抄　百十七 …… 73
正縁問答　日蓮正宗って何ぞや？
百八十八　御入滅後の宗内 …… 76
九州開導の師　妙寿貴尼伝④
異流義との決別 …… 80
コミック　阿仏房物語
＝塚原問答（二）＝ …… 84

十二月号（二〇七号）

グラビア
海外信徒二万名大結集　第四回総会 …… 1
立正安国論記念展　展示紹介⑪
日蓮大聖人一代記 …… 4
御法主日如上人猊下御指南
これからの戦いは折伏が主体 …… 6
御書拝読　新池御書 …… 8
仏教探訪　釈尊の生涯⑦
衆生救済の旅路　三 …… 15
よい子の仏教　ふたつのリーフレット …… 18
御命題達成への闘い
広島市東区　興福寺支部 …… 21
なるほどなっとく！Q&A
御供養ってな〜に？ …… 32
海外通信
「インド洋の真珠」スリランカ …… 36
寺院紹介　上野山法善寺 …… 39
立正安国論正義顕揚七百五十年記念総登山
布教講演　心の財
宗務院書記　野中信栄御尊師 …… 44
大利剣　宗門末寺に対する難癖
「ためにする」主張で訴訟を提起 …… 51
中学生仏教教室　北風と東風 …… 54
講中アラカルト　東京都墨田区・常泉寺
第四十一代住職妙玄院日深上人
第三十三回忌法要 …… 57
総本山だより　秋季彼岸会 …… 64
体験発表　正義に目覚めて
静岡県百貫坊支部　齋藤浩記 …… 68
歴代上人の御指南を拝して
日有上人　化儀抄　百十八 …… 73
正縁問答　日蓮正宗って何ぞや？
百八十九　幕府滅亡と南条家 …… 76
九州開導の師　妙寿貴尼伝⑤
帰伏から得度受戒 …… 80
コミック　阿仏房物語
＝塚原問答（三）＝ …… 84

平成22年
2010

一月号（二〇八号）

グラビア　日蓮大聖人御大会 …… 4
新年の辞　御法主日如上人猊下 …… 6
御書拝読　撰時抄 …… 8
仏教探訪　釈尊の生涯⑧
出世の本懐・法華経の説法　一 …… 15
よい子の仏教　年頭の決意 …… 18
妙法の唱え閻浮に絶えず（63）
「二〇一五年を目指して！」
インドネシア　法清寺 …… 21
講員50％増を目指して
富山県富山市　妙顕寺支部（前編） …… 22
身命を捨てて
―日興上人の御生涯を拝して―①
連載にあたって …… 30
歴代上人の御指南を拝して
日有上人　化儀抄　百十九 …… 33
海外通信　海外信徒記念総登山に参加して
PART2 …… 36
寺院紹介　天華山正遍寺 …… 39
立正安国論正義顕揚七百五十年記念総登山
布教講演
心に折伏を誓い、実践の人となろう
東京都世田谷区　善福寺住職
木村信龍御尊師 …… 44
体験発表　行動して実った折伏
北海道日正寺支部　前鼻大恵 …… 51
中学生仏教教室　えと …… 54
講中アラカルト
千葉市中央区・秀興山妙聡寺
落慶入仏式 …… 57

広布への師子吼　新潟布教区（前）……61
なるほどなっとく！Q&A
御授戒ってな〜に？……68
九州開導の師　妙寿貴尼伝⑥
練修時代……72
正縁問答　日蓮正宗って何ぞや？
百九十　東坊地問題……76
総本山だより　日蓮大聖人御大会……80
コミック　阿仏房物語
＝塚原問答（四）＝……84

二月号（二一〇九号）

グラビア　元旦勤行・広布唱題会・
法華講連合会初登山……1
御法主日如上人猊下御指南
憂国の士となって折伏前進……6
御書拝読　種々御振舞御書……8
仏教探訪　釈尊の生涯⑨
出世の本懐・法華経の説法　二……15
よい子の仏教
師弟子を正して異体同心……18
妙法の唱え閻浮に絶えず（64）
「大都会での折伏行！」
ニューヨーク　妙説寺……21
講員50％増を目指して
富山県富山市　妙顕寺支部（後編）……22
身命を捨てて
―日興上人の御生涯を拝して―②
日興上人の御誕生と家系について……30
歴代上人の御指南を拝して
日有上人　化儀抄　百二十……33
海外通信　登山の歓喜を折伏に……36
寺院紹介　寂然山仏土寺……39
立正安国論正義顕揚七百五十年記念総登山
布教講演
折伏主体の信心姿勢を、
今こそ確立しよう
埼玉県鶴ヶ島市　啓信寺住職
宮野審道御尊師……44
九州開導の師　妙寿貴尼伝⑦
九州への道中……51
中学生仏教教室　桜梅桃李……54
講中アラカルト
三重県鈴鹿市・光徳寺
支部結成式……57
広布への師子吼　新潟布教区（後）……61
体験発表
遠回りをして巡り会った信心
千葉県佛心寺支部　根本朱實……68
なるほどなっとく！Q&A
日興上人様について教えて①……72
正縁問答　日蓮正宗って何ぞや？
百九十一　衣座室の三軌……76
総本山だより　元旦勤行……80
コミック　阿仏房物語
＝塚原問答（五）……8

三月号（二一一〇号）

グラビア　台湾御親修……1
御法主日如上人猊下御指南
活動の焦点を折伏に合わせて……6
御書拝読　四条金吾殿御返事……8
仏教探訪　釈尊の生涯⑩　涅槃……15
よい子の仏教　新入信者とともに……18
妙法の唱え閻浮に絶えず（65）
「法統相続『七五三』」
マレーシア布教所……21
講員50％増を目指して
長野県長野市　妙相寺支部（前編）……22
身命を捨てて
―日興上人の御生涯を拝して―③
故郷・富士川
日興上人の家系と法縁……28
海外通信（最終回）
台湾御親修リポート……32

なるほどなっとく!Q&A
日興上人様について教えて② …… 35
寺院紹介　心生山大歓寺 …… 39
布教講演　人の和をもって折伏前進
長野県飯田市　恵光寺住職
細井正玉御尊師 …… 44
九州開導の師　妙寿貴尼伝⑧
小倉・行橋 …… 51
中学生仏教教室　縁起・因縁 …… 54
講中アラカルト
アフリカ・ガーナ共和国アクラ市　法華寺
第三代住職入院式 …… 57
広布への師子吼
東京第二布教区（前） …… 61
体験発表　感謝の折伏行
福岡県徳蔵寺支部　廣渡まゆみ …… 68
歴代上人の御指南を拝して
日有上人　化儀抄　百二十一 …… 73
正縁問答　日蓮正宗って何ぞや?
百九十二　摂受と折伏 …… 76
総本山だより　節分会・寒経 …… 80
コミック　阿仏房物語
＝内乱の予言＝ …… 84

四月号（二一一号）

グラビア
宗祖御誕生会並びに五重塔お塔開き …… 1
御法主日如上人猊下御指南
唱題は折伏活動の源泉 …… 6
御書拝読　法華証明抄 …… 8
仏教探訪　インド仏教①
経典の結集　第一回仏典結集 …… 15
よい子の仏教　総本山見学会 …… 18
妙法の唱え閻浮に絶えず（66）
「報恩謝徳の一念を持って…」
ブラジル　正法寺 …… 21
講員50％増を目指して
長野県長野市　妙相寺支部（後編） …… 22
体験発表　見守られて…感謝の信心
総本山塔中南之坊蘇生講支部
石井悦子 …… 28
総本山だより　興師会・
宗祖御誕生会並びに五重塔お塔開き …… 32
なるほどなっとく!Q&A
立宗宣言ってな〜に? …… 35
寺院紹介　南海山光明寺 …… 39
布教講演　折伏実践に功徳あり
静岡県磐田市　宣正寺住職
今野信圓御尊師 …… 44
歴代上人の御指南を拝して
日有上人　化儀抄　百二十二 …… 51
中学生仏教教室　青年部員として …… 54
講中アラカルト
茨城県水戸市・恵妙寺
創立五十周年記念法要 …… 57
体験発表　私の信心奮闘記
大阪府妙栄寺支部　石田美幸 …… 61
広布への師子吼　東京第二布教区（後） …… 66
身命を捨てて
―日興上人の御生涯を拝して―④
日興上人と宗尊親王 …… 72
九州開導の師　妙寿貴尼伝⑨
久留米到達 …… 76
正縁問答　日蓮正宗って何ぞや?
百九十三　順縁と逆縁 …… 80
コミック　阿仏房物語
＝幕府の真意＝ …… 84

五月号（二一二号）

グラビア　得度式・大坊在勤式 …… 1

御法主日如上人猊下御指南
週単位の折伏戦を …… 6
御書拝読　法華初心成仏抄 …… 8
仏教探訪　インド仏教②　仏典結集（一） …… 15
よい子の仏教　新しい貯金箱 …… 18
妙法の唱え閻浮に絶えず（67）
「三重から幾重にも広がる歓喜の輪」
台湾　法秀院 …… 21
講員50％増を目指して
兵庫県加古川市　浄福寺支部（前編） … 22
なるほどなっとく！Q&A
大行会ってな〜に？ …… 30
身命を捨てて
―伊豆法難七五〇年に当たって― …… 34
寺院紹介　深遠山法正寺 …… 39
布教講演
今なすべきこと
長野県軽井沢町　妙照寺住職
早瀬道義御尊師 …… 44
歴代上人の御指南を拝して
日有上人　化儀抄　百二十三 …… 51
中学生仏教教室　学ぶということ …… 54
講中アラカルト
福岡県志免町・教説寺
創立二十周年記念法要 …… 57
広布への師子吼　北近畿布教区（前） …… 61
体験発表　やれば出来る！
大阪府本説寺支部　高橋美智子 …… 68
総本山だより　得度式・大坊在勤式 …… 72
九州開導の師　妙寿貴尼伝⑩
懺悔弘通の初期 …… 76
正縁問答　日蓮正宗って何ぞや？
百九十四
普段着の折伏、自行化他の題目 …… 80
コミック　阿仏房物語
＝幕府がわの思わく＝ …… 84

六月号（一一三号）

グラビア　教師補任式 …… 1
御法主日如上人猊下御指南
真剣な唱題で折伏成就 …… 6
御書拝読　転重軽受法門 …… 8
仏教探訪　インド仏教③
仏典結集（二） …… 15
よい子の仏教　ママのクラス会 …… 18
妙法の唱え閻浮に絶えず（68）
「一歩一歩着実に」　セルビア共和国 …… 21
講員50％増を目指して
兵庫県加古川市　浄福寺支部（後編） … 22
なるほどなっとく！Q&A
登山ってな〜に？ …… 30
身命を捨てて
―日興上人の御生涯を拝して―⑤
『立正安国論』と日興上人の入門 …… 34
寺院紹介　龍田山法雲寺 …… 39
布教講演
手を取りあって共に寂光土を築こう
山形県寒河江市　真覚寺住職
藤原信訓御尊師 …… 44
九州開導の師　妙寿貴尼伝⑪
懺悔弘通の成果 …… 50
中学生仏教教室　都の月 …… 54
講中アラカルト　東京都江戸川区・白蓮院
創立百周年記念法要 …… 57
広布への師子吼　北近畿布教区（後） …… 62
体験発表　娘に折伏されて
北海道興徳寺支部　後藤勉 …… 68
総本山だより　補任式・立宗会 …… 72
歴代上人の御指南を拝して
日有上人　化儀抄　百二十四 …… 77
正縁問答　日蓮正宗って何ぞや？
百九十五　十四誹謗 …… 80
コミック　阿仏房物語
＝ウラとオモテ＝ …… 84

七月号（二一四号）

グラビア　総本山御影堂立柱式……1
御法主日如上人猊下御指南
折伏は最高の報恩行……6
御書拝読　上野殿御返事……8
仏教探訪
インド仏教④　馬鳴菩薩伝……15
よい子の仏教
初級教学試験……18
妙法の唱え閻浮に絶えず（69）
「御命題達成に向けて突き進まん」
大韓民国　釜山布教所……21
講員50％増を目指して
愛媛県新居浜市　法楽寺支部（前編）……22
なるほどなっとく！Q&A
お盆ってな〜に？……29
歴代上人の御指南を拝して
日有上人　化儀抄　百二十五……33
中学生仏教教室　伝えるということ……36
寺院紹介　本円山宣要寺……39
布教講演「折伏前進」
福岡県筑紫野市　信法寺住職
鈴木道雅御尊師……44
身命を捨てて
―日興上人の御生涯を拝して―⑥
駿河・伊豆における
日興上人の常随給仕（上）……52
講中アラカルト　東京都足立区・本修寺
開創十五周年記念並びに
庫裡新築落成法要……57
九州開導の師　妙寿貴尼伝⑫
留難時代初期……62
広布への師子吼　福岡西布教区（前）……65
体験発表　入信後の心境と功徳
千葉県啓正寺支部　河守鐵……72
総本山だより
大行会・夏期講習会第一期……76
正縁問答　日蓮正宗って何ぞや？
百九十六　三障四魔……80
コミック　阿仏房物語
＝一谷へ移る＝……84

八月号（二一五号）

グラビア　法華講夏期講習会……1
御法主日如上人猊下御指南
信心の厚薄……6
御書拝読　妙一女御返事……8
仏教探訪　インド仏教⑤　竜樹菩薩伝……15
よい子の仏教　ママの朝参り……18
妙法の唱え閻浮に絶えず（70）
「カリブ海の法華講支部」
トリニダード・トバゴ……21
講員50％増を目指して
愛媛県新居浜市　法楽寺支部（後編）……22
なるほどなっとく！Q&A
太鼓はなぜたたくの？……29
歴代上人の御指南を拝して
日有上人　化儀抄　百二十六……33
中学生仏教教室　十界……36
寺院紹介　開光山専妙寺……39
布教講演　素直な心で折伏前進
北海道留萌市　開道寺住職
宮脇正能御尊師……44
広布への師子吼　福岡西布教区（後）……51
講中アラカルト
京都市東山区・住本寺
復帰奉告法要……57
九州開導の師　妙寿貴尼伝⑬
留難時代中期……62
体験発表　正法を信受できた歓び
青森県専妙寺支部　川嶋礼子……66

身命を捨てて
―日興上人の御生涯を拝して―⑦
駿河・伊豆における
日興上人の常随給仕（中）……71
総本山だより　御影堂立柱式……76
正縁問答　日蓮正宗って何ぞや？
百九十七　煩悩……80
コミック　阿仏房物語
＝佐渡への道＝……84

九月号（二一一六号）

グラビア
法華講連合会少年部合宿登山……1
御法主日如上人猊下御指南
唱題、折伏の良い循環を……6
御書拝読　可延定業御書……8
仏教探訪
インド仏教⑥　提婆菩薩伝……15
よい子の仏教　鼓笛隊の新スタッフ……18
妙法の唱え閻浮に絶えず（71）
「日興上人御生誕七七〇年を目指して」
オーストリア共和国……21
講員50％増を目指して
山口県岩国市　弘法寺支部（前編）……22
なるほどなっとく！Q＆A
御難会ってな〜に？……30
体験発表「ニセ本尊」の害毒からの生還
岐阜県本玄寺支部　渡辺美恵子……34
寺院紹介　慧徳山法命寺……39
布教講演　全支部誓願達成に向かって
兵庫県加古川市　浄福寺住職
園田司道御尊師……44
歴代上人の御指南を拝して
日有上人　化儀抄　百二十七……51
中学生仏教教室　茗荷……54
講中アラカルト
佐渡・塚原跡を護る妙護寺支部……57
広布への師子吼
北海道第一布教区（前）……61
九州開導の師　妙寿貴尼伝⑭
留難時代後期……68
身命を捨てて
―日興上人の御生涯を拝して―⑧
駿河・伊豆における
日興上人の常随給仕（下）……71
総本山だより
法華講連合会少年部合宿登山……76
正縁問答　日蓮正宗って何ぞや？
百九十八　六根清浄……80
コミック　阿仏房物語
＝路銀のてんまつ＝……84

十月号（二一一七号）

グラビア
第十四回　海外信徒夏期研修会……1
御法主日如上人猊下御指南
折伏と育成は一体……6
御書拝読　崇峻天皇御書……8
仏教探訪　インド仏教⑦
無著・天親（世親）菩薩伝……15
よい子の仏教　ナマス・テ……18
妙法の唱え閻浮に絶えず（72）
「御親修を弾みに、さらなる地域広布に邁進」
台湾　正行院……21
講員50％増を目指して
山口県岩国市　弘法寺支部（後編）……22
なるほどなっとく！Q＆A
御会式ってな〜に？……30
体験発表
入信のきっかけと信心を続けること
大阪府本教寺支部　藤長理恵……34
寺院紹介　真実山究竟寺……39
布教講演
日興上人の謗法厳誡の精神を今に
大石寺大坊内　漆畑正善御尊師……44

歴代上人の御指南を拝して
日有上人　化儀抄　百二十八 …… 51
中学生仏教教室　蜘蛛の糸 …… 54
講中アラカルト
東京都目黒区・妙眞寺
復帰奉告法要並びに
第三代住職入院式 …… 57
広布への師子吼
北海道第一布教区（後） …… 61
九州開導の師　妙寿貴尼伝⑮
霑妙寺設立認可 …… 68
身命を捨てて
―日興上人の御生涯を拝して―⑨
流罪赦免と鎌倉における給仕 …… 72
総本山だより
墓参・盂蘭盆会・行学講習会 …… 76
正縁問答　日蓮正宗って何ぞや？
百九十九　依正不二 …… 80
コミック　阿仏房物語　＝わかれ＝ …… 84

十一月号（二一八号）

グラビア　寛師会 …… 1
御法主日如上人猊下御指南
身体を動かして折伏に …… 6
御書拝読　上野殿御返事 …… 8
仏教探訪　インド仏教⑧
付法蔵　密教の出現と終焉 …… 15
よい子の仏教　ジパング …… 18
妙法の唱え閻浮に絶えず（73）
「誓願目標二年連続達成を目指して」
アルゼンチン布教所 …… 21
講員50％増を目指して
千葉市若葉区　眞光寺支部（前編） …… 22
なるほどなっとく！Q&A
御書ってな～に？ …… 30
身命を捨てて
―日興上人の御生涯を拝して―⑩
小松原法難と日興上人 …… 34
寺院紹介　顕正山妙流寺 …… 39
布教講演　身命を捨てて随力弘通を
神奈川県小田原市　蓮久寺住職
松尾器道御尊師 …… 44
歴代上人の御指南を拝して
日有上人　化儀抄　百二十九 …… 51
中学生仏教教室　障子の明かり …… 54
講中アラカルト
神奈川県平塚市・大経寺
復帰奉告法要 …… 57
広布への師子吼　宮城布教区（前） …… 62
九州開導の師　妙寿貴尼伝⑯
本懐満足 …… 68
体験発表
私の入信と、その後の信心
山口県弘法寺支部　宮島正興 …… 72
総本山だより
宗祖御難会・秋季彼岸会 …… 76
正縁問答　日蓮正宗って何ぞや？
二百　業 …… 80
コミック　阿仏房物語
＝善光寺の攻防＝ …… 84

十二月号（二一九号）

グラビア
理境坊本堂耐震改修奉告法要 …… 1
御法主日如上人猊下御指南
自他共の幸せを実現するために …… 6
御書拝読　御義口伝 …… 8
仏教探訪　中国仏教①
諸子百家　仏教伝播のルート …… 15
よい子の仏教　実践行動の年へ …… 18
妙法の唱え閻浮に絶えず（74）
「脈々と継承される広布への思い」
タイ …… 21
講員50％増を目指して
千葉市若葉区　眞光寺支部（後編） …… 22

布教講演
折伏は、だれにでもできる！
大石寺大坊内　百々正寿御尊師 …… 29
中学生仏教教室　書状 …… 36
寺院紹介　法種院 …… 39
体験発表
諦めず折伏行じ、難問克服
滋賀県法乗寺支部　三浦信子 …… 44
なるほどなっとく！Q&A
謗法ってな〜に？ …… 48
身命を捨てて
—日興上人の御生涯を拝して—⑪
南条家と大聖人・日興上人（一） …… 52
講中アラカルト　静岡県沼津市・蓮興寺
創立七百周年記念
第二十一回重宝御虫払法要及び
蓮興寺歴代年忌法要 …… 57
広布への師子吼　宮城布教区（後） …… 62
歴代上人の御指南を拝して
日有上人　化儀抄　百三十 …… 69
九州開導の師　妙寿貴尼伝⑰
教会所建立 …… 72
総本山だより　寛師会 …… 76
正縁問答　日蓮正宗って何ぞや？
二百一　転重軽受の果報 …… 80
コミック　阿仏房物語
＝蒙古襲来（一）＝ …… 84

平成23年
2011

一月号（二二〇号）

グラビア　日蓮大聖人御大会 …… 4
新年の辞　御法主日如上人猊下 …… 6
御書拝読　種々御振舞御書 …… 8
仏教探訪　中国仏教②　仏教伝来 …… 15
よい子の仏教　それぞれの初登山 …… 18
妙法の唱え閻浮に絶えず（75）
「御命題達成のため、新体制で新たな出発」
台湾　妙照院 …… 21
講員50％増を目指して
茨城県鹿嶋市　法正寺支部（前編） …… 22
なるほどなっとく！Q&A
お給仕ってな〜に？ …… 29
歴代上人の御指南を拝して
日有上人　化儀抄　百三十一 …… 33
中学生仏教教室　実践行動の年 …… 36
寺院紹介　天龍山知法寺 …… 39
布教講演
法華弘通の大願は、我ら生涯の使命なり
大石寺大坊内　鉄本雄威御尊師 …… 44
身命を捨てて
—日興上人の御生涯を拝して—⑫
南条家と大聖人・日興上人（二） …… 52
講中アラカルト　千葉県野田市・法道寺
創立四十周年本堂改修記念法要 …… 57
広布への師子吼　静岡西布教区（前） …… 62
体験発表　入信のいきさつと初登山の歓喜
北海道日正寺支部　鈴木元子 …… 68
九州開導の師　妙寿貴尼伝⑱
水野慈恩との問答① …… 72
総本山だより　日蓮大聖人御大会 …… 76
正縁問答　日蓮正宗って何ぞや？
二百二　実践行動の年 …… 80
コミック　阿仏房物語　＝法義論争＝ …… 84

二月号（二二一号）

グラビア　法華講連合会初登山会 …… 1
御法主日如上人猊下御指南
厳しい戦いのなかに、
本当の功徳あり …… 6
御書拝読　法蓮抄 …… 8

仏教探訪　中国仏教③　後漢時代 …… 15
よい子の仏教　誓願達成に向けて …… 18
妙法の唱え閻浮に絶えず（76）
「広がる地域の活動」
オーストラリア …… 21
講員50％増を目指して
茨城県鹿嶋市　法正寺支部（後編）…… 22
なるほどなっとく！Q＆A
法華講ってな〜に？ …… 29
布教講演　実践行動の年に向かって
大石寺大坊内　梅津正栄御尊師 …… 33
寺院紹介　真蓮山開妙寺 …… 39
体験発表
姉弟四人、全員の信仰成就
青森県玄中寺支部　小山和康 …… 44
身命を捨てて
―日興上人の御生涯を拝して―⑬
実相寺衆徒愁状（一）…… 51
中学生仏教教室　御誕生会 …… 54
講中アラカルト　鹿児島県奄美市・立安寺
創立五十周年記念法要 …… 57
広布への師子吼　静岡西布教区（後）…… 62
歴代上人の御指南を拝して
日有上人　化儀抄　百三十二 …… 69
九州開導の師　妙寿貴尼伝⑲
水野慈恩との問答② …… 72
総本山だより　元旦勤行 …… 76
正縁問答　日蓮正宗って何ぞや？
二百三　四箇の格言（念仏無間）…… 80
コミック　阿仏房物語　＝決裂＝ …… 84

三月号（二二二号）

グラビア　フィリピン御親修 …… 1
御法主日如上人猊下御指南
本宗僧俗のなすべき使命 …… 6
御書拝読　四条金吾殿御返事 …… 8
仏教探訪　中国仏教④
三国と西晋時代 …… 15
よい子の仏教　初節句 …… 18
妙法の唱え閻浮に絶えず（77）
「一歩一歩広布への前進」
大韓民国　ソウル布教所 …… 21
講員50％増を目指して
長崎県佐世保市　法光寺支部（前編）…… 22
なるほどなっとく！Q＆A
修行ってな〜に？ …… 31
体験発表　兄の遺志を継いで
神奈川県法照寺支部　高木宣子 …… 35
寺院紹介　観法山法勤寺 …… 39
布教講演　人の和を深めるために
大石寺大坊内　長谷川信達御尊師 …… 44
身命を捨てて
―日興上人の御生涯を拝して―⑭
実相寺衆徒愁状（二）…… 51
中学生仏教教室　彼岸会 …… 54
講中アラカルト　岩手県釜石市・常説寺
創立五十周年記念法要 …… 57
広布への師子吼　岐阜布教区（前）…… 61
歴代上人の御指南を拝して
日有上人　化儀抄　百三十三 …… 69
九州開導の師　妙寿貴尼伝⑳
水野慈恩との問答③ …… 72
総本山だより　節分会・寒経 …… 76
正縁問答　日蓮正宗って何ぞや？
二百四　四箇の格言（禅天魔①）…… 80
コミック　阿仏房物語　＝隠棲＝ …… 84

四月号（二二三号）

グラビア
宗祖御誕生会並びに五重塔お塔開き …… 1
お見舞い
御法主日如上人猊下 …… 6

お見舞い
日蓮正宗宗務院 …… 7
御書拝読　四条金吾殿御返事 …… 8
仏教探訪　中国仏教⑤
東晋・五胡十六国時代 …… 15
よい子の仏教　心の支え …… 18
妙法の唱え閻浮に絶えず（78）
「道のとをきに心ざしのあらわるゝにや」
ブラジル
アングラ・ドス・ヘイス布教所 …… 21
講員50％増を目指して
長崎県佐世保市　法光寺支部（後編）… 22
体験発表
レベル四のガンを信心で克服
埼玉県日成寺支部　扇谷寿 …… 29
身命を捨てて
―日興上人の御生涯を拝して―⑮
波木井実長の入信 …… 32
中学生仏教教室　立宗会 …… 36
寺院紹介　実法山正伝寺 …… 39
布教講演
宗祖御誕生・五重塔建立の意義を拝し、
更なる精進を
大石寺大坊内　堀田信教御尊師 … 44
なるほどなっとく！Ｑ＆Ａ
唱題ってな～に？ …… 53
講中アラカルト　東京都国分寺市・大宣寺
第二代住職入院式並びに
常観院日龍贈上人五七日忌法要 …… 57
広布への師子吼　岐阜布教区（後）…… 61
歴代上人の御指南を拝して
日有上人　化儀抄　百三十四 …… 69
九州開導の師　妙寿貴尼伝㉑
水野慈恩との問答④ …… 72
総本山だより　宗祖御誕生会並びに
五重塔お塔開き・興師会 …… 76
正縁問答　日蓮正宗って何ぞや？
二百五　四箇の格言（禅天魔②）…… 80
コミック　阿仏房物語
＝蒙古襲来（二）＝ …… 84

五月号（二二四号）

グラビア　得度式・大坊在勤式 …… 1
御礼　東日本大震災義援金 …… 4
御法主日如上人猊下御指南
我が心を仏法に任せて …… 6
御書拝読　立正安国論 …… 8
仏教探訪　中国仏教⑥
後秦の鳩摩羅什（一）…… 15
よい子の仏教　ミキトちゃんの夢 …… 18
妙法の唱え閻浮に絶えず（79）
「折伏は楽しみ」
アフリカ・ガーナ　法華寺 …… 21
講員50％増を目指して
大阪府吹田市　本説寺支部（前編）…… 22
なるほどなっとく！Ｑ＆Ａ
いま、私たちにできることはなに？ … 30
体験発表　寺院参詣の功徳
大阪府妙輪寺支部　髙下慎一郎 …… 34
寺院紹介　優義山妙恵寺 …… 39
布教講演　異体同心して広布前進を
大石寺大坊内　岡田信績御尊師 …… 44
身命を捨てて
―日興上人の御生涯を拝して―⑯
竜の口法難（一）…… 51
中学生仏教教室　かえるべきところ …… 54
講中アラカルト　北九州市八幡東区・法霑寺
創立百二十五周年記念法要
並びに法霑寺会館落成法要 …… 57
広布への師子吼　愛知東布教区（前）…… 61
歴代上人の御指南を拝して
日有上人　化儀抄　百三十五 …… 69
九州開導の師　妙寿貴尼伝㉒
霑妙寺開院式 …… 72
総本山だより　得度式・大坊在勤式 …… 76

正縁問答　日蓮正宗って何ぞや？
二百六　四箇の格言（真言亡国①）……80
コミック　阿仏房物語　＝再会＝……84

六月号（二二二五号）

グラビア
東日本大震災殉難者追善法要……1
御法主日如上人猊下御指南
今、我々がなすべきこと……6
御書拝読　開目抄……8
仏教探訪　中国仏教⑦
後秦の鳩摩羅什（二）……15
よい子の仏教　僧俗心を合わせて……18
妙法の唱え閻浮に絶えず（80）
「我も唱へ、他をも勧めん」
台湾　花東布教所……21
講員50％増を目指して
大阪府吹田市　本説寺支部（後編）……22
体験発表　最愛の妻と力を合わせて
北海道聞佛寺支部　田村敬一……31
中学生仏教教室　梅雨の季節に想う……36
寺院紹介　行学山久修寺……39
布教講演
今こそ折伏を実践し、
毒鼓の縁を結んでいこう
千葉県香取市　法経院主管
佐名雄学御尊師……44
なるほどなっとく！Q&A
法統相続ってな〜に？……50
歴代上人の御指南を拝して
日有上人　化儀抄　百三十六……54
講中アラカルト　石川県金沢市・妙喜寺
創立百三十周年記念法要
並びに妙成墓苑三師塔開眼法要……57
広布への師子吼
愛知東布教区（後）……61
身命を捨てて
—日興上人の御生涯を拝して—⑰
竜の口法難（二）……69
九州開導の師　妙寿貴尼伝㉓
隠居するまで……72
総本山だより　教師補任式・立宗会……76
正縁問答　日蓮正宗って何ぞや？
二百七　四箇の格言（真言亡国②）……80
コミック　阿仏房物語
＝蒙古軍上陸＝……84

七月号（二二二六号）

グラビア
第八回法華講夏期講習会（第一期）……1
御法主日如上人猊下御指南
時人を待たず……6
御書拝読　佐渡御書……8
仏教探訪　中国仏教⑧
南北朝時代—南朝の仏教（一）……15
よい子の仏教
実践行動のために……18
妙法の唱え閻浮に絶えず（81）
「中米・カリブの国々にも広布の息吹」
メキシコ……21
講員50％増を目指して
埼玉県草加市　宣行寺支部（前編）……22
正縁問答
日蓮正宗って何ぞや？　二百八
四箇の格言（真言亡国③）……31
なるほどなっとく！Q&A
少年部合宿登山ってな〜に？……35
寺院紹介　広大山興教寺……39
布教講演　異体同心で実践行動を
大石寺大坊内　堀部正円御尊師……44

九州開導の師　妙寿貴尼伝㉔
隠居してから ……51
中学生仏教教室　蓮華 ……54
講中アラカルト　福岡県筑紫野市・信法寺
創立三十周年記念法要 ……57
広布への師子吼　山口布教区（前）……61
身命を捨てて
―日興上人の御生涯を拝して―⑱
佐渡御配流 ……68
リレー体験発表
「折伏して結婚」の念願叶う！
千葉県鎌谷寺支部
神澤佳代・清隆 ……72
歴代上人の御指南を拝して
日有上人　化儀抄　百三十七 ……77
総本山だより
大行会・第八回法華講夏期講習会 ……80
コミック　阿仏房物語　＝蒙古内紛＝ ……84

八月号（二二七号）

グラビア　七月度広布唱題会 ……1
総本山だより
大坊学衆・シンガポール開妙院青年部
交流会 ……4
御法主日如上人猊下御指南
自分の心を仏様に ……6
御書拝読　三沢抄 ……8
仏教探訪　中国仏教⑨
南北朝時代―南朝の仏教（二）……15
よい子の仏教　子々孫々 ……18
妙法の唱え閻浮に絶えず（82）
「大西洋の島々に妙法広布の声高らか」
妙昌寺テネリフェ出張所 ……21
講員50％増を目指して
埼玉県草加市　宣行寺支部（後編）……22
体験発表　苦しかった子供時代を乗り越えて
静岡県蓮徳寺支部　高橋一美 ……31
なるほどなっとく！Q＆A
夏休みの過ごし方を教えて ……35
寺院紹介　佛身山実行寺 ……39
布教講演　今、我らがなすべき実践
総本山塔中総二坊住職
平野道益御尊師 ……44
身命を捨てて
―日興上人の御生涯を拝して―⑲
塚原三昧堂 ……51
中学生仏教教室　国の宝 ……54
講中アラカルト　長野県飯田市・恵光寺
創立四十五周年記念法要 ……57
広布への師子吼　山口布教区（後）……61
歴代上人の御指南を拝して
日有上人　化儀抄　百三十八 ……69
九州開導の師　妙寿貴尼伝㉕
妙寿尼有縁の寺院・教会 ……72
総本山だより
大坊学衆・シンガポール開妙院青年部
交流会 ……76
正縁問答
二百九　日蓮正宗って何ぞや？
四箇の格言（真言亡国④）……80
コミック　阿仏房物語　＝蒙古敗退＝ ……84

九月号（二二八号）

グラビア　少年部合宿登山 ……1
御法主日如上人猊下御指南
我々の信力・行力 ……6
御書拝読　滅劫御書 ……8
仏教探訪　中国仏教⑩
南北朝時代―北朝の仏教（一）……15
よい子の仏教　不思議な因縁 ……18
妙法の唱え閻浮に絶えず（83）
「いつの日か私たちの地域にも法城を」
フィリピン ……21
講員50％増を目指して
宮崎県小林市　実報寺支部（前編）……22

体験発表　御本尊様に感謝
埼玉県本種寺支部　青柳規衣 …… 31
なるほどなっとく！Q＆A
正直ってな～に？ …… 35
寺院紹介　妙慧山真修寺 …… 39
布教講演　此の度仏法を心みよ
総本山塔中報恩坊住職
秦道夫御尊師 …… 44
身命を捨てて
―日興上人の御生涯を拝して―⑳
佐渡における大聖人の急務 …… 51
中学生仏教教室　毒気深入 …… 54
講中アラカルト　福岡県飯塚市・普遍寺
創立五十周年記念法要
並びに手水舎新築落成法要 …… 57
広布への師子吼　大阪南布教区（前） …… 62
九州開導の師　妙寿貴尼伝㉖
妙寿尼の終焉 …… 69
信心の原点①　信仰の実践　勤行 …… 72
総本山だより
全国鼓笛隊コンクール合宿・
少年部合宿 …… 76
正縁問答　日蓮正宗って何ぞや？
二百十　四箇の格言（律国賊①） …… 80
コミック　阿仏房物語
＝文永の役余話＝ …… 84

十月号（一二二九号）

グラビア　海外信徒夏期研修会 …… 1
御法主日如上人猊下御指南
三障四魔が起きた時こそ …… 6
御書拝読　南条殿御返事 …… 8
仏教探訪　中国仏教⑪
南北朝時代―北朝の仏教（二） …… 15
よい子の仏教　末法の三宝 …… 18
妙法の唱え閻浮に絶えず（84）
「今日の唱題は、明日の折伏へつながる！」
サンフランシスコ　妙信寺 …… 21
講員50％増を目指して
宮崎県小林市　実報寺支部（後編） …… 22
体験発表　母への折伏で感じた親の有り難さ
大分県妙祥寺支部　堀祥枝 …… 31
中学生仏教教室　灯火親しむべし …… 36
寺院紹介　方広山大願寺 …… 39
布教講演　慈悲の心をもって
大石寺大坊内　宗務院書記
長倉信祐御尊師 …… 44
なるほどなっとく！Q＆A
異体同心ってな～に？ …… 50
身命を捨てて
―日興上人の御生涯を拝して―㉑
人本尊開顕の御化導（一） …… 54
講中アラカルト　長野県長野市・妙相寺
創立五十周年記念法要 …… 57
広布への師子吼　大阪南布教区（後） …… 61
九州開導の師　妙寿貴尼伝㉗（最終回）
広布への志 …… 68
信心の原点②　信仰の実践　唱題 …… 72
総本山だより
行学講習会　墓参・盂蘭盆会 …… 76
正縁問答　日蓮正宗って何ぞや？
二百十一　四箇の格言（律国賊②） …… 80
コミック　阿仏房物語
＝佐渡の布教＝ …… 84

十一月号（一二三〇号）

グラビア　パナマ共和国　立正山大廣寺
寺号公称並びに板御本尊入仏法要 …… 1
御法主日如上人猊下御指南
広布に生きる信念 …… 6
御書拝読　衆生身心御書 …… 8
仏教探訪　中国仏教⑫
隋時代（一）天台大師智顗伝1 …… 15

よい子の仏教　宝物殿にて折伏を …… 18
妙法の唱え閻浮に絶えず（85）
「歓喜の唱題・歓喜の折伏」
香港事務所 …… 21
講員50％増を目指して
福岡県行橋市　要言寺支部（前編）…… 22
体験発表　世界広布の人材を目指して
山梨県有明寺支部　赤澤真実 …… 31
中学生仏教教室　聚 …… 36
寺院紹介　本縁山徳蔵寺 …… 39
布教講演　臨終、只今にあり
総本山塔中東之坊住職
吉田道善御尊師 …… 44
なるほどなっとく！Q＆A
特別御供養ってな〜に？ …… 50
身命を捨てて
―日興上人の御生涯を拝して―㉒
人本尊開顕の御化導（二）…… 54
講中アラカルト
鹿児島県伊佐市・蓮秀寺
創立二十五周年記念法要 …… 57
広布への師子吼　熊本布教区（前）…… 61
仏教読本　修行について …… 68
信心の原点③　信仰の実践　折伏 …… 72
総本山だより
宗祖御難会・秋季彼岸会 …… 76
正縁問答　日蓮正宗って何ぞや？
二百十二　四箇の格言（律国賊③）…… 80
コミック　阿仏房物語
＝雪の中　身延へ＝ …… 84

十二月号（一三三一号）

グラビア　寛師会 …… 1
御法主日如上人猊下御指南
実践行動をもって広布へ挺身 …… 6
御書拝読　持妙法華問答抄 …… 8
仏教探訪　中国仏教⑬
隋時代（一）天台大師智顗伝2 …… 15
よい子の仏教　実行前進の年 …… 18
妙法の唱え閻浮に絶えず（86）
「御報恩の誠を尽くすために」
台湾　本照院 …… 21
講員50％増を目指して
福岡県行橋市　要言寺支部（後編）…… 22
なるほどなっとく！Q＆A
クリスマスはなぜいけないの？ …… 30
体験発表　折伏の功徳で叶った長年の夢
大阪府本教寺支部　吉田節子 …… 34
寺院紹介　津久井山妙苑寺 …… 39
布教講演　正法弘通の責任と使命
宗務院教学部主任
本山妙蓮寺塔中本妙坊住職
樽澤道広御尊師 …… 44
身命を捨てて
―日興上人の御生涯を拝して―㉓
塚原問答 …… 51
中学生仏教教室　悪人 …… 54
講中アラカルト　青森県八戸市・玄中寺
創立百五十周年記念法要並びに
御霊宝虫払会 …… 57
広布への師子吼　熊本布教区（後）…… 61
仏教読本　道徳と宗教 …… 69
信心の原点④　信仰の実践
御報恩御講参詣・総本山への登山参詣
諸行事への参加 …… 72
総本山だより　寛師会 …… 76
正縁問答　日蓮正宗って何ぞや？
二百十三（最終回）
四箇の格言（律国賊④）…… 80
コミック　阿仏房物語
＝雪中のたたかい＝ …… 84

平成24年
2012

一月号（二三二号）

グラビア　日蓮大聖人御大会 …… 4
新年の辞　御法主日如上人猊下 …… 6
御書拝読　生死一大事血脈抄 …… 8
仏教探訪　中国仏教⑭
隋時代（一）天台大師智顗伝3 …… 15
よい子の仏教　年始の折伏 …… 18
妙法の唱え閻浮に絶えず（87）
「笑顔で折伏を」
シンガポール　開妙院 …… 21
講員50％増を目指して
東京都足立区　本修寺支部（前編） …… 22
なるほどなっとく！Q＆A
どうして目標を立てるの？ …… 31
折伏の手引き
「新興宗教」破折の予備知識（前） …… 35
寺院紹介　立正山法常寺 …… 39
布教講演　熱湯の信仰で折伏を
栃木県栃木市　信行寺住職
長野鍛道御尊師 …… 44
身命を捨てて
─日興上人の御生涯を拝して─㉔
塚原問答と最蓮房の入門 …… 51
中学生仏教教室　兎と竜 …… 54
講中アラカルト　新潟県佐渡市・妙護寺
創立五十周年記念法要並びに
三師塔開眼法要 …… 57
体験発表
人生、山あり谷あり
すべての解決はこの信心で
秋田県寿泉寺支部　清水秀子 …… 61
広布への師子吼　岩手布教区（前） …… 66
仏教読本　宗教への理解（その一） …… 73
信心の原点⑤　信仰の実践　教学 …… 76
総本山だより　日蓮大聖人御大会 …… 80
コミック　阿仏房物語
＝大聖人のもとで＝ …… 84

二月号（二三三号）

グラビア　法華講連合会初登山会 …… 1
御法主日如上人猊下御指南
折伏された人が折伏できるように …… 6
御書拝読　一念三千法門 …… 8
仏教探訪　中国仏教⑮
隋時代（一）天台大師智顗伝4 …… 15
よい子の仏教
よりよい講中を目指して …… 18
妙法の唱え閻浮に絶えず（88）
「講中一結して誓願達成を」
カナダ　バンクーバー布教所 …… 21
講員50％増を目指して
東京都足立区　本修寺支部（後編） …… 22
なるほどなっとく！Q＆A
御誕生会ってな〜に？ …… 31
信心の原点⑥　信仰の実践　御供養 …… 35
寺院紹介　本国山浄顕寺 …… 39
布教講演　今こそ広布の主体者に
沖縄県那覇市　光明寺住職
川合道収御尊師 …… 44
身命を捨てて
─日興上人の御生涯を拝して─㉕
日興上人による佐渡弘教と
虚御教書 …… 51
中学生仏教教室　雪山童子 …… 54
講中アラカルト
山口県防府市・覚正寺
開創五十周年記念法要 …… 57

仏教読本　宗教への理解（その二）……61
広布への師子吼　岩手布教区（後）……64
体験発表　広布の礎たらん
山梨県正光寺支部　笹本久美子……72
折伏の手引き
「新興宗教」破折の予備知識（後）……77
総本山だより　元旦勤行……80
コミック　阿仏房物語
＝弘教のたたかい＝……84

三月号（一二三四号）

グラビア　節分会……1
御法主日如上人猊下御指南
広布の人材の育成……6
御書拝読
南条兵衛七郎殿御書……8
仏教探訪　中国仏教⑯
隋時代（一）天台大師智顗伝5……15
よい子の仏教　折伏に、育成に……18
妙法の唱え閻浮に絶えず（89）
「今こそ御報恩の折伏・唱題・寺院参詣を」
パナマ　大廣寺……21
講員50％増を目指して
東京都北区　妙證寺支部（前編）……22
なるほどなっとく！Q&A
御命題ってな〜に？……31
信心の原点⑦　信仰の実践　法統相続……35
寺院紹介　本山本門寺塔中　西山坊……39
布教講演
為すべき事を実行し、
退くことなく常に前進しよう
千葉県鎌ケ谷市　鎌谷寺住職
菅野道渉御尊師……44
折伏の手引き　総括破折
―新興宗教にだまされないために―……50
中学生仏教教室　暦……54
講中アラカルト　愛媛県松山市・妙源寺
創立五十周年記念法要……57
仏教読本　信仰への心構え……61
広布への師子吼　山形布教区（前）……64
体験発表
五時間唱題行の功徳で折伏成就
山口県妙宝寺支部　井ノ口淑江……72
身命を捨てて
―日興上人の御生涯を拝して―㉖
一谷における弘教……77
総本山だより　節分会・寒経……80
コミック　阿仏房物語
＝親分の改心＝……84

四月号（一二三五号）

グラビア
宗祖御誕生会並びに五重塔お塔開き……1
御法主日如上人猊下御指南
天変地夭等の災難を防止するために……6
御書拝読　持妙法華問答抄……8
仏教探訪　中国仏教⑰
隋時代（一）天台大師智顗伝6……15
よい子の仏教　三世の大願……18
妙法の唱え閻浮に絶えず（90）
「ドイツの地に広布の花を」
ドイツ連邦共和国……21
講員50％増を目指して
東京都北区　妙證寺支部（後編）……22
なるほどなっとく！Q&A
御霊宝虫払会ってな〜に？……31
信心の原点⑧
信仰の実践　法華講の組織と信仰……35
寺院紹介　要道山弘宣寺……39

布教講演
只法華経の事のみ
さはぐら（思索）せ給ふべし
堺市中区　実法寺住職
河邊正信御尊師 …… 44
折伏の手引き　幸福の科学（前） …… 50
中学生仏教教室
恩―新しい制服と鞄に想う― …… 54
講中アラカルト　山梨県富士川町・白蓮寺
創立四十周年記念法要 …… 57
仏教読本　浅い教えと深い教え …… 61
広布への師子吼　山形布教区（後） …… 64
体験発表　御本尊様に守られて折伏成就
岐阜県本玄寺支部　渡辺美恵子 …… 72
身命を捨てて
―日興上人の御生涯を拝して―㉗
流罪赦免と鎌倉帰還 …… 77
総本山だより　宗祖御誕生会並びに
五重塔お塔開き・興師会 …… 80
コミック　阿仏房物語
＝最後の身延登山＝ …… 84

五月号（一二三六号）

グラビア　総本山御影堂上棟式 …… 1
御法主日如上人猊下御指南
信仰の功徳を体験して …… 6
御書拝読　富木尼御前御書 …… 8
仏教探訪　中国仏教⑱
隋時代（一）天台大師智顗伝7 …… 15
よい子の仏教　法華美人 …… 18
妙法の唱え閻浮に絶えず（91）
「御法主上人の御指南のままに、
精進の日々」
インドネシア　妙願寺 …… 21
講員50％増を目指して
京都市伏見区　宣照寺支部（前編） …… 22
なるほどなっとく！Q＆A
寺院ってな～に？ …… 31
折伏の手引き　幸福の科学（後） …… 35
寺院紹介　千丈山妙岳寺 …… 39
広布への師子吼　三重布教区（前） …… 44
身命を捨てて
―日興上人の御生涯を拝して―㉘
三回目の国主諫暁と
「東郷館寄進」の伝承 …… 51
中学生仏教教室
「’」（アポストロフィー） …… 54
講中アラカルト　長崎県佐世保市・法光寺
創立百周年記念法要 …… 57
仏教読本　宗旨選択の必要 …… 61
布教講演　折伏の意義と使命
名古屋市中村区　妙通寺住職
細井道迅御尊師 …… 64
体験発表　御本尊様に守られて折伏成就
大分県妙祥寺支部　藤本絢子 …… 72
信心の原点⑨
法華講の源流　熱原法難 …… 76
総本山だより　得度式・大坊在勤式 …… 80
コミック　阿仏房物語
＝とんだ災難＝ …… 84

六月号（一二三七号）

グラビア　教師補任式 …… 1
御法主日如上人猊下御指南
「若有聞法者　無一不成仏」 …… 6
御書拝読　四条金吾殿御返事 …… 8
仏教探訪　中国仏教⑲
隋時代（一）天台大師智顗伝8 …… 15
よい子の仏教
かけがえのないひとり …… 18
妙法の唱え閻浮に絶えず（92）
「三つの目標達成に向けて」
トーゴ共和国 …… 21

講員50％増を目指して
　京都市伏見区　宣照寺支部（後編）……22
なるほどなっとく！Q&A
　慈悲ってな〜に？……31
折伏の手引き　立正佼成会（前）……35
寺院紹介　法泉山浄教寺……39
広布への師子吼　三重布教区（後）……44
信心の原点⑩
　法華講の源流　熱原法難（二）……51
中学生仏教教室　修学旅行……54
講中アラカルト
　大阪府交野市・了義山真興寺
　落慶入仏法要……57
仏教読本　仏教の起源……61
布教講演
　貴方から始める立正安国の実行前進
　総本山塔中了性坊住職
　原田輝道御尊師……64
体験発表
　学会と決別！　家族そろって勧誡叶う
　東京都法道院支部　稗島進……70
身命を捨てて
　―日興上人の御生涯を拝して―㉙
　身延入山……77
総本山だより　総本山御影堂上棟式……80
コミック　阿仏房物語
　＝最後のお目通り＝……84

七月号（一二三八号）

グラビア　法華講夏期講習会（第一期）……1
御法主日如上人猊下御指南
　正直な信心……6
御書拝読　聖人御難事……8
仏教探訪　中国仏教⑳
　隋時代（一）天台大師智顗伝9……15
よい子の仏教　仏様のお遣い……18
妙法の唱え閻浮に絶えず（93）
　「インド広布の新しい風」　インド……21
講員50％増を目指して
　大阪府高槻市　妙恵寺支部（前編）……22
なるほどなっとく！Q&A
　ご登山の意義ってな〜に？……30
体験発表　実を結んだ普段着の折伏
　千葉県法道寺支部　吉井太郎……34
寺院紹介　法縁山覚正寺……39
広布への師子吼　北陸布教区（前）……44
身命を捨てて
　―日興上人の御生涯を拝して―㉚
　身延における常随給仕……51
中学生仏教教室　宝塔……54
アラカルト　総本山任務者研修会……57
折伏の手引き　立正佼成会（後）……62
布教講演
　着実な折伏の実践により
　本年の誓願を達成しよう
　山梨県甲府市　正光寺住職
　島田靖道御尊師……66
仏教読本　仏の本体と十種の境界……73
信心の原点⑪
　法華講の源流　師弟相対の信心（一）……76
総本山だより　教師補任式……80
コミック　阿仏房物語
　＝最後の別れ＝……84

八月号（一二三九号）

グラビア　第四回台湾法華講総会……1
御法主日如上人猊下御指南
　慣れや惰性からの脱却……6
御書拝読　種々御振舞御書……8
仏教探訪　中国仏教㉑
　隋時代（二）章安大師灌頂……15
よい子の仏教　鼓笛隊の目的……18

妙法の唱え閻浮に絶えず（94）
「異体同心に国境なし」　チリ共和国 …… 21
講員50％増を目指して
大阪府高槻市　妙恵寺支部（後編）…… 22
折伏の手引き　天理教（前）…… 31
中学生仏教教室　登山 …… 36
寺院紹介　大洞山善修寺 …… 39
布教講演　残り時間
宗務院布教部主任
総本山塔中妙遠坊住職
南條信聰御尊師 …… 44
なるほどなっとく！Q&A
夏休みを有意義に過ごすには？…… 50
身命を捨てて
―日興上人の御生涯を拝して―㉛
南条家と新田家への教導 …… 54
講中アラカルト　佐渡塚原跡地植樹会 …… 57
仏教読本　自由を束縛する煩悩（一）…… 61
広布への師子吼　北陸布教区（後）…… 64
体験発表　周りを思い、人のために！
山梨県覚宝寺支部　安田美由紀 …… 71
信心の原点⑫
法華講の源流　師弟相対の信心（二）…… 76
総本山だより　法華講夏期講習会 …… 80
コミック　阿仏房物語
＝最後の闘い＝ …… 84

九月号（二四〇号）

グラビア
法華講中等部・高等部合宿 …… 1
御法主日如上人猊下御指南
相手を思う一念で折伏を …… 6
御書拝読　種々御振舞御書 …… 8
仏教探訪　中国仏教㉒
隋時代（三）
嘉祥大師吉蔵・晋王楊広 …… 15
よい子の仏教　御僧侶を敬う …… 18
妙法の唱え閻浮に絶えず（95）
「明るく、元気に折伏を実践」
イタリア …… 21
講員50％増を目指して
大阪市淀川区　妙栄寺支部（前編）…… 22
仏教読本
自由を束縛する煩悩（二）…… 30
身命を捨てて
―日興上人の御生涯を拝して―㉜
甲斐・駿河方面への弘教の展開 …… 33
中学生仏教教室　六道 …… 36
寺院紹介　無上山法恵寺 …… 39
広布への師子吼　台湾（前）…… 44
なるほどなっとく！Q&A
知恩報恩ってな〜に？…… 53
講中アラカルト　台湾・妙照院
創立十周年記念移転落慶法要 …… 57
布教講演
今こそ大御本尊への絶対の確信をもって
和歌山県有田市　福生寺住職
菅原信稔御尊師 …… 62
折伏の手引き　天理教（後）…… 68
体験発表
大病を克服し　更なる広布を決意
宮城県善修寺支部　澤田裕輔 …… 72
信心の原点⑬　所作仏事 …… 76
総本山だより
法華講連合会結成五十周年記念大会
全国鼓笛隊コンクール …… 80
コミック　阿仏房物語
＝病との闘い＝ …… 84

十月号（二四一号）

グラビア　海外信徒夏期研修会 …… 1
御法主日如上人猊下御指南
折伏はだれでもできる …… 6
御書拝読　崇峻天皇御書 …… 8

仏教探訪　中国仏教㉓
唐時代（一）建国　玄奘三蔵 …… 15
よい子の仏教　知恩報恩 …… 18
妙法の唱え闇浮に絶えず（96）
「ハワイ広布を目指して」
ハワイ　本誓寺 …… 21
講員50％増を目指して
大阪市淀川区　妙栄寺支部（後編） …… 22
折伏の手引き　霊友会（前） …… 30
仏教読本
自由を束縛する煩悩（三） …… 34
中学生仏教教室　仲秋の夜空 …… 36
寺院紹介　心山見仏寺 …… 39
広布への師子吼　台湾（後） …… 44
なるほどなっとく！Q＆A
「立正安国」ってな〜に？ …… 53
講中アラカルト　台湾活動状況報告 …… 57
布教講演
異体同心の折伏実行で広布へ前進
東京都府中市　大修寺住職
國島道保御尊師 …… 62
身命を捨てて
―日興上人の御生涯を拝して―㉝
日目上人の入門 …… 69
体験発表
顕正会で作った罪障は
この信心で消していく！
長野県開法寺支部　佐藤征二 …… 72
信心の原点⑭　所作仏事
御本尊の御安置とお給仕 …… 76
総本山だより　行学講習会
法華講中等部・高等部合宿 …… 80
コミック　阿仏房物語
＝病を押して＝ …… 84

十一月号（二四二号）

グラビア　寛師会 …… 1
御法主日如上人猊下御指南
折伏した人を育成する …… 6
御書拝読　如説修行抄 …… 8
仏教探訪　中国仏教㉔
唐時代（二）則天武后と邪教の興隆 …… 15
よい子の仏教　御命題達成に向けて …… 18
妙法の唱え闇浮に絶えず（97）
「真の寂光土を目指して
自行化他の信行に邁進」
コロンビア共和国 …… 21
講員50％増を目指して
大阪府豊中市　本教寺支部（前編） …… 22
折伏の手引き　霊友会（後） …… 31
なるほどなっとく！Q＆A
七五三ってな〜に？ …… 35
寺院紹介　妙観院 …… 39
布教講演
難来たるを以て安楽と意得べきなり
千葉市若葉区　眞光寺住職
新井契道御尊師 …… 44
身命を捨てて
―日興上人の御生涯を拝して―㉞
駿河弘教と
実相寺・四十九院の法難 …… 51
中学生仏教教室　口に入れる …… 54
講中アラカルト
福島県いわき市・妙法寺
第二十二代住職和合阿闍梨日如贈上人
第二百回忌法要 …… 57
仏教読本　仏教の組織と体系 …… 61
広布への師子吼　南四国布教区（前） …… 64
体験発表　広布のお役に立ちたい
広島県善照寺支部　友成知佳子 …… 72
信心の原点⑮　所作仏事　合掌と数珠 …… 76
総本山だより
日蓮正宗教学研鑽所開所式・
宗祖御難会 …… 80

コミック　阿仏房物語（最終回）
=多宝塔の中で= …… 84

十二月号（二四三号）

グラビア
十一月度広布唱題会・支部総登山 …… 1
御法主日如上人猊下御指南
日蓮正宗の信心 …… 6
御書拝読　生死一大事血脈抄 …… 8
仏教探訪　中国仏教㉕
唐時代（三）妙楽大師湛然 …… 15
よい子の仏教　分々の御奉公 …… 18
妙法の唱え閻浮に絶えず（98）
「育成が更に大きな育成につながるよう、
実行前進の日々」
台湾・高雄市　法宣院 …… 21
講員50％増を目指して
大阪府豊中市　本教寺支部（後編） …… 22
仏教読本
四つの教化法　蔵教という教え（一） …… 31
なるほどなっとく！Q＆A
身の供養ってな〜に？ …… 35
寺院紹介　大東山正玄寺 …… 39
布教講演
三界の火宅より衆生を抜済せん
福岡県行橋市　要言寺住職
濵津治道御尊師 …… 44
折伏の手引き　佛所護念会教団（前） …… 50
中学生仏教教室　メモリー …… 54
講中アラカルト
山梨県身延町・有明寺
創立五百四十五周年記念法要 …… 57
身命を捨てて
―日興上人の御生涯を拝して―㉟
熱原法難（一） …… 61
広布への師子吼　南四国布教区（後） …… 64
体験発表
癌を乗り越えて法統相続
北海道正法寺支部　能代健蔵 …… 71
信心の原点⑯　所作仏事　勤行（一） …… 76
総本山だより　寛師会 …… 80
コミック　日蓮大聖人物語
=戦乱の中で= …… 84

平成25年

2013

一月号（二四四号）

グラビア　日蓮大聖人御大会 …… 4
新年の辞　御法主日如上人猊下 …… 6
御書拝読　異体同心事 …… 8
仏教探訪　中国仏教㉖　唐時代（四）
玄宗　善無畏　金剛智　不空 …… 15
よい子の仏教　因縁と使命 …… 18
妙法の唱え閻浮に絶えず（99）
「僧俗一致の精進を」
ロサンゼルス　妙法寺 …… 21
講員50％増を目指して
栃木県小山市　教徳院支部（前編） …… 22
折伏の手引き　佛所護念会教団（後） …… 32
なるほどなっとく！Q＆A
御影堂ってな〜に？ …… 35
寺院紹介　正円山興徳寺 …… 39
布教講演　唱題は折伏の原動力
京都市東山区　住本寺住職
阿部郭道御尊師 …… 44

仏教読本
四つの教化法　蔵教という教え（二）…… 51
中学生仏教教室　紙の効果 …… 54
講中アラカルト　熊本県阿蘇市・長照寺
復興奉告法要 …… 57
身命を捨てて
―日興上人の御生涯を拝して―㊱
熱原法難（二）…… 61
広布への師子吼　大阪北布教区（前）…… 64
体験発表　最高の親孝行ができた!!
高知県大信寺支部　西川政男 …… 72
信心の原点⑰　所作仏事　勤行（二）…… 76
総本山だより　日蓮大聖人御大会 …… 80
コミック　日蓮大聖人物語
＝善日麿は砂遊び＝ …… 84

二月号（二四五号）

グラビア　法華講連合会初登山会 …… 1
御法主日如上人猊下御指南
「団結前進の年」の信行 …… 6
御書拝読　乙御前御消息 …… 8
仏教探訪　中国仏教㉗
唐以降の中国仏教 …… 15
よい子の仏教　お別れ御講 …… 18
妙法の唱え閻浮に絶えず（100）
地球規模で躍進する法華講衆 …… 21
講員50％増を目指して
栃木県小山市　教徳院支部（後編）…… 24
折伏の手引き　世界救世教 …… 31
なるほどなっとく！Q&A
節分ってな〜に？ …… 37
寺院紹介　自然山佛知寺 …… 41
布教講演
尊い時間をムダにせず広布へ前進しよう
長野県飯田市　恵光寺住職
細井正玉御尊師 …… 46
仏教読本
四つの教化法　通教という教え …… 53
中学生仏教教室　立志 …… 56
身命を捨てて
―日興上人の御生涯を拝して―㊲
天奏と弘安の役 …… 59
広布への師子吼　大阪北布教区（後）…… 62
リレー体験発表
良い縁をつないで
千葉県法道寺支部　福田吉髙
勤行・唱題が生活の一部に
米澤早恵 …… 70
信心の原点⑱　所作仏事　勤行（三）…… 76
総本山だより　元旦勤行 …… 80
コミック　日蓮大聖人物語
＝善日麿の疑問＝ …… 84

三月号（二四六号）

グラビア　節分会 …… 1
御法主日如上人猊下御指南
大聖人御出現の目的は広宣流布 …… 6
御書拝読　千日尼御前御返事 …… 8
仏教探訪　日本仏教①
仏教公伝以前の思想 …… 15
よい子の仏教（最終回）温故知新 …… 18
妙法の唱え閻浮に絶えず（101）
台湾　妙徳寺　創立十周年記念法要 …… 21
講員50％増を目指して
東京都杉並区　佛乗寺支部（前編）…… 22
仏教読本
四つの教化法　別教という教え …… 31
なるほどなっとく！Q&A
三月八日はなんの日？ …… 35
寺院紹介　太洋山法清寺 …… 39
布教講演　総力を集結し、御命題成就へ
岩手県奥州市　宝器寺住職
山崎信理御尊師 …… 44

折伏の手引き　ＰＬ教団（前）……51
中学生仏教教室　諸天善神……54
講中アラカルト　千葉県我孫子市・啓正寺
災害復興新築落慶法要……57
身命を捨てて
—日興上人の御生涯を拝して—㊳
（最終回）大聖人御入滅と
唯授一人の血脈承継……61
広布への師子吼　青森布教区（前）……64
体験発表　体験が信心を深める
広島県興福寺支部　池田肇……71
信心の原点⑲
所作仏事　臨終の大事（一）……76
総本山だより　節分会・寒経……80
コミック　日蓮大聖人物語
＝タタリ＝……84

四月号（二一四七号）

グラビア
宗祖御誕生会並びに五重塔お塔開き……1
御法主日如上人猊下御指南
真剣に一人が一人の折伏を……6
御書拝読　観心本尊抄……8
なるほどなっとく！Q&A
雪山の寒苦鳥ってな〜に？……14
仏教探訪
日本仏教②　古代の仏教……18
妙法の唱え閻浮に絶えず（102）
「自国における正法興隆に邁進」
ペルー共和国……21
講員50％増を目指して
東京都杉並区　佛乗寺支部（後編）……22
折伏の手引き
ＰＬ教団（後）……31
中学生仏教教室　仏語……36
寺院紹介　随義山実説寺……39
布教講演　折伏は真剣なる求道心から
東京都世田谷区　善福寺住職
木村信龍御尊師……44
体験発表
師弟相対・異体同心の信心の大切さ
奈良県仏覚寺支部　森田そよ……51
仏教読本
四つの教化法　円教という教え（一）……55
広布への師子吼　青森布教区（後）……59
信心の原点⑳
所作仏事　臨終の大事（二）……66
総本山だより
宗祖御誕生会並びに
五重塔お塔開き・興師会……70
コミック　日蓮大聖人物語
＝末法の世相＝……74

五月号（二一四八号）

グラビア　法華講連合会第五十回総会……1
御法主日如上人猊下御指南
誓願達成の秘訣……6
御書拝読　乙御前母御書……8
なるほどなっとく！Q&A
不軽菩薩について教えて……14
仏教探訪　日本仏教③
聖徳太子と仏教興隆（一）……18
妙法の唱え閻浮に絶えず（103）
「信心の歓喜の輪をひろげて」
大韓民国　釜山布教所……21
講員50％増を目指して
和歌山県有田市　福生寺支部（前編）……22
折伏の手引き　妙智曾教団（前）……32
中学生仏教教室　一仏乗……36
寺院紹介　具足山妙頂寺……39
布教講演
志高く仏様のお使いを果たそう
愛知県犬山市　妙典寺住職
小竹正素御尊師……44

体験発表
一千万人に一人のガン　完治に向けて
埼玉県日成寺支部　山田優姫……51
仏教読本
四つの教化法　円教という教え（二）…54
広布への師子吼　福島布教区（前）……57
信心の原点㉑
所作仏事　日蓮正宗の葬儀（一）……66
総本山だより　得度式・大坊在勤式……70
コミック　日蓮大聖人物語
＝善日麿の出家騒動＝……74

六月号（二四九号）

グラビア　教師補任式……1
御法主日如上人猊下御指南
折伏の動きを止めない……6
御書拝読　妙一尼御前御返事……8
なるほどなっとく！Q＆A
孝養ってな～に？……14
仏教探訪　日本仏教④
聖徳太子と仏教興隆（二）……18
妙法の唱え閻浮に絶えず（104）
「遠くとも菩提寺に連なり広布へ前進」
ニューヨーク妙説寺（カナダ東部）…21
講員50％増を目指して
和歌山県有田市　福生寺支部（後編）…22
仏教読本　四つの教化方式・
釈尊一代五時の説法……30
折伏の手引き　妙智曾教団（後）……34
中学生仏教教室　カースト（身分制度）…36
寺院紹介　熱原山龍泉寺……39
布教講演
法華経より折伏を学ぶ
～力を合わせて折伏実践～
山口県岩国市　弘法寺住職
髙橋正芳御尊師……44
信心の原点㉒
所作仏事　日蓮正宗の葬儀（二）……50
体験発表　私に課せられた使命
岐阜県経行寺支部　加藤ゆき子……54
講中アラカルト
福島県三春町・法華寺
開創四百年記念法要……57
広布への師子吼　福島布教区（後）……61
総本山だより　教師補任式・立宗会……70
コミック　日蓮大聖人物語
＝闘う善日磨＝……74

七月号（二五〇号）

グラビア　法華講夏期講習会……1
御法主日如上人猊下御指南
十月末までに全支部誓願達成を……6
御書拝読
南条兵衛七郎殿御書……8
なるほどなっとく！Q＆A
奉安堂について教えて……14
仏教探訪　日本仏教⑤
飛鳥・奈良時代の仏教（一）……18
妙法の唱え閻浮に絶えず（105）
「名実共に50％増を目指して」
台湾　妙行院……21
講員50％増を目指して
岐阜県美濃市　本玄寺支部（前編）……22
仏教読本　釈尊一代五時の説法（二）……31
折伏の手引き　真如苑（前）……35
寺院紹介　妙経山法貴寺……39
布教講演
折伏とは
法華経の命を継ぐ人を育てること
宗務院海外部長　本山妙蓮寺住職
漆畑行雄御尊師……44

体験発表
母を救うのは御本尊様だけ
それを伝えられるのは私だけ
長野県妙照寺支部　橋本由紀子 …… 51
中学生仏教教室
今まさにその時 …… 54
講中アラカルト
埼玉県川越市・本種寺
創立五十周年記念法要 …… 57
広布への師子吼
愛媛布教区（前） …… 61
信心の原点㉓
所作仏事　日蓮正宗の葬儀③ …… 68
総本山だより　法華講夏期講習会 …… 72
コミック　日蓮大聖人物語
＝和解＝ …… 76

八月号（二五一号）

グラビア　七月度唱題行 …… 1
御法主日如上人猊下御指南
お題目を第一に …… 6
御書拝読　中興入道御消息 …… 8
なるほどなっとく！Q&A
信心即生活ってな〜に？ …… 14
仏教探訪　日本仏教⑥
飛鳥・奈良時代の仏教（二） …… 18
妙法の唱え閻浮に絶えず(106)
「遠距離をものともせず異体同心
御命題達成へ」　シカゴ　妙行寺 …… 21
講員50％増を目指して
岐阜県美濃市　本玄寺支部（後編） …… 22
折伏の手引き　真如苑（後） …… 29
布教講演　折伏と育成・御講参詣
横浜市神奈川区　応顕寺住職
早瀬道寧御尊師 …… 34
寺院紹介　慧光山妙隆寺 …… 39
信心の原点㉔　謗法厳戒　謗法とは …… 44
広布への師子吼　愛媛布教区（後） …… 48
講中アラカルト
大分県豊後大野市・本種山妙益寺（旧妙益院）
移転新築・寺号公称
板御本尊入仏法要 …… 57
仏教読本　釈尊一代五時の説法（三） …… 61
中学生仏教教室　大日蓮華山 …… 64
体験発表　折伏成就で境涯ひらく
京都府妙清寺支部　大田実佳 …… 67
総本山だより　富士学林研究科春季開講・
七月度唱題行 …… 72
コミック　日蓮大聖人物語
＝浄顕の改心＝ …… 76

九月号（二五二号）

グラビア
法華講中等部・高等部合宿 …… 1
御法主日如上人猊下御指南
信力・行力を奮い起こして …… 6
御書拝読　法華初心成仏抄 …… 8
なるほどなっとく！Q&A
お彼岸とお墓参り …… 14
仏教探訪　日本仏教⑦
奈良時代の仏教　鑑真（一） …… 18
妙法の唱え閻浮に絶えず(107)
「心は常に大御本尊様のもとにあり」
ブラジル　正法寺 …… 21
講員50％増を目指して
岩手県花巻市　法王寺支部（前編） …… 22
折伏の手引き
大山祇命神示教会（前） …… 29
布教講演　折伏を実践するに当たって
山口県周南市　妙頂寺住職
三井共道御尊師 …… 32
寺院紹介　常楽山得妙寺 …… 39
信心の原点㉕
謗法厳戒　謗法厳誡の歴史 …… 44

中高生のためのやさしい教学
心と体の関係 …… 48

リレー体験発表　同じ目的に向かって
大阪府本教寺支部
粉河恒明・真崎絹子 …… 52

講中アラカルト　奈良県平群町・法雲寺
創立五十周年記念法要 …… 57

広布への師子吼
北海道第二布教区（前） …… 61

仏教読本　釈尊一代五時の説法（四） …… 69

総本山だより
法華講連合会少年部合宿登山 …… 72

コミック　日蓮大聖人物語
＝善日麿の祈り＝ …… 76

十月号（二一五三号）

グラビア　盂蘭盆会・墓参の儀 …… 1

御法主日如上人猊下御指南
十月中に全支部が誓願達成を …… 6

御書拝読　南条殿御返事 …… 8

なるほどなっとく！Q&A
お会式のお飾りについて教えて？ …… 14

仏教探訪　日本仏教⑧
奈良時代の仏教　鑑真（二） …… 18

妙法の唱え閻浮に絶えず（108）
「創立二十周年を迎え、御影堂大改修
落慶大法要までに折伏誓願達成を！」
スペイン　妙昌寺 …… 21

講員50％増を目指して
岩手県花巻市　法王寺支部（後編） …… 22

折伏の手引き
大山祇命神示教会（後） …… 30

布教講演
謗ずる人は大海、進む人は一渧なり
総本山塔中理境坊在勤
小川正豪御尊師 …… 33

寺院紹介　常住山本教寺 …… 39

中高生のためのやさしい教学
広宣流布について考えてみよう …… 44

広布への師子吼
北海道第二布教区（後） …… 48

講中アラカルト
北海道函館市・正法寺
創立百二十周年記念法要並びに
三師塔開眼法要 …… 57

仏教読本　法華経という教え …… 61

体験発表　総本山任務の喜び
兵庫県感応寺支部　市川知子 …… 64

信心の原点㉖
謗法厳戒（三）謗法の果報 …… 68

総本山だより　行学講習会
法華講中等部・高等部合宿 …… 72

コミック　日蓮大聖人物語
＝善日麿の向学心＝ …… 76

十一月号（二一五四号）

グラビア　アフリカ・ガーナ　法華寺
創立十五周年記念法要 …… 1

御法主日如上人猊下御指南
地域における大法弘通の法城として …… 6

御書拝読　南条殿御返事 …… 8

なるほどなっとく！Q&A
御影堂大改修
落慶記念法要ってな〜に？ …… 14

仏教探訪　日本仏教⑨
奈良時代の仏教　鑑真（三） …… 18

妙法の唱え閻浮に絶えず（109）
「根深葉茂（根深ければ枝繁し）」
台湾　本興院 …… 21

講員50％増を目指して
福岡県筑紫野市　信法寺支部（前編） …… 22

体験発表　パニック障害を乗り越えて
広島県興福寺支部　佐々木景子 …… 29

布教講演　成仏は持つにあり
宗務院教学部主任
総本山塔中妙住坊住職
田畑道権御尊師 …… 32
寺院紹介　向陽山佛乘寺 …… 39
折伏の手引き　生長の家（前） …… 44
中高生のためのやさしい教学
災いは口より出でて身をやぶる …… 48
仏教読本　法華経迹門の要綱
（序品第一・方便品第二〈その一〉） …… 52
講中アラカルト
福島県須賀川市・廣宣寺
創立百三十周年記念法要並びに
東日本大震災復旧工事完了法要 …… 57
広布への師子吼　岐阜布教区（前） …… 61
信心の原点㉗
謗法厳戒（四）実生活の中の謗法 …… 68
総本山だより
第六十二回全国教師講習会
第一回日蓮正宗教学研鑽所
発表大会 …… 72
コミック　日蓮大聖人物語
＝善日麿の志＝ …… 76

十二月号（二五五号）

グラビア
御影堂御本尊並びに
宗祖御影御遷座式 …… 1
御法主日如上人猊下御指南
救済する方途はただ一つ …… 6
御書拝読　阿仏房御書 …… 8
なるほどなっとく！Q＆A
地涌の菩薩ってな〜に？ …… 14
仏教探訪　日本仏教⑩
奈良時代の仏教　鑑真（四） …… 18
妙法の唱え閻浮に絶えず(110)
「『More shakubuku!!（もっと折伏を!!）』の合言葉で大前進！」
トーゴ共和国 …… 21
講員50％増を目指して
福岡県筑紫野市　信法寺支部（後編） …… 22
リレー体験発表
一番大切な人を折伏できた喜び
山口県妙宝寺支部　木村侑美子
初信の功徳　木村雅人 …… 29
折伏の手引き　生長の家（後） …… 35
寺院紹介　正説山諦聴寺 …… 39
布教講演　本因妙二千部修行
宗務院教学部主任
総本山塔中南之坊住職
藁科鑑道御尊師 …… 44
仏教読本　法華経迹門の要綱
（方便品第二〈その二〉） …… 50
中高生のためのやさしい教学
陰徳あれば陽報あり …… 54
講中アラカルト　高知県高知市・法厳寺
創立三十周年記念法要 …… 57
広布への師子吼　岐阜布教区（後） …… 61
信心の原点㉘（最終回）
謗法厳戒（五）謗法を破折しよう …… 68
総本山だより　寛師会 …… 72
コミック　日蓮大聖人物語
仏教の大海へ …… 76

平成26年
2014

一月号（二五六号）

グラビア　御影堂大改修落慶大法要 …… 4
新年之辞　御法主日如上人猊下 …… 10

御書拝読　開目抄 …… 12
なるほどなっとく！Q&A
今年の
年間実践テーマを教えてください …… 18
仏教探訪　日本仏教⑪
奈良時代の仏教　鑑真（五） …… 22
妙法の唱え閻浮に絶えず（111）
「御命題三倍達成を目指して」
香港事務所 …… 25
講員50%増を目指して
東京都豊島区　常在寺支部（前編） …… 26
折伏・育成のための基礎教学
宗教批判の原理① …… 33
布教講演
折伏の実践で充実した人生を送ろう
山梨県甲府市　正光寺住職
島田靖道御尊師 …… 37
寺院紹介　荘厳山宝相寺 …… 43
中高生のためのやさしい教学
正月をもてなす …… 48
折伏の手引き　崇教真光（前） …… 52
体験発表
御本尊様から頂いた安心の境界
沖縄県光明寺支部　川崎有希 …… 56
広布への師子吼　宮崎布教区（前） …… 61
仏教読本
法華経迹門の要綱（譬喩品第三） …… 69
総本山だより　日蓮大聖人御大会 …… 72
コミック　日蓮大聖人物語
＝禅を学ぶ善日麿＝ …… 76

二月号（二一五七号）

グラビア
御影堂大改修落慶記念法要 …… 1
御法主日如上人猊下御指南
誓願達成の秘訣 …… 6
御書拝読　開目抄 …… 8
なるほどなっとく！Q&A
目標と誓願について教えてください …… 14
仏教探訪　日本仏教⑫
奈良時代から平安時代へ …… 18
妙法の唱え閻浮に絶えず（112）
「諦めない信心」
サンフランシスコ　妙信寺 …… 21
講員50%増を目指して
東京都豊島区　常在寺支部（後編） …… 22
折伏・育成のための基礎教学
宗教批判の原理② …… 28
中高生のためのやさしい教学　善と悪 …… 32
折伏の手引き　崇教真光（後） …… 36
寺院紹介　本種山仏命寺 …… 39
布教講演　御命題貫徹に向かって
埼玉県東松山市　開徳寺住職
小山宏道御尊師 …… 44
広布への師子吼
宮崎布教区（後） …… 51
講中アラカルト
千葉県鎌ヶ谷市・鎌谷寺
創立四十周年記念法要
並びに客殿入仏法要 …… 57
総本山だより
御影堂大改修落慶記念法要 …… 61
体験発表
息子と力を合わせ嫁の両親を折伏
千葉県長久寺支部　風山清子 …… 66
仏教読本
法華経迹門の要綱
（信解品第四～授記品第六） …… 70
コミック　日蓮大聖人物語
＝得度試験＝ …… 74

三月号（二一五八号）

グラビア　節分会 …… 1
御法主日如上人猊下御指南
勝利の秘訣は異体同心 …… 6

御書拝読　種々御振舞御書 …… 8
なるほどなっとく！Q&A
御観念文と御祈念について
おしえてください …… 14
仏教探訪　日本仏教⑬
平安時代　伝教大師最澄（一） …… 18
妙法の唱え閻浮に絶えず（113）
「勢いの源は唱題と一体感」
台湾　法秀院 …… 21
講員50％増を目指して
石川県白山市　最教寺支部（前編） …… 22
折伏の手引き
世界基督教統一神霊協会（前） …… 31
折伏・育成のための基礎教学
宗教批判の原理③ …… 35
寺院紹介　正法山覚宝寺 …… 39
布教講演「貫徹」するために
滋賀県草津市　啓道寺住職
大藪道宗御尊師 …… 44
体験発表　命ある限り折伏を決意
埼玉県能安寺支部　結城明子 …… 51
中高生のためのやさしい教学
なぜ他宗を邪宗と言うのか …… 54
講中アラカルト
東京都目黒区・妙眞寺
創立八十周年並びに
法華講結成六十五周年記念法要 …… 57
広布への師子吼
南九州布教区〈沖縄〉（前） …… 61
仏教読本　法華経迹門の要綱
（化城喩品第七
～五百弟子受記品第八） …… 68
総本山だより
元旦勤行・法華講新年初登山 …… 72
コミック　日蓮大聖人物語
＝善日麿の決意＝ …… 76

四月号（二一五九号）

グラビア
総本山第二十四世日永上人
第三百回遠忌法要 …… 1
御法主日如上人猊下御指南
末法の仏道修行は自行化他の信心 …… 6
御書拝読　新池御書 …… 8
なるほどなっとく！Q&A
お経とお題目の関係について
おしえてください …… 14
仏教探訪　日本仏教⑭
平安時代　伝教大師最澄（二） …… 18
妙法の唱え閻浮に絶えず（114）
「一歩一歩の前進を」
大韓民国　ソウル布教所 …… 21
講員50％増を目指して
石川県白山市　最教寺支部（後編） …… 22
折伏・育成のための基礎教学
宗教批判の原理④ …… 31
中高生のためのやさしい教学
感謝の心 …… 35
寺院紹介　本法山長久寺 …… 39
布教講演
日興上人に学ぶ師弟相対の信心
千葉県八千代市　正願寺住職
鈴木信福御尊師 …… 44
体験発表　妙とは蘇生の義なり
鹿児島県恵楽寺支部　磯野政子 …… 50
折伏の手引き
世界基督教統一神霊協会（後） …… 54
講中アラカルト
香川県小豆島町・龍王寺
創立四十周年記念法要 …… 57
広布への師子吼
南九州布教区〈沖縄〉（後） …… 61
仏教読本　法華経迹門の要綱
（授学無学人記品第九
～見宝塔品第十一） …… 68
総本山だより　宗祖御誕生会・興師会 …… 72
コミック　日蓮大聖人物語　＝事件＝ …… 76

五月号（二六〇号）

グラビア　得度式 …… 1
御法主日如上人猊下御指南
断固たる決意と勇気をもって …… 6
御書拝読　四条金吾殿御返事 …… 8
なるほどなっとく！Q＆A
護法ってな〜に？ …… 14
仏教探訪　日本仏教⑮
平安時代　伝教大師最澄（三） …… 18
妙法の唱え閻浮に絶えず（115）
「目指せ!!　200％増」
アフリカ　ベナン共和国 …… 21
講員50％増を目指して
福岡県宗像市　遍照寺支部（前編） …… 22
布教講演　時に適った信心
茨城県取手市　法悦院主管
渡部信法御尊師 …… 29
中高生のためのやさしい教学
困難を乗り越える …… 35
寺院紹介　甚深山本地寺 …… 39
体験発表
「明るく、元気に、楽しく」をモットーに！
千葉県佛心寺支部　松崎安代 …… 44
折伏・育成のための基礎教学
十界互具 …… 48
折伏の手引き　天照皇大神宮教（前） …… 52
講中アラカルト
愛媛県今治市・実正寺
創立四十周年記念法要 …… 57
広布への師子吼　愛知西布教区（前） …… 61
仏教読本　法華経迹門の要綱
（提婆達多品第十二
〜安楽行品第十四） …… 68
総本山だより
春季彼岸会・立宗内証宣示報恩会 …… 72
コミック　日蓮大聖人物語
＝波起こる＝ …… 76

六月号（二六一号）

グラビア　御霊宝虫払大法会 …… 1
御法主日如上人猊下御指南
最善の慈悲行こそ折伏 …… 6
御書拝読　松野殿御返事 …… 8
なるほどなっとく！Q＆A
火の信心と水の信心ってな〜に？ …… 14
仏教探訪　日本仏教⑯
平安時代　伝教大師最澄（四） …… 18
妙法の唱え閻浮に絶えず（116）
「異体同心なれば万事を成ず」
セルビア共和国 …… 21
講員50％増を目指して
福岡県宗像市　遍照寺支部（後編） …… 22
中高生のためのやさしい教学
学ぶことの意味 …… 29
広布への師子吼　愛知西布教区（後） …… 33
寺院紹介　法縁山弘妙寺 …… 39
折伏・育成のための基礎教学　十如是 …… 44
折伏の手引き　天照皇大神宮教（後） …… 48
体験発表
支部活動と本山任務と仕事と
埼玉県妙本寺支部　堀江真美 …… 52
講中アラカルト　新潟県上越市・専光寺
創立五十周年記念法要 …… 57
布教講演　下種折伏と育成で御命題達成
福岡県飯塚市　普遍寺住職
近藤謙導御尊師 …… 61
仏教読本　法華経本門の要綱
（従地涌出品第十五
〜如来寿量品第十六（その一）） …… 68
総本山だより　御霊宝虫払大法会 …… 72
コミック　日蓮大聖人物語
＝蓮長の大望＝ …… 76

七月号（二六二号）

グラビア　教師補任式……1
御法主日如上人猊下御指南
折伏すれば、
おのずと自分も救われる……6
御書拝読　上野殿後家尼御返事……8
なるほどなっとく!Q&A
蓮華ってな〜に?……14
仏教探訪　日本仏教⑰
平安時代　伝教大師最澄（五）……18
妙法の唱え閻浮に絶えず（117）
「異体同心の組織で御命題達成を!」
ブラジル
アングラ・ドス・ヘイス布教所……21
講員50%増を目指して
高知県須崎市　照栄寺支部〔前編〕……22
折伏・育成のための基礎教学
六根清浄……30
折伏の手引き　念法眞教（前）……34
寺院紹介　無上山法楽寺……39
広布への師子吼
北近畿布教区（前）……44
体験発表　素直な心で行じた折伏
岩手県宝器寺支部　千葉節子……50
中高生のためのやさしい教学
父母の恩……53
講中アラカルト
群馬県沼田市・浄蓮寺
創立四十周年記念法要……57
布教講演　育成の大事
山口県周南市　妙頂寺住職
三井共道御尊師……61
仏教読本
法華経本門の要綱
（如来寿量品第十六（その二）
〜分別功徳品第十七）……68
総本山だより　立宗会・大行会……72
コミック　日蓮大聖人物語
＝虚々実々＝……76

八月号（二六三号）

グラビア　第十一回法華講夏期講習会……1
御法主日如上人猊下御指南
時や場所を選ばず折伏を……6
御書拝読　四恩抄……8
なるほどなっとく!Q&A
順縁と逆縁ってな〜に?……14
仏教探訪　日本仏教⑱
平安時代　伝教大師最澄（六）……18
妙法の唱え閻浮に絶えず（118）
「真実の幸せを求めて」
ワシントンD.C.　妙宣寺……21
講員50%増を目指して
高知県須崎市　照栄寺支部〔後編〕……22
折伏・育成のための基礎教学
即身成仏……30
体験発表　広布のお役に立ちたい!!
千葉県弾正寺支部　福本隆夫……34
寺院紹介　信解山得浄寺……39
折伏の手引き　念法眞教（後）……44
布教講演　力強く使命を遂行しよう
岩手県花巻市　法王寺住職
原田篤道御尊師……48
中高生のためのやさしい教学
善知識と悪知識……53
講中アラカルト
さいたま市大宮区・正因寺
復帰奉告法要並びに
第三代住職入院式……57
広布への師子吼　北近畿布教区（後）……61

仏教読本　法華経本門の要綱
（随喜功徳品第十八
～常不軽菩薩品第二十）……68
総本山だより　法華講夏期講習会……72
コミック　日蓮大聖人物語
＝それぞれの思惑＝……76

九月号（二六四号）

グラビア
法華講中等部・高等部合宿……1
御法主日如上人猊下御指南
共に折伏に歩き、共に広布を語り……6
御書拝読　三三蔵祈雨事……8
なるほどなっとく！Q&A
十四誹謗ってな～に？……14
仏教探訪　日本仏教⑲
平安時代　伝教大師最澄（七）……18
妙法の唱え閻浮に絶えず（119）
「異体同心し、
法華講員50％増の御命題達成を！」
イギリス……21
講員50％増を目指して
熊本県八代市　法観寺支部〔前編〕……22
仏教読本　法華経本門の要綱
（如来神通力品第二十一
～嘱累品第二十二）……29
布教講演　折伏貫徹で三宝へ御報恩
大石寺大坊内　細井信哲御尊師……32
寺院紹介　久遠山正蓮寺……39
折伏・育成のための基礎教学
十二因縁……44
中高生のためのやさしい教学
器の四失……48
体験発表　お題目の力はすごい！
埼玉県日成寺支部　山田優姫……52
講中アラカルト　大阪市住吉区・妙輪寺
創立三十周年記念法要……57
広布への師子吼　秋田布教区（前）……61
折伏の手引き　金光教（前）……68
総本山だより　法華講中等部・高等部合宿
法華講連合会少年部合宿……72
コミック　日蓮大聖人物語
＝悪知恵のゆくえ＝……76

十月号（二六五号）

グラビア
第十七回海外信徒夏期研修会……1
御法主日如上人猊下御指南
広宣流布の大きなうねりを作ろう……6
御書拝読　寂日房御書……8
なるほどなっとく！Q&A
「申状」ってな～に？……14
仏教探訪　日本仏教⑳
平安時代　伝教大師最澄（八）……18
妙法の唱え閻浮に絶えず（120）
「御命題を達成した喜びで
さらなる飛躍を!!」台湾　正行院……21
講員50％増を目指して
熊本県八代市　法観寺支部〔後編〕……22
コミック　日蓮大聖人物語
＝遊学のきざし＝……30
仏教読本　法華経本門の要綱
（薬王菩薩本事品第二十三
～妙音菩薩品第二十四）……36
寺院紹介　大雲山法龍寺……39
布教講演
悔いなき人生・幸福な人生を送るために
大石寺大坊内　野中信栄御尊師……44
中高生のためのやさしい教学
上求菩薩・下化衆生……52
広布への師子吼　秋田布教区（後）……56
折伏の手引き　金光教（後）……64
体験発表　妙音と仲間に支えられて
岐阜県本玄寺支部　伊地田聖子……68

折伏・育成のための基礎教学　宿業 …… 72
総本山だより　盂蘭盆会 …… 76

十一月号（二六六号）

グラビア　寛師会 …… 1
御法主日如上人猊下御指南
みんなで折伏していこう …… 6
御書拝読　四条金吾殿御返事 …… 8
なるほどなっとく！Q&A
茶毘ってな～に？ …… 14
仏教探訪　日本仏教㉑
平安時代　伝教大師最澄（九） …… 18
妙法の唱え閻浮に絶えず（121）
「道のとをきに
こころざしのあらわるゝにや」
トリニダード・トバゴ …… 21
講員50％増を目指して
群馬県榛東村　善成寺支部〔前編〕 …… 22
折伏の手引き　本門佛立宗（前） …… 28
中高生のためのやさしい教学
勤行の大事 …… 32
仏教読本　法華経本門の要綱
（観世音菩薩普門品第二十五
～陀羅尼品第二十六） …… 36
寺院紹介　福聚山安明寺 …… 39
布教講演　艱難汝を玉にす
東京都世田谷区　善福寺住職
木村信龍御尊師 …… 44
体験発表
この信心をしていて良かった
岐阜県経説寺支部　岡田昭子 …… 51
講中アラカルト
福島県中島村・本法寺
開創四百年記念
東日本大震災復旧復興奉告法要 …… 57
広布への師子吼　南近畿布教区（前） …… 61
折伏・育成のための基礎教学
色心不二 …… 68
総本山だより
宗祖御難会・秋季彼岸会 …… 72
コミック　日蓮大聖人物語
＝遊学への一歩＝ …… 76

十二月号（二六七号）

グラビア　十一月度広布唱題会 …… 1
御法主日如上人猊下御指南
必ず願いは達成できる …… 6
御書拝読　撰時抄 …… 8
なるほどなっとく！Q&A
小松原法難って？ …… 14
仏教探訪　日本仏教㉒
平安時代　真言宗の祖・空海 …… 18
妙法の唱え閻浮に絶えず（122）
「蒼蝿驥尾に附して万里を渡る」
カナダ　妙正寺 …… 21
講員50％増を目指して
群馬県榛東村　善成寺支部〔後編〕 …… 22
布教講演　自行と化他行こそ
栃木県栃木市　信行寺住職
長野鍛道御尊師 …… 29
中高生のためのやさしい教学
依正不二 …… 35
寺院紹介　諦聴山教説寺 …… 39
折伏の手引き　本門佛立宗（後） …… 44
コミック　日蓮大聖人物語
＝遊学への道＝ …… 48
体験発表　多くの方に支えられ
神奈川県正継寺支部　永登美幸 …… 54
講中アラカルト　福島県喜多方市・万宝寺
創立四十周年記念法要 …… 57
仏教読本　法華経本門の要綱
（妙荘厳王本事品第二十七
～普賢菩薩勧発品第二十八） …… 61
折伏・育成のための基礎教学
四苦八苦 …… 65

総本山だより　寛師会 …… 69
広布への師子吼　南近畿布教区（後） …… 73

平成27年
2015

一月号（二一六八号）

グラビア　日蓮大聖人御大会 …… 4
新年之辞　御法主日如上人猊下 …… 6
御書拝読　報恩抄 …… 8
なるほどなっとく！Q&A　今年の年間実践テーマを教えて …… 14
仏教探訪　日本仏教㉓　平安時代末から鎌倉時代へ　浄土宗の祖・法然　浄土真宗の祖・親鸞 …… 18
妙法の唱え閻浮に絶えず（123）「ヨーロッパの西端　テネリフェ出張所より折伏の歓喜を！」　スペイン　テネリフェ出張所 …… 21
講員50％増を目指して　東京都豊島区　法道院支部〔前編〕 …… 22
仏教読本　釈尊化導の完結 …… 31
中高生のためのやさしい教学　魔の通力 …… 35
寺院紹介　法光山正安寺 …… 39
布教講演　全支部50％増の御命題達成を目指して　福岡県筑紫野市　信法寺住職　鈴木道雅御尊師 …… 44
体験発表　講中全員が立ち上がろう！　長野県威徳寺支部　田中隆司 …… 51
折伏の手引き　阿含宗（前） …… 54
講中アラカルト　長野県軽井沢町・妙照寺　創立六十周年記念法要 …… 57
広布への師子吼　福岡西布教区（前） …… 61
折伏・育成のための基礎教学　一水四見 …… 68
総本山だより　日蓮大聖人御大会 …… 72
コミック　日蓮大聖人物語　＝唐　天竺の果てまでも＝ …… 76

二月号（二一六九号）

グラビア　敬台院殿妙法日詔大姉　第三百五十回遠忌法要 …… 1
御法主日如上人猊下御指南　全力を傾注して …… 6
御書拝読　日興遺誡置文 …… 8
なるほどなっとく！Q&A　日興上人様のお徳について教えて① …… 14
仏教探訪　日本仏教㉔　臨済宗の祖・栄西　曹洞宗の祖・道元 …… 18
妙法の唱え閻浮に絶えず（124）「さらなる広布への出陣」　シンガポール　開妙院 …… 21
講員50％増を目指して（最終回）　東京都豊島区　法道院支部（後編） …… 22
コミック　日蓮大聖人物語　＝蓮長の覚悟＝ …… 30
体験発表　正法を一人でも多くの方に　広島県興福寺支部　河野広子 …… 36
寺院紹介　新興山正覚寺 …… 39
布教講演　折伏の精神　山口県周南市　妙頂寺住職　三井共道御尊師 …… 44
中高生のためのやさしい教学　慢心 …… 50
仏教読本　釈尊化導の眼目　華厳宗の要旨（その一） …… 54
講中アラカルト　徳島県三好市・皆妙寺　創立三十五周年記念法要 …… 57

広布への師子吼（最終回）
福岡西布教区（後）……61
折伏の手引き　阿含宗（後）……69
折伏・育成のための基礎教学
身口意の三業……73
総本山だより　元旦勤行……77

三月号（二七〇号）

グラビア　法華講新年初登山……1
御法主日如上人猊下御指南
一人ひとりが如来の使いとして……8
御書拝読　日興跡条々事……10
なるほどなっとく！Q＆A
日興上人様のお徳について教えて②……16
仏教探訪（最終回）日本仏教㉕
法華の系譜　下種仏法の出現……20
妙法の唱え閻浮に絶えず（125）
新たな御命題に向かう世界の同志……23
展示紹介　日興上人の御生涯と富士の正義
四信五品抄、日蓮一期弘法付嘱書……27
80万人体勢構築に向かって
埼玉県所沢市　能安寺支部〔前編〕……28
仏教読本
華厳宗の要旨（その二）
～律宗の要旨（その一）……35
コミック　日蓮大聖人物語
＝鶴岡八幡宮へ＝……39
講中アラカルト
福岡県久留米市・霑妙寺
妙寿日成貴尼第百回遠忌並びに
九州開教百五十年記念法要……45
布教講演
日興上人御生誕を祝し御報恩の折伏行を
東京都府中市　大修寺住職
國島道保御尊師……49
折伏の手引き　ほんみち（前）……55
中高生のためのやさしい教学
十界の命……59
寺院紹介　良円山住本寺……63
体験発表　御本尊様のお力で変わった！
鹿児島県蓮秀寺支部　弓削昇……68
折伏・育成のための基礎教学
貪瞋癡の三毒……72
総本山だより　節分会・寒経……76

四月号（二七一号）

今月のグラビア
第二祖日興上人
御生誕七百七十年奉祝大法要……1
妙法の唱え閻浮に絶えず（126）
「すべてお題目を根本に!!」
アルゼンチン布教所……6
御法主日如上人猊下御指南
妙法の功徳を自分一人だけに止めず……10
御書拝読　三三蔵祈雨事……12
なるほどなっとく！Q＆A
三門ってな～に？……18
体験発表
一枚のリーフレットが人を救う
静岡県持妙寺支部　浅野眞……22
展示紹介　日興上人の御生涯と富士の正義
日興上人・日目上人御筆十通・
宗祖御筆集十六通……25
80万人体勢構築に向かって
埼玉県所沢市　能安寺支部〔後編〕……26
仏教読本
律宗の要旨（その二）
～浄土宗の要旨……33

コミック　日蓮大聖人物語
＝蓮長の智慧＝ …… 37
講中アラカルト
山梨県富士川町・白蓮寺
日興上人御生誕七百七十年記念法要
並びに新記念碑除幕式 …… 43
布教講演
崇高なる使命の自覚と遂行
大阪府高槻市　妙恵寺住職
西岡雄信御尊師 …… 47
折伏の手引き　ほんみち（後） …… 53
中高生のためのやさしい教学
師弟相対の大事 …… 57
寺院紹介　国東山壽福寺 …… 61
法華講衆の魁　南条時光① …… 66
折伏・育成のための基礎教学
世法即仏法 …… 70
総本山だより　興師会・
宗祖御誕生会並びに五重塔お塔開き …… 74

五月号（二七二号）

今月のグラビア
第二祖日興上人御生誕七百七十年
奉祝記念法要並びに
法華講員50％増達成記念大会 …… 1
妙法の唱え閻浮に絶えず（127）
「正しい勤行習得を求めて」　タイ …… 6
御法主日如上人猊下御指南
強いて妙法を説く …… 10
御書拝読　南条殿御返事 …… 12
法華講衆の魁　南条時光② …… 18
なるほどなっとく！Ｑ＆Ａ
五重塔ってな〜に？ …… 22
展示紹介　日興上人の御生涯と富士の正義
③南条兵衛七郎殿御書 …… 25
80万人体勢構築に向かって
東京都府中市　大修寺支部〔前編〕 …… 26
折伏の手引き
世界真光文明教団（前） …… 33
コミック　日蓮大聖人物語
＝領主の威力＝ …… 37
法華講員50％増達成記念大会から
全国支部代表発表　我ら、かく戦えり
特別布教区理境坊妙観講支部
佐藤せい子
福岡西布教区霑妙寺支部　永松正直
広島布教区興福寺支部　二井野貞子
大阪南布教区法住寺支部　谷崎盛治郎
大阪北布教区妙栄寺支部　早瀬もと子 …… 43
仏教読本
浄土真宗の要旨〜真言宗の要旨 …… 56
寺院紹介　大光山普照寺 …… 61
折伏・育成のための基礎教学
順縁と逆縁 …… 66
中高生のためのやさしい教学
一眼の亀 …… 70
総本山だより
第二祖日興上人御生誕七百七十年
奉祝大法要 …… 74

六月号（二七三号）

今月のグラビア
三門大改修並びに五重塔修復着工法要
第二祖日興上人御生誕七百七十年
奉祝記念法要並びに法華講員
50％増達成記念大会（海外） …… 1
御法主日如上人猊下御指南
一切衆生救済の大願に立つ …… 10
御書拝読　聖愚問答抄 …… 12
法華講衆の魁　南条時光③ …… 18
なるほどなっとく！Ｑ＆Ａ
法衣ってな〜に？ …… 22
展示紹介　日興上人の御生涯と富士の正義
④卿公御返事 …… 25

80万人体勢構築に向かって
東京都府中市　大修寺支部〔後編〕……26
折伏の手引き　世界真光文明教団（後）…34
コミック　日蓮大聖人物語
＝大蔵経を見る＝……37
法華講員50％増達成記念大会から
全国支部代表発表　我ら、かく戦えり
埼玉布教区能安寺支部　磯部泰広
神奈川布教区久遠寺支部　滝和枝
青森布教区専妙寺支部　須藤高雄
北海道第一布教区佛見寺支部　高田好
東京第一布教区法道院支部　影山庄造……43
仏教読本　禅宗の要旨……57
寺院紹介　本円山啓正寺……61
折伏・育成のための基礎教学
依正不二……66
中高生のためのやさしい教学
即身成仏……70
総本山だより　御霊宝虫払大法会……74

七月号（二七四号）

今月のグラビア　教師補任式……1
妙法の唱え閻浮に絶えず（128）
「新入信者が語り伝える信仰の喜び」
メキシコ……6
御法主日如上人猊下御指南
異体同心の団結こそ勝利の要諦……10
御書拝読　日妙聖人御書……12
法華講衆の魁　南条時光④……18
折伏の手引き　エホバの証人（前）……22
展示紹介　日興上人の御生涯と富士の正義
⑤五人所破抄……25
80万人体勢構築に向かって
愛知県犬山市　妙典寺支部〔前編〕……26
体験発表
平成三十三年に向かって元気はつらつと！
京都府妙清寺支部　小島紗千……32
御霊宝虫払大法会布教講演
四法成就の信心で折伏行の実践を
全国布教師　浜松市浜北区　妙重寺住職
早瀬義栄御尊師……36
講中アラカルト　埼玉県草加市・宣行寺
創立三十五周年記念法要……43
なるほどなっとく！Q&A
六壷について教えて？……47
仏教読本
法相宗と三論宗〜天台宗の要旨……51
コミック　日蓮大聖人物語
＝厠の騒動＝……55
寺院紹介　広大山宣明寺……61
折伏・育成のための基礎教学
三障四魔……66
中高生のためのやさしい教学
仏法即世法……70
総本山だより　教師補任式・立宗会……74

八月号（二七五号）

今月のグラビア
第十二回法華講夏期講習会……1
妙法の唱え閻浮に絶えず（129）
「多民族の人々が心を一つに」
マレーシア布教所……6
御法主日如上人猊下御指南
法体の血脈が根本……10
御書拝読　千日尼御前御返事……12
仏教読本　日蓮大聖人の宗旨①……18
体験発表　一番大切なものを守るため
高知県大信寺支部　矢野昌秀……20
展示紹介　日興上人の御生涯と富士の正義
⑥白米二斗御返事・西御坊御返事……25
80万人体勢構築に向かって
愛知県犬山市　妙典寺支部〔後編〕……26

御霊宝虫払大法会布教講演
八十万人体勢構築へ向け常精進の信行を
全国布教師　宗務院教学部副部長
埼玉県鶴ヶ島市　啓信寺住職
宮野審道御尊師 …… 34
折伏の手引き　エホバの証人（後） …… 40
講中アラカルト　山口県岩国市・弘法寺
創立五十周年記念法要 …… 43
なるほどなっとく！Q&A
寛師会ってな〜に？ …… 47
法華講衆の魁　高橋入道夫妻① …… 51
コミック　日蓮大聖人物語
＝神在月って何？＝ …… 55
寺院紹介　本修山感応寺 …… 61
折伏・育成のための基礎教学　七慢 …… 66
中高生のためのやさしい教学　心の財 …… 70
総本山だより　法華講夏期講習会 …… 74

九月号（二一七六号）

今月のグラビア
法華講中等部・高等部合宿 …… 1
妙法の唱え閻浮に絶えず（130）
「笑顔が集う我が法城」
台湾　妙照院 …… 6
御法主日如上人猊下御指南
与えられた時間を広布のために …… 10
御書拝読　上野殿御返事 …… 12
仏教読本　日蓮大聖人の宗旨② …… 18
体験発表　すべて御本尊様のおかげ
千葉県清涼寺支部　梅木まゆみ …… 20
展示紹介　日興上人の御生涯と富士の正義
⑦日興上人御遷化次第・葬列図 …… 25
80万人体勢構築に向かって
福岡市中央区　立正寺支部（前編） …… 26
布教講演
平成三十三年の御命題達成を目指し、
いざ出陣しよう
宗務院布教部副部長
千葉市若葉区　眞光寺住職
新井契道御尊師 …… 33
折伏の手引き　辯天宗（前） …… 39
講中アラカルト　福岡県太宰府市・
大法山妙興寺（旧妙観院九州出張所）
寺号公称板御本尊入仏式 …… 43
なるほどなっとく！Q&A
どうして
仏像を拝んではいけないの？ …… 47
法華講衆の魁　高橋入道夫妻② …… 51
コミック　日蓮大聖人物語
＝大蔵経読了＝ …… 55
寺院紹介　無量山功徳寺 …… 61
折伏・育成のための基礎教学　誓願 …… 66
中高生のためのやさしい教学
なぜ信仰は必要なのか …… 70
総本山だより
法華講中等部・高等部合宿
法華講連合会少年部合宿 …… 74

十月号（二一七七号）

今月のグラビア
第十八回海外信徒夏期研修会 …… 1
妙法の唱え閻浮に絶えず（131）
「いつの日か私の町に法城を」
フィリピン …… 6
御法主日如上人猊下御指南
一歩前進の信心を …… 10
御書拝読　土篭御書 …… 12
布教講演　求道心で実践しよう
富山県富山市　妙顕寺住職
竹内雄寧御尊師 …… 18
展示紹介　日興上人の御生涯と富士の正義
⑧年中行事帳 …… 25
80万人体勢構築に向かって
福岡市中央区　立正寺支部（後編） …… 26

体験発表
訪問折伏から広がった折伏成就の輪
高知県延寿寺支部　下村敏則 …… 35
仏教読本　日蓮大聖人の宗旨③ …… 38
折伏の手引き　辯天宗（後） …… 40
講中アラカルト
兵庫県西宮市・堅持院
復帰奉告法要並びに
第六代住職入院式 …… 43
なるほどなっとく！Q&A
なぜ、お題目を唱えるの？ …… 47
法華講衆の魁　高橋入道夫妻③ …… 51
コミック　日蓮大聖人物語
＝新しい一歩へ＝ …… 55
寺院紹介　無量山浄法寺 …… 61
折伏・育成のための基礎教学　法四依 …… 66
中高生のためのやさしい教学
不妄語戒 …… 70
総本山だより　盂蘭盆会・行学講習会 …… 74

十一月号（二七八号）

今月のグラビア　寛師会 …… 1
妙法の唱え閻浮に絶えず（132）
「パナマ広布の使命に燃えて」
パナマ共和国　大廣寺 …… 6
御法主日如上人猊下御指南
唱題・折伏で講中一結 …… 10
御書拝読　白米一俵御書 …… 12
法華講衆の魁　高橋入道夫妻④ …… 18
体験発表　折伏によって大きく変わった私
大阪府妙恵寺支部　中村香菜 …… 22
展示紹介　日興上人の御生涯と富士の正義
⑨富士山と三大秘法抄 …… 25
80万人体勢構築に向かって
札幌市清田区　大慈院支部〔前編〕 …… 26
仏教読本（最終回）
日蓮大聖人の宗旨④ …… 34
布教講演　勇気ある折伏で、
逆順二縁ともに救っていこう
名古屋市中村区　妙通寺住職
細井道迅御尊師 …… 36
講中アラカルト
福島県いわき市・妙法寺
震災復興記念法要 …… 43
なるほどなっとく！Q&A
御本仏ってなんですか？ …… 47
折伏の手引き　解脱会（前） …… 51
コミック　日蓮大聖人物語
＝道中あれこれ＝ …… 55
寺院紹介　新池山遠信寺 …… 61
折伏・育成のための基礎教学　人四依 …… 66
中高生のためのやさしい教学
災難の原因 …… 70
総本山だより
宗祖御難会・秋季彼岸会 …… 74

十二月号（二七九号）

今月のグラビア
総本山第四十七世日珠上人
第二百回遠忌法要 …… 1
妙法の唱え閻浮に絶えず（133）
「50周年の佳節に向け、いっそうの前進」
ハワイ　本誓寺 …… 6
御法主日如上人猊下御指南　日々精進 …… 10
御書拝読　法華初心成仏抄 …… 12
法華講衆の魁　河合入道① …… 18
伝統を永遠に　五重塔修復工事レポート①
露盤銘発見　五重塔の建立に新事実 …… 22
80万人体勢構築に向かって
札幌市清田区　大慈院支部〔後編〕 …… 26
折伏の手引き　解脱会（後） …… 33

布教講演
法華講員八十万人体勢構築に向かって
福岡県飯塚市　普遍寺住職
近藤謙導御尊師 …… 36
講中アラカルト
大韓民国ソウル布教所・釜山布教所
宗祖日蓮大聖人御会式 …… 43
なるほどなっとく！Q＆A
良医病子の譬えってな～に？ …… 47
体験発表　御登山の功徳で折伏が成就！
鹿児島県西大宣寺支部　溝口伸子 …… 51
コミック　日蓮大聖人物語
＝真実の道心＝ …… 55
寺院紹介　大法山妙乗寺 …… 61
折伏・育成のための基礎教学　五濁 …… 66
中高生のためのやさしい教学
占いについて …… 70
総本山だより　寛師会 …… 74

平成28年　2016

一月号（二八〇号）

今月のグラビア　日蓮大聖人御大会 …… 4
妙法の唱え閻浮に絶えず(134)
「アフリカ広布実現へ
モア・チャンティング!!」
トーゴ共和国 …… 6
新年之辞　御法主日如上人猊下 …… 10
御書拝読　妙一尼御前御返事 …… 12
法華講衆の魁　河合入道② …… 18
伝統を永遠に　五重塔修復工事レポート②
五重塔の修理履歴 …… 22
80万人体勢構築に向かって
福岡県久留米市　霑妙寺支部〔前編〕 …… 26
体験発表　正しい信仰で得た一家和楽
神奈川県宣法寺支部　清水千秋 …… 32
布教講演
病によりて道心はおこり候か
大石寺大坊内　教学研鑽所所員
長倉信祐御尊師 …… 35
講中アラカルト　京都府舞鶴市・法護寺
創立三十周年記念法要 …… 43
なるほどなっとく！Q＆A
今年の実践テーマを教えて？ …… 47
折伏の手引き　立正佼成会（前） …… 51
コミック　日蓮大聖人物語
＝蓮長の器量＝ …… 55
寺院紹介　法晶山正光寺 …… 61
折伏・育成のための基礎教学
知恩・報恩 …… 66
中高生のためのやさしい教学
怨憎会苦 …… 70
総本山だより　日蓮大聖人御大会 …… 74

二月号（二八一号）

今月のグラビア　法華講新年初登山 …… 1
妙法の唱え閻浮に絶えず(135)
「各地で広がる異体同心の輪」
イタリア …… 6
御法主日如上人猊下御指南
信心とは障魔との戦い …… 10
御書拝読　報恩抄 …… 12
法華講衆の魁　河合入道③ …… 18

伝統を永遠に　五重塔修復工事レポート③
文化財修理の考え方と素屋根の建設 …… 22
80万人体勢構築に向かって
福岡県久留米市　霑妙寺支部〔後編〕 … 26
折伏の手引き　立正佼成会（後） …… 33
日蓮大聖人御大会布教講演
最勝の教理を実践して
自他共に幸福になろう
全国布教師
札幌市手稲区　聞仏寺住職
矢野訓道御尊師 …… 35
講中アラカルト
兵庫県西宮市・真法山法祥寺
新寺入仏式 …… 43
なるほどなっとく！Q&A
大聖人様のお名前について教えて？ … 47
体験発表　信心して私は変わった!!
岐阜県本玄寺支部　富澤保治 …… 51
コミック　日蓮大聖人物語
＝筆録騒動＝ …… 55
寺院紹介　寶蔵山開顕寺 …… 61
折伏・育成のための基礎教学
八風 …… 66
中高生のためのやさしい教学
愛別離苦 …… 70
総本山だより　元旦勤行 …… 74

三月号（二八二号）

今月のグラビア
総本山第四十六世日調上人
第二百回遠忌法要 …… 1
妙法の唱え閻浮に絶えず（136）
「妙法への熱き渇仰心
―喜びと勇気の源泉―」
大韓民国　釜山布教所 …… 6
御法主日如上人猊下御指南
なんとしてでも八十万人体勢構築を … 10
御書拝読　祈祷抄 …… 12
なるほどなっとく！Q&A
三車火宅の譬えってな〜に？ …… 18
伝統を永遠に　五重塔修復工事レポート④
五重塔の調査―実測調査 …… 22
80万人体勢構築に向かって
東京都江戸川区　白蓮院支部〔前編〕 … 26
法華講衆の魁　河合入道④ …… 34
コミック　日蓮大聖人物語
＝筆録のねうち＝ …… 37
講中アラカルト　福島県郡山市・壽海寺
創立百三十周年
並びに東日本大震災復興記念法要 … 43
折伏の手引き　幸福の科学（前） …… 47
体験発表　御本尊様に守られて
静岡県本廣寺支部　山下和代 …… 50
日蓮大聖人御大会布教講演
時代の希求に応え使命を果たさん
全国布教師　大阪府高槻市
妙恵寺住職
西岡雄信御尊師 …… 54
寺院紹介　妙法山弘教寺 …… 61
折伏・育成のための基礎教学
三因仏性 …… 66
中高生のためのやさしい教学
求不得苦 …… 70
総本山だより　節分会・寒経 …… 74

四月号（二八三号）

今月のグラビア　節分会 …… 1
妙法の唱え閻浮に絶えず（137）
「釈尊生誕の地に　今、正法の光が」
インド …… 6
御法主日如上人猊下御指南
決然として破邪顕正の折伏を …… 10
御書拝読　新池御書 …… 12

なるほどなっとく！Q&A
長者窮子の譬えってな〜に？ …… 18
伝統を永遠に
五重塔修復工事レポート⑤
五重塔の調査―破損調査 …… 22
80万人体勢構築に向かって
東京都江戸川区　白蓮院支部〔後編〕 … 26
法華講衆の魁　富木常忍① …… 34
コミック　日蓮大聖人物語
＝法然の念仏＝ …… 37
講中アラカルト
静岡県沼津市・蓮興寺
開基日興上人御生誕七百七十年
記念法要並びに重宝虫払法要 …… 43
折伏の手引き　幸福の科学（後） …… 47
体験発表
「弛まず実践」で実った折伏!!
埼玉県正興寺支部　桐原節子 …… 50
布教講演
強盛の大信力をもって
一切無障礙の折伏を
滋賀県草津市　啓道寺住職
大藪道宗御尊師 …… 54
寺院紹介　大雪山専光寺 …… 61
折伏・育成のための基礎教学
善知識・悪知識 …… 66
中高生のためのやさしい教学
五陰盛苦 …… 70
総本山だより　山内子供会 …… 74

五月号（二八四号）

今月のグラビア　得度式 …… 1
妙法の唱え閻浮に絶えず（138）
「さらなる唱題！　さらなる折伏！」
チリ共和国 …… 6
御法主日如上人猊下御指南
断固たる決意を持って折伏を …… 10
御書拝読　兄弟抄 …… 12
なるほどなっとく！Q&A
貧人繋珠の譬えってな〜に？ …… 18
伝統を永遠に　五重塔修復工事レポート⑥
五重塔の調査―解体と仕様調査 …… 22
80万人体勢構築に向かって　静岡県沼津市
蓮興寺支部・蓮華講支部〔前編〕 …… 26
法華講衆の魁　富木常忍② …… 33
コミック　日蓮大聖人物語
＝俊範の意中＝ …… 37
講中アラカルト　岡山県倉敷市・法龍寺
創立二十五周年記念法要 …… 43
折伏の手引き　天理教（前） …… 47
体験発表
「折伏できたの？ママ、すごいね！」
北海道日正寺支部　高橋望美 …… 50
布教講演
八十万人体勢構築の主体者とならん
東京都足立区　本修寺住職
園田司道御尊師 …… 54
寺院紹介　收廣山顕要寺 …… 61
折伏・育成のための基礎教学
六道輪回 …… 66
中高生のためのやさしい教学
桜梅桃李 …… 70
総本山だより　竜象への道　―朝勤行 … 74

六月号（二八五号）

今月のグラビア　御霊宝虫払大法会 …… 1
妙法の唱え閻浮に絶えず（139）
「全力で仏道修行を」　台湾　妙徳寺 … 6
御法主日如上人猊下御指南
広宣流布の一点に焦点を合わせ …… 10
御書拝読　佐渡御書 …… 12
なるほどなっとく！Q&A
少年部合宿登山について教えて？ …… 18

伝統を永遠に　五重塔修復工事レポート⑦
五重塔の調査―年代判定調査 …… 22
80万人体勢構築に向かって　静岡県沼津市
蓮興寺支部・蓮華講支部〔後編〕…… 26
法華講衆の魁　富木常忍③ …… 34
コミック　日蓮大聖人物語
＝蓮長の真価＝ …… 37
講中アラカルト
栃木県小山市・広布山教徳寺
移転新築・寺号公称
板御本尊入仏法要 …… 43
折伏の手引き　天理教（後）…… 47
体験発表　勇気を持って行動を!!
長野県法修寺支部　堀内小百合 …… 50
御霊宝虫払大法会布教講演
粘り強い折伏の実践を
全国布教師　宗務院教学部長
埼玉県所沢市　能安寺住職
水島公正御尊師 …… 54
寺院紹介　大法山威徳寺 …… 63
折伏・育成のための基礎教学　七宝 …… 68
中高生のためのやさしい教学
四表の静謐を祈る …… 72
総本山だより
竜象への道　―松の廊下磨き …… 76

七月号（二一八六号）

今月のグラビア　教師補任式 …… 1
妙法の唱え閻浮に絶えず（140）
「勢いを増す唱題と折伏の実践」
アフリカ・コンゴ共和国 …… 6
御法主日如上人猊下御指南
依正不二の大原則 …… 10
御書拝読　新池御書 …… 12
なるほどなっとく!Q&A
信心の目的について教えて? …… 18
伝統を永遠に
五重塔修復工事レポート⑧
五重塔の調査―痕跡調査と復原的考察
飾金具と一重目の縁 …… 22
80万人体勢構築に向かって
熊本県菊池市　眞法寺支部〔前編〕…… 26
体験発表　広宣流布のために!!
青森県専妙寺支部　塩谷悦子 …… 33
コミック　日蓮大聖人物語
＝敵か味方か＝ …… 37
講中アラカルト　兵庫県西宮市・正蓮寺
震災復興二十周年記念法要 …… 43
折伏の手引き　佛所護念会教団（前）…… 47
御霊宝虫払大法会布教講演
身は心の従
全国布教師
埼玉県草加市　宣行寺住職
武安力道御尊師 …… 50
法華講衆の魁　富木常忍④ …… 58
寺院紹介　妙長院 …… 61
折伏・育成のための基礎教学
三宝 …… 66
中高生のためのやさしい教学
立派な人 …… 70
総本山だより　竜象への道　―朝掃除 …… 74

八月号（二一八七号）

今月のグラビア
第十三回法華講夏期講習会 …… 1
妙法の唱え閻浮に絶えず（141）
「人種を越えて世界広布へ邁進」
アメリカ・ニューヨーク　妙説寺 …… 6
御法主日如上人猊下御指南
講中一結して破邪顕正の折伏を …… 10
御書拝読　盂蘭盆御書 …… 12
なるほどなっとく!Q&A
特別御供養について教えて? …… 18

伝統を永遠に
五重塔修復工事レポート⑨
五重塔の調査―痕跡調査と復原的考察
屋根の復原 …… 22
80万人体勢構築に向かって
熊本県菊池市　眞法寺支部〔後編〕 …… 26
法華講衆の魁　富木常忍⑤ …… 34
コミック　日蓮大聖人物語
＝難のはじまり＝ …… 37
講中アラカルト
茨城県ひたちなか市・正善寺
創立三十周年記念法要 …… 43
折伏の手引き　佛所護念会教団（後） …… 47
布教講演
みんなで折伏に立ち上がろう！
大石寺大坊内　三宅正倫御尊師 …… 50
体験発表　御登山の功徳で成就した折伏
島根県蓮照寺支部　松本妙子 …… 57
寺院紹介　光雲山蓮照寺 …… 61
折伏・育成のための基礎教学
立正安国 …… 66
中高生のためのやさしい教学
三類の強敵 …… 70
総本山だより　竜象への道
―番役その壱　鳴り物 …… 74

九月号（二一八八号）

今月のグラビア
法華講中等部・高等部合宿登山 …… 1
妙法の唱え閻浮に絶えず（142）
「台湾躍進の鍵は僧俗和合の闘いに」
台湾・台北市　北投布教所 …… 6
御法主日如上人猊下御指南
折伏と育成は一体 …… 10
御書拝読　上野殿御返事 …… 12
なるほどなっとく！Q&A
三草二木の譬えってな〜に？ …… 18
伝統を永遠に　五重塔修復工事レポート⑩
木部の修理と組み立て …… 22
80万人体勢構築に向かって
愛知県西尾市　開源寺支部〔前編〕 …… 26
折伏の手引き　世界救世教（前） …… 34
コミック　日蓮大聖人物語
＝道元の道心＝ …… 37
講中アラカルト　静岡県伊東市・龍眼寺
創立五十五周年記念法要 …… 43
体験発表　唱題の功徳と百人の折伏誓願
大阪府妙栄寺支部　猪ノ子石三重子 …… 47
法華講衆の魁　池上兄弟① …… 52
布教講演　逆境のなか、
正法弘通を貫き通した先達に学ぶ
栃木県栃木市　信行寺住職
長野鍛道御尊師 …… 56
寺院紹介　広布山宣法寺 …… 61
折伏・育成のための基礎教学
異体同心 …… 66
中高生のためのやさしい教学
信心とは実践 …… 70
総本山だより　竜象への道
―番役その弐　塔婆書き …… 74

十月号（二一八九号）

今月のグラビア
第十九回海外信徒夏期研修会 …… 1
妙法の唱え閻浮に絶えず（143）
「北欧の地でも広布は着実に」　北欧 …… 6
御法主日如上人猊下御指南　如来の使 …… 10
御書拝読　上野殿御返事 …… 12
なるほどなっとく！Q&A
日有上人様ってどんな方？ …… 18
伝統を永遠に
五重塔修復工事レポート⑪
屋根の桧皮葺型銅板葺 …… 22

80万人体勢構築に向かって
愛知県西尾市　開源寺支部〔後編〕……26
折伏の手引き　世界救世教（後）……33
布教講演　三障四魔を打ち破る信行
宗務院渉外部主任
総本山塔中総二坊住職
平野道益御尊師……36
講中アラカルト　埼玉県所沢市・能安寺
創立四十周年記念法要……43
体験発表　やっと実った五年目の折伏
長野県実境寺支部　内藤裕之……47
法華講衆の魁　池上兄弟②……52
コミック　日蓮大聖人物語
＝猫児斬殺＝……55
寺院紹介　修道山本慧寺……61
折伏・育成のための基礎教学
一生成仏……66
中高生のためのやさしい教学
正直……70
総本山だより　竜象への道
―番役その参　受付……74

十一月号（二九〇号）

今月のグラビア　寛師会……1
妙法の唱え閻浮に絶えず（144）
「次世代につなげ！台湾広布を」
台湾・彰化縣　本照院……6
御法主日如上人猊下御指南
広宣流布を目指す信心……10
御書拝読　白米一俵御書……12
なるほどなっとく！Q&A
大石寺について教えて？……18
伝統を永遠に
五重塔修復工事レポート⑫
弁柄塗と飾金具の復原……22
80万人体勢構築に向かって
滋賀県草津市　啓道寺支部〔前編〕……26
折伏の手引き　PL教団（前）……33
布教講演
方載に俯して慮りを深くす
北九州市門司区　妙境寺住職
高木栄正御尊師……36
講中アラカルト
岡山市北区・妙霑寺
創立六十周年記念法要……43
体験発表
頂いた功徳の恩返しは折伏で！
山口県妙宝寺支部　中山潤……47
法華講衆の魁　池上兄弟③……51
コミック　日蓮大聖人物語
＝天台の行＝……55
寺院紹介　妙興山要道寺……61
折伏・育成のための基礎教学
以信代慧……66
中高生のためのやさしい教学
親への報恩……70
総本山だより　竜象への道　―点呼……74

十二月号（二九一号）

今月のグラビア　広布唱題会……1
妙法の唱え閻浮に絶えず（145）
「雄大な国土に根づく正法」
オーストラリア……6
御法主日如上人猊下御指南
一日一日を大事に……10
御書拝読　如説修行抄……12
なるほどなっとく！Q&A
なぜ神社に行ってはいけないの？……18
伝統を永遠に
五重塔修復工事レポート⑬（最終回）
大石寺五重塔の建築的特徴……22
80万人体勢構築に向かって
滋賀県草津市　啓道寺支部〔後編〕……26

布教講演
身命を仏にまいらせる信行で御命題完遂
神奈川県藤沢市　寿照寺住職
西岡雄信御尊師 …… 34
折伏の手引き　ＰＬ教団（後） …… 40
講中アラカルト
札幌市厚別区・直唱寺
移転新築落慶法要並びに御会式 …… 43
体験発表
折伏実践を通して得た信心のすばらしさ
広島県正教寺支部　佐藤英子 …… 47
法華講衆の魁　四条金吾① …… 52
コミック　日蓮大聖人物語
＝いざ、紀州へ＝ …… 55
寺院紹介　法光山妙遍寺 …… 61
折伏・育成のための基礎教学
器の四失 …… 66
中高生のためのやさしい教学
蘭室の友 …… 70
総本山だより　竜象への道　―食事 …… 74

平成29年 2017

一月号（二一九二号）

今月のグラビア　日蓮大聖人御大会 …… 4
妙法の唱え闇浮に絶えず（146）
「台湾各寺院が足並みをそろえ
御命題達成へ！」
台湾・台中市　妙行院 …… 6
新年之辞　御法主日如上人猊下 …… 10
御書拝読　諸法実相抄 …… 12
なるほどなっとく！Q&A
今年の実践テーマについて教えて？ …… 18
伝統を永遠に　三門大改修工事レポート①
三門建立の立役者とは …… 22
80万人体勢構築に向かって
名古屋市港区　本覚寺支部〔前編〕 …… 26
法華講衆の魁　四条金吾② …… 34
コミック　日蓮大聖人物語
＝真実の秘密とは＝ …… 37
講中アラカルト　埼玉県三郷市・妙乗寺
創立三十周年記念法要 …… 43
折伏の手引き　妙智會教団（前） …… 47
体験発表　正しい信心がやっとできた!!
神奈川県大歓寺支部　島添美保 …… 50
布教講演
御命題達成に向け、
すべての人が使命を果たそう
宗務院布教部副部長
東京都板橋区　妙國寺住職
新井契道御尊師 …… 54
寺院紹介　法宣山妙徳寺 …… 61
折伏・育成のための基礎教学
衣座室の三軌 …… 66
中高生のためのやさしい教学
ストレスについて …… 70
総本山だより　竜象への道　―お給仕 …… 74

二月号（二一九三号）

今月のグラビア　法華講新年初登山 …… 1
妙法の唱え闇浮に絶えず（147）
「六年ぶりの出張御授戒に決意も新た」
アフリカ・ナイジェリア …… 6
御法主日如上人猊下御指南
確信を持って折伏に当たる …… 10
御書拝読　開目抄 …… 12

なるほどなっとく！Q&A
お塔開きってな〜に？ …… 18
伝統を永遠に
三門大改修工事レポート②
三門の分布と修理履歴 …… 22
展示紹介　大石寺五重塔展から
①仏塔の伝来・
ストゥーパと五重塔の相輪 …… 27
80万人体勢構築に向かって
名古屋市港区　本覚寺支部〔後編〕 …… 28
法華講衆の魁　四条金吾③ …… 35
日蓮大聖人御大会布教講演
平成三十三年の御命題達成をめざして
布教師会会長　宗務院布教部長
東京都豊島区　常在寺住職
阿部信彰御尊師 …… 39
講中アラカルト　埼玉県宮代町・妙本寺
第二十六代住職入院式 …… 45
折伏の手引き　妙智會教団（後） …… 49
体験発表
学会から離れて大歓喜の信心ができた！
千葉県本城寺支部　田中誠記 …… 52
コミック　日蓮大聖人物語
＝波濤の先の真理＝ …… 57
寺院紹介　佛縁山法輪寺 …… 63
折伏・育成のための基礎教学
境智冥合 …… 68
中高生のためのやさしい教学
積み重ねることの大切さ …… 72
総本山だより
竜象への道　―学衆の寛師会 …… 76

三月号（二一九四号）

今月のグラビア
総本山五重塔修復完成法要 …… 1
妙法の唱え閻浮に絶えず（148）
「唱題の功徳で着実な折伏」
アメリカ・シカゴ　妙行寺 …… 6
御法主日如上人猊下御指南
障魔に負けない強靱な組織 …… 10
御書拝読　異体同心事 …… 12
なるほどなっとく！Q&A
三宝ってな〜に？ …… 18
伝統を永遠に　三門大改修工事レポート③
昭和十年の半解体修理 …… 22
展示紹介　大石寺五重塔展から
②徳川家と近衛家 …… 27
80万人体勢構築に向かって
仙台市宮城野区　善修寺支部〔前編〕 …… 28
折伏の手引き　真如苑（前） …… 35
コミック　日蓮大聖人物語
＝即身仏の本体は？＝ …… 39
講中アラカルト
滋賀県近江八幡市・慧照寺
創立三十五周年記念法要 …… 45
体験発表　育成に励み、功徳いただく
岐阜県開顕寺支部　平崎勝子 …… 49
日蓮大聖人御大会布教講演
原点に立ち返り、
喜びの信心で御命題達成を！
全国布教師
富山県富山市　妙顕寺住職
竹内雄寧御尊師 …… 52
法華講衆の魁　四条金吾④ …… 60
寺院紹介　常説山実法寺 …… 63
折伏・育成のための基礎教学
顕益と冥益 …… 68
中高生のためのやさしい教学
科学的とは …… 72
総本山だより
竜象への道　―六壷磨き …… 76

四月号（二一九五号）

今月のグラビア
宗祖御誕生会並びに五重塔お塔開き …… 1

妙法の唱え閻浮に絶えず (149)
「御聖誕八百年に向けて
今こそ報恩感謝の精進を！」
フランス　信行寺 …… 6
御法主日如上人猊下御指南
すべての人に慈悲の折伏を …… 10
御書拝読　開目抄 …… 12
なるほどなっとく！Q＆A
鬼門ってな〜に？ …… 18
伝統を永遠に
三門大改修工事レポート④
昭和十年の半解体修理（2）
工事内容について …… 22
展示紹介　大石寺五重塔展から
③法華経に示された七宝 …… 27
80万人体勢構築に向かって
仙台市宮城野区　善修寺支部〔後編〕 …… 28
布教講演　折伏と育成の誓願
神戸市西区　浄教寺住職
佐藤記道御尊師 …… 36
折伏の手引き　真如苑（後） …… 42
講中アラカルト　北海道北見市・法眼院
創立三十五周年記念法要 …… 45
体験発表　広布を強く深く祈る
埼玉県開徳寺支部　小山聡美 …… 49
法華講衆の魁　阿仏房夫妻① …… 53
コミック　日蓮大聖人物語
＝決裂＝ …… 57
寺院紹介　本修山開源寺 …… 63
折伏・育成のための基礎教学
広宣流布 …… 68
中高生のためのやさしい教学
未来を変える …… 72
総本山だより　竜象への道
―御霊供膳・お盛物の準備 …… 76

五月号（二九六号）

今月のグラビア　得度式 …… 1
妙法の唱え閻浮に絶えず (150)
「篤き求道心が歓喜の登山に！」
ブラジル　正法寺 …… 6
御法主日如上人猊下御指南
法華経を強ひて説き聞かすべし …… 10
御書拝読　四条金吾殿御返事 …… 12
なるほどなっとく！Q＆A
客殿について教えて？ …… 18
伝統を永遠に　三門大改修工事レポート⑤
昭和十年の半解体修理（3）
見積書より見る工事内容 …… 22
展示紹介　大石寺五重塔展から
④心柱模型、五重塔建立絵巻 …… 27
80万人体勢構築に向かって
兵庫県西宮市　正蓮寺支部〔前編〕 …… 28
折伏の手引き　生長の家（前） …… 37
布教講演　真心をもって折伏育成に励もう
北海道釧路市　法珠寺住職
山﨑正諭御尊師 …… 39
講中アラカルト　山梨県富士川町・白蓮寺
創立四十五周年記念法要 …… 45
体験発表　こんな私でも折伏ができた！
長野県威徳寺支部　矢島玲子 …… 49
法華講衆の魁　阿仏房夫妻② …… 53
コミック　日蓮大聖人物語
＝ウラギリ者？＝ …… 57
寺院紹介　本種山徳成寺 …… 63
折伏・育成のための基礎教学
金剛宝器戒 …… 68
中高生のためのやさしい教学
八風におかされない …… 72
総本山だより
竜象への道　―大坊在勤式 …… 76

六月号（二一九七号）

今月のグラビア
御霊宝虫払大法会 …… 1
妙法の唱え閻浮に絶えず(151)
「寺院参詣で人材育成」
台湾・高雄市　法宣院 …… 6
御法主日如上人猊下御指南
法華講衆の信心 …… 10
御書拝読　南条兵衛七郎殿御書 …… 12
なるほどなっとく！Ｑ＆Ａ
大石寺の蔵について教えて？ …… 18
伝統を永遠に
三門大改修工事レポート⑥
三門大改修の工事内容 …… 22
80万人体勢構築に向かって
兵庫県西宮市　正蓮寺支部〈後編〉 …… 28
折伏の手引き　生長の家（後） …… 37
コミック　日蓮大聖人物語
＝真髄を求めて＝ …… 39
講中アラカルト
三重県伊勢市・本妙山法顕寺
本堂・庫裡新築・寺号公称
板御本尊入仏法要 …… 45
体験発表　仏様の御慈悲に護られて
埼玉県本種寺支部　平嶋こずえ …… 49
法華講衆の魁　阿仏房夫妻③ …… 53
布教講演　是好良薬を服す素直な信心を
宮崎県小林市　実報寺住職
河野正朗御尊師 …… 58
寺院紹介　本法山長昌寺 …… 63
折伏・育成のための基礎教学
罪障消滅 …… 68
中高生のためのやさしい教学
登山の大切さ …… 72
総本山だより　竜象への道　―夕勤行 …… 76

七月号（二一九八号）

今月のグラビア　教師補任式 …… 1
妙法の唱え閻浮に絶えず(152)
「創立五十周年を迎えより一層の折伏を決意」
アメリカ・ロサンゼルス　妙法寺 …… 6
御法主日如上人猊下御指南
娑婆世界は耳根得道 …… 10
御書拝読　種々御振舞御書 …… 12
なるほどなっとく！Ｑ＆Ａ
阿仏房ってどんな人？ …… 18
伝統を永遠に　三門大改修工事レポート⑦
素屋根の建設 …… 22
展示紹介　大石寺五重塔展から
⑤建立の契機 …… 27
80万人体勢構築に向かって
愛媛県西条市　一心寺支部〈前編〉 …… 28
折伏の手引き　崇教真光（前） …… 35
御霊宝虫払大法会布教講演
甘露をもって灌がるが如し
全国布教師
さいたま市大宮区　法勝寺住職
合原歓道御尊師 …… 38
講中アラカルト
香川県三豊市　本山本門寺塔中中之坊
本堂新築落慶法要 …… 45
体験発表
御本尊様から頂いたこの命
力のかぎり折伏に
青森県法典院支部　三上勇治 …… 49
法華講衆の魁　阿仏房夫妻④ …… 53
コミック　日蓮大聖人物語
＝求道心のままに＝ …… 57
寺院紹介　本種山妙益寺 …… 63
折伏・育成のための基礎教学
種熟脱の三益 …… 68
中高生のためのやさしい教学
心の鏡を磨く …… 72

総本山だより
竜象への道 ―妙蓮寺参詣と筍御飯 …… 76

八月号（二九九号）

今月のグラビア
第十四回法華講夏期講習会 …… 1
御講参詣のすすめ …… 6
妙法の唱え閻浮に絶えず(153)
「正法広布へ たゆまぬ努力」
インドネシア 妙願寺 …… 8
御法主日如上人猊下御指南
しっかりと育成をして …… 12
御書拝読 聖愚問答抄 …… 14
なるほどなっとく！Q&A
南条時光殿について教えて？① …… 20
伝統を永遠に
三門大改修工事レポート⑧
三門修復の寄進者 …… 24
展示紹介 大石寺五重塔展から
⑥板倉勝澄公からの御供養 …… 29
80万人体勢構築に向かって
愛媛県西条市 一心寺支部〔後編〕 …… 30
体験発表
折伏を、この命あるかぎり
神奈川県寿照寺支部 菅原美保子 …… 39
法華講衆の魁 大学三郎 …… 43
御霊宝虫払大法会布教講演
折伏と育成で広布へ前進
全国布教師
東京都足立区 本修寺住職
園田司道御尊師 …… 47
折伏の手引き 崇教真光（後） …… 55
コミック 日蓮大聖人物語
＝真言の仮面＝ …… 57
寺院紹介 安立山本泰寺 …… 63
折伏・育成のための基礎教学
娑婆即寂光 …… 68
中高生のためのやさしい教学
煩悩について …… 72
総本山だより
竜象への道 ―夏期講習会の番役 …… 76

九月号（三〇〇号）

御法主日如上人猊下御染筆 …… 1
『妙教』第三百号を祝す
日蓮正宗総監 八木日照御尊能化 …… 2
今月のグラビア
法華講中等部・高等部合宿登山 …… 4
妙法の唱え閻浮に絶えず(154)
「正法流布で安穏な国土の実現を」
UK（英国 グレート・ブリテン
および北アイルランド連合王国） …… 8
御法主日如上人猊下御指南
私達の信心の原点 …… 12
御書拝読 松野殿御返事 …… 14
なるほどなっとく！Q&A
南条時光殿について教えて？② …… 20
伝統を永遠に
三門大改修工事レポート⑨
三門修復の寄進者（2） …… 24
展示紹介 大石寺五重塔展から
⑦心柱 …… 29
80万人体勢構築に向かって
札幌市中央区 佛見寺支部〔前編〕 …… 30
折伏の手引き 浄土宗① …… 40
体験発表 広宣流布の使命の重み
埼玉県妙本寺支部 荒井彩華 …… 42
布教講演 随喜の心で異体同心
群馬県太田市 高林寺住職
宮脇正能御尊師 …… 47
新入信者の育成のために
勤行をはじめましょう …… 53

コミック　日蓮大聖人物語
＝人を救うとは＝ …… 57
寺院紹介　宝塔山高妙寺 …… 63
Let's! チャレンジ教学
釈尊の生涯 …… 68
中高生のためのやさしい教学
罰について …… 72
総本山だより　竜象への道
―海外信徒との交流会 …… 76

十月号（三〇一号）

今月のグラビア
第二十回海外信徒夏期研修会 …… 1
妙法の唱え閻浮に絶えず(155)
「正法弘通の原動力は
『祈りとして叶わざるなし』の確信」
コロンビア共和国 …… 6
御法主日如上人猊下御指南
広宣流布の人材となるべく育成を …… 10
御書拝読　種々御振舞御書 …… 12
なるほどなっとく！Q&A
御大会ってな〜に？ …… 18
伝統を永遠に　三門大改修工事レポート⑩
鬼・棟の納まり …… 22
展示紹介　大石寺五重塔展から
⑧金沢信徒による唐戸の御供養 …… 27
80万人体勢構築に向かって
札幌市中央区　佛見寺支部〔後編〕 …… 28
新入信者の育成のために
勤行の仕方と数珠について …… 37
体験発表　信心ですべての苦難を乗り越えて
東京都本行寺支部　小谷慧子 …… 41
講中アラカルト
千葉県松戸市・本法山妙広寺
新寺落慶入仏式 …… 45
Let's! チャレンジ教学
三時と五箇の五百歳 …… 49
中高生のためのやさしい教学
歓喜について …… 53
中等部・高等部合宿に参加して
東京都本行寺支部　酒井あすか
石川県最教寺支部　大塚たろう
岡山県法龍寺支部　西山明理
宮崎県妙長院支部　永山理梨
東京都大修寺支部　市村慎志
新潟県実行寺支部　小林芙美子
兵庫県妙久寺支部　芝本健志
熊本県涌徳寺支部　大村浩輔 …… 57
寺院紹介　慧光山法遍寺 …… 63
折伏の手引き　浄土宗② …… 68
コミック　日蓮大聖人物語
＝人を救うとは（二）＝ …… 70
総本山だより
竜象への道　―行学講習会 …… 76

十一月号（三〇二号）

今月のグラビア　寛師会 …… 1
妙法の唱え閻浮に絶えず(156)
―海外部出張報告―
オセアニア信徒の笑顔と異体同心の和 …… 6
御法主日如上人猊下御指南
折伏こそ、最高の報恩行 …… 10
御書拝読　本尊供養御書 …… 12
なるほどなっとく！Q&A
池上兄弟について教えて？ …… 18
伝統を永遠に　三門大改修工事レポート⑪
野物の仕様 …… 22
展示紹介　大石寺五重塔展から
⑨昭和の修復と重要文化財 …… 27
80万人体勢構築に向かって
神戸市西区　浄教寺支部〔前編〕 …… 28
新入信者の育成のために
御本尊への給仕について …… 35

体験発表
諦めなければ折伏のチャンスは必ずある！
奈良県寧楽寺支部　藤井大輔 …… 39
講中アラカルト　北九州市小倉北区・覚命寺
復帰奉告法要並びに
第二代住職入院式 …… 45
Let's!チャレンジ教学
四悉檀 …… 49
中高生のためのやさしい教学
インプットとアウトプット …… 53
コミック　日蓮大聖人物語
＝戒体即身成仏義＝ …… 57
寺院紹介　法照山仏説寺 …… 63
折伏の手引き　浄土真宗① …… 68
布教講演　唱題の功徳をもって折伏の実践を
石川県白山市　最教寺住職
白井信益御尊師 …… 70
総本山だより
竜象への道　―盂蘭盆会の墓参 …… 76

十二月号（三〇三号）

今月のグラビア　広布唱題会 …… 1
妙法の唱え閻浮に絶えず(157)
「活動センターの開所で
台湾広布のさらなる飛躍が」
台湾　本興院 …… 6
御法主日如上人猊下御指南　折伏正規 …… 10
御書拝読　開目抄 …… 12
なるほどなっとく！Q&A
冬休みの過ごし方は？ …… 18
伝統を永遠に　三門大改修工事レポート⑫
軒先の仕様 …… 22
展示紹介　大石寺五重塔展から
⑩五重塔の模型 …… 27
80万人体勢構築に向かって
神戸市西区　浄教寺支部〔後編〕 …… 28
Let's!チャレンジ教学
法華経の概要 …… 37
中高生のためのやさしい教学
「時間」について …… 41
体験発表　正しい信仰ができる喜び
鹿児島県海王寺支部　古谷弘子 …… 45
新入信者の育成のために
寺院に参詣しよう …… 50
布教講演　慈悲の折伏
新潟市東区　聞正寺住職
大塚正範御尊師 …… 54
寺院紹介　法道山正隆寺 …… 61
折伏の手引き　浄土真宗② …… 66
コミック　日蓮大聖人物語
＝南都遊学（一）＝ …… 68
総本山だより　竜象への道　―書道日 …… 74

平成30年
2018

一月号（三〇四号）

今月のグラビア　日蓮大聖人御大会 …… 4
妙法の唱え閻浮に絶えず(158)
「我が故郷の広布を！」
アフリカ・コートジボワール …… 6
新年之辞　御法主日如上人猊下 …… 10
御書拝読　祈祷抄 …… 12
なるほどなっとく！Q&A
今年の実践テーマを教えて！ …… 18
伝統を永遠に　三門大改修工事レポート⑬
化粧隅木の調査 …… 22
80万人体勢構築に向かって
北海道北見市　法眼院支部〔前編〕 …… 26
Let's!チャレンジ教学
五濁 …… 35

中高生のためのやさしい教学
本当の仏様 …… 39
講中アラカルト　静岡県御殿場市・持妙寺
本堂新築落慶法要 …… 43
体験発表　一千万遍の唱題で折伏成就
愛媛県妙源寺支部　渡部美紀 …… 47
新入信者の育成のために
自宅に御本尊を迎えましょう …… 50
布教講演　苦楽を開悟した信心修行を
総本山塔中理境坊内
小川正豪御尊師 …… 54
寺院紹介　三宝山開徳寺 …… 61
折伏の手引き　浄土真宗③ …… 66
コミック　日蓮大聖人物語
＝南都遊学（二）＝ …… 68
総本山だより
竜象への道　―御大会のお花作り …… 74

二月号（三〇五号）

今月のグラビア　法華講新年初登山 …… 1
妙法の唱え閻浮に絶えず(159)
「『まず、行動』を合い言葉に！」
アメリカ・ワシントン　妙宣寺 …… 6
御法主日如上人猊下御指南
勇躍として自行化他の信心を …… 10
御書拝読　種々御振舞御書 …… 12
なるほどなっとく！Q&A
年中行事についておしえて？ …… 18
伝統を永遠に
三門大改修工事レポート⑭
化粧垂木の調査（1） …… 22
80万人体勢構築に向かって
北海道北見市　法眼院支部〔後編〕 …… 26
日蓮大聖人御大会布教講演
法華講員八十万人体勢の構築は
未来広布の礎なり
全国布教師
福岡県久留米市　霑妙寺住職
諏訪涼道御尊師 …… 34
講中アラカルト　横浜市南区・久遠寺
開創百十周年並びに
寺号公称七十年記念法要 …… 43
体験発表　折伏のすべてにドラマが！
大阪府本説寺支部　森崎昭子 …… 47
Let's!チャレンジ教学
一大事因縁 …… 53
中高生のためのやさしい教学
「変わるもの」と「変わらないもの」 …… 57
寺院紹介　春日山広安寺 …… 61
折伏の手引き　臨済宗① …… 66
コミック　日蓮大聖人物語
＝南都遊学（三）＝ …… 68
総本山だより
竜象への道　―勉強風景 …… 74

三月号（三〇六号）

今月のグラビア　節分会 …… 1
妙法の唱え閻浮に絶えず(160)
「異体同心で多くの人に妙法を」
インドネシア　法清寺 …… 6
御法主日如上人猊下御指南
お題目を唱えた命で折伏を …… 10
御書拝読　法華取要抄 …… 12
新入信者の育成のために
唱題のすすめ …… 18
伝統を永遠に
三門大改修工事レポート⑮
化粧垂木の調査（2） …… 22
80万人体勢構築に向かって
兵庫県神戸市　妙本寺支部〔前編〕 …… 26
なるほどなっとく！Q&A
四条金吾殿について教えて！① …… 34
コミック　日蓮大聖人物語
＝南都遊学（四）＝ …… 37

講中アラカルト
神奈川県小田原市・小田原教会
復帰奉告法要並びに
第八代主管入院式 …… 43
体験発表　唱題の功徳で叶った折伏
岐阜県本米寺支部　和田輝子 …… 47
折伏の手引き　臨済宗② …… 50
日蓮大聖人御大会布教講演
使命と歓びをもって御命題達成を
全国布教師　福岡県行橋市　要言寺住職
荒谷正鎮御尊師 …… 52
寺院紹介　了義山順正寺 …… 61
Let's! チャレンジ教学
大通覆講 …… 66
中高生のためのやさしい教学
最高の薬 …… 70
総本山だより　竜象への道　―寒経 …… 74

四月号（三〇七号）

今月のグラビア
宗祖御誕生会並びに五重塔お塔開き …… 1
妙法の唱え閻浮に絶えず（161）
「開創より二十年
さらなる弘教のうねりが」
アフリカ・ガーナ　法華寺 …… 6
御法主日如上人猊下御指南
一人ひとりが慈悲の心を持って …… 10
御書拝読　聖人御難事 …… 12
なるほどなっとく！Q&A
四条金吾殿について教えて！② …… 18
伝統を永遠に　三門大改修工事レポート⑯
小屋梁の調査 …… 22
80万人体勢構築に向かって
兵庫県神戸市　妙本寺支部〔後編〕 …… 26
Let's! チャレンジ教学
已今当の三説 …… 36
体験発表
折伏の〝思いは必ず通じる〟
千葉県智妙寺支部　白田有子 …… 40
講中アラカルト
兵庫県尼崎市・大妙寺
創立五十周年記念法要 …… 43
中高生のためのやさしい教学
仏様の願い …… 47
新入信者の育成のために　登山の大事 …… 51
布教講演
「行動の年」の信行に心を尽くそう
山梨県甲府市　正光寺住職
島田靖道御尊師 …… 55
寺院紹介　徳円山常行寺 …… 61
折伏の手引き　臨済宗③ …… 66
コミック　日蓮大聖人物語
＝南都遊学（五）＝ …… 68
総本山だより
竜象への道　―学衆の唱題会 …… 74

五月号（三〇八号）

今月のグラビア　得度式 …… 1
妙法の唱え閻浮に絶えず（162）
海外信徒登山特集①
「笑顔あふれて」　大韓民国 …… 6
御法主日如上人猊下御指南
今、我々がなすべきこと …… 12
御書拝読　経王殿御返事 …… 14
なるほどなっとく！Q&A
伊豆法難について教えて！ …… 20
伝統を永遠に　三門大改修工事レポート⑰
台輪・頭貫の調査 …… 24
80万人体勢構築に向かって
横浜市南区　久遠寺支部〔前編〕 …… 28
布教講演
仏法の根本は信を以て源とす
大石寺大坊内　細井信哲御尊師 …… 39
体験発表　多くの人にこの信心を
千葉県法経院支部　伊橋正人 …… 45

Let's!チャレンジ教学
久遠実成 …… 49
新入信者の育成のために
謗法について（1） …… 53
中高生のためのやさしい教学
目標を掲げる …… 57
寺院紹介　地涌山法泉寺 …… 61
折伏の手引き　真言宗① …… 66
コミック　日蓮大聖人物語
＝南都遊学（六）＝ …… 68
総本山だより　竜象への道　―衣免許 …… 74

六月号（三〇九号）

今月のグラビア　台湾御親修
正妙山善浄院山号院号公称
並びに板御本尊入仏法要
台湾法華講
結成二十周年記念総会 …… 1
御法主日如上人猊下御指南
折伏は相手の幸せを願う慈悲行 …… 10
御書拝読　法衣書 …… 12
なるほどなっとく！Q&A
五老僧について教えて！ …… 18
伝統を永遠に　三門大改修工事レポート⑱
大斗・斗組の仕様 …… 22
80万人体勢構築に向かって
横浜市南区　久遠寺支部〔後編〕 …… 28
折伏の手引き　真言宗② …… 36
御霊宝虫払大法会布教講演
自行化他の功徳で御命題達成を
全国布教師
千葉県市川市　彈正寺住職
中村収道御尊師 …… 38
講中アラカルト　東京都八丈町・無上寺
創立五十周年記念法要 …… 45
体験発表
信心のすばらしさを伝えられる人に
東京都法道院支部　高橋莉子 …… 49
新入信者の育成のために
謗法について（2） …… 53
コミック　日蓮大聖人物語
＝南都遊学（七）＝ …… 57
寺院紹介　本妙山法顕寺 …… 63
Let's!チャレンジ教学
衣座室の三軌 …… 68
中高生のためのやさしい教学
逆境が人を成長させる …… 72
総本山だより　竜象への道
―会行事（教師補任式） …… 76

七月号（三一〇号）

今月のグラビア　教師補任式 …… 1
妙法の唱え閻浮に絶えず(163)
「異体同心の唱題と折伏で御命題達成へ」
パナマ共和国　大廣寺 …… 6
御法主日如上人猊下御指南
障魔を粉砕する最善の方途 …… 10
御書拝読　四条金吾殿御返事 …… 12
なるほどなっとく！Q&A
『立正安国論』について教えて！ …… 18
伝統を永遠に　三門大改修工事レポート⑲
二階内部の調査 …… 22
80万人体勢構築に向かって
新潟市東区　聞正寺支部〔前編〕 …… 28
新入信者の育成のために
謗法について（3） …… 36
体験発表
ガンが消えた！　御本尊への確信深まる
総本山塔中南之坊支部　作田尚哉 …… 40
講中アラカルト　栃木県那須塩原市・覚徳寺
建立五十周年記念法要並びに
客殿入仏法要 …… 45

中高生のためのやさしい教学
ラッキーとアンラッキー …… 49
Let's! チャレンジ教学
地涌の菩薩 …… 52
御霊宝虫払大法会布教講演
登山参詣の歓喜をもって、いざ行動を
全国布教師　大阪市住吉区　妙輪寺住職
盛岡窮道御尊師 …… 56
寺院紹介　法久山大修寺 …… 63
折伏の手引き　真言宗③ …… 68
コミック　日蓮大聖人物語
=比叡山に帰る= …… 70
総本山だより
竜象への道　—御影堂掃除 …… 76

八月号（三一一号）

今月のグラビア
第十五回法華講夏期講習会 …… 1
妙法の唱え閻浮に絶えず(164)
「創立十周年に向けさらなる発展を」
台湾・桃園市　正行院 …… 6
御法主日如上人猊下御指南
しっかり折伏していますか …… 10
御書拝読　妙心尼御前御返事 …… 12
なるほどなっとく! Q&A
「法華経」ってな~に? …… 18
伝統を永遠に　三門大改修工事レポート⑳
高欄と下屋根 …… 22
80万人体勢構築に向かって
新潟市東区　聞正寺支部〔後編〕 …… 26
折伏の手引き　真言宗④ …… 34
布教講演　信心は実践・行動
大石寺大坊内　渡邉信盟御尊師 …… 36
講中アラカルト　広島県尾道市・善照寺
創立五十周年記念法要 …… 43
体験発表　この信心は間違いなく正しい!!
東京都大修寺支部　林英雄 …… 47
新入信者の育成のために
謗法について（4） …… 51
コミック　日蓮大聖人物語
=広学竪義（一）= …… 55
寺院紹介　恵日山大聖寺 …… 61
Let's! チャレンジ教学
天台大師と法華三大部 …… 66
中高生のためのやさしい教学
尊崇の念 …… 70
総本山だより
竜象への道　—草むしり …… 74

九月号（三一二号）

今月のグラビア
法華講中等部・高等部合宿登山 …… 1
妙法の唱え閻浮に絶えず(165)
「唱題と行動の実践でカナダ広布へ」
カナダ・バンクーバー　妙正寺 …… 6
御法主日如上人猊下御指南
法華講衆の大事な使命 …… 10
御書拝読　富木尼御前御書 …… 12
なるほどなっとく! Q&A
お彼岸ってな~に? …… 18
伝統を永遠に
三門大改修工事レポート㉑
高欄の部材 …… 22
80万人体勢構築に向かって
宮崎県新富町　本蓮寺支部〔前編〕 …… 26
新入信者の育成のために　折伏 …… 35
中高生のためのやさしい教学
人格を磨く …… 39
体験発表
必ず御本尊様は守ってくださる!!
香川県立正寺報恩講支部　山端聖子 …… 43

Let's!チャレンジ教学
五時 …… 48
布教講演　今こそ人材育成を
山口県周南市　妙頂寺住職
三井共道御尊師 …… 52
寺院紹介　本種山速成寺 …… 59
折伏の手引き　真言宗⑤ …… 64
コミック　日蓮大聖人物語
＝広学竪義（二）＝ …… 66
総本山だより　竜象への道
―富士学林大学科見学 …… 72

十月号（三一三号）

今月のグラビア
第二十一回海外信徒夏期研修会 …… 1
妙法の唱え闇浮に絶えず(166)
海外信徒登山特集②
「海外信徒夏期研修会の参加者に聞く
登山の喜びと決意」 …… 6
御法主日如上人猊下御指南
謗法こそが不幸の根源 …… 10
御書拝読　崇峻天皇御書 …… 12
体験発表
「御本尊様に感謝して、
頑張らんといかん」
福岡県徳蔵寺支部　松浦亜衣梨 …… 18
伝統を永遠に
三門大改修工事レポート㉒
三門の絵様（1） …… 22
80万人体勢構築に向かって
宮崎県新富町　本蓮寺支部〔後編〕 …… 26
コミック　日蓮大聖人物語
＝広学竪義（三）＝ …… 34
なるほどなっとく!Q&A
身延離山について教えて!① …… 40
中等部・高等部合宿に参加して
北海道大法寺支部　山田蓮
静岡県蓮興寺蓮華講支部　大西なつみ
青森県法典院支部　道川慧佑
静岡県蓮徳寺支部　山本好未
茨城県恵妙寺支部　和田宝輝
愛知県妙通寺支部　藤岡めぐみ
東京都本行寺支部　清水実
熊本県涌徳寺支部　荒川布貴 …… 43
Let's!チャレンジ教学
化法の四教 …… 49
布教講演　折伏行こそ最高の仏道修行
埼玉県東松山市　開徳寺住職
小山宏道御尊師 …… 54
寺院紹介　佛生山正因寺 …… 61
新入信者の育成のために
教学研鑽のすすめ（1） …… 66
中高生のためのやさしい教学
仏性について …… 70
総本山だより
竜象への道　―佐渡研修 …… 74

十一月号（三一四号）

今月のグラビア　寛師会 …… 1
妙法の唱え闇浮に絶えず(167)
「より一層の飛躍を期して」
台湾・新北市　法秀院 …… 6
御法主日如上人猊下御指南
だれでも折伏はできる …… 10
御書拝読　国府尼御前御書 …… 12
なるほどなっとく!Q&A
身延離山について教えて!② …… 18
伝統を永遠に
三門大改修工事レポート㉓
三門の絵様（2） …… 22
80万人体勢構築に向かって
岐阜県岐阜市　長昌寺支部〔前編〕 …… 26
新入信者の育成のために
教学研鑽のすすめ（2） …… 35

中高生のためのやさしい教学
周りに振り回されないために …… 39
講中アラカルト 北海道帯広市・法廣寺
創立六十周年記念法要 …… 43
体験発表 家族全員が不幸から救われた!
岐阜県経説寺支部 伊藤智子 …… 47
Let's! チャレンジ教学
化儀の四教 …… 51
布教講演 初志貫徹の信心に住し
名古屋市港区 本覚寺住職
本間雄華御尊師 …… 55
寺院紹介 幽玄山本因寺 …… 61
折伏の手引き 日蓮宗① …… 66
コミック 日蓮大聖人物語
=広学竪義(四)= …… 68
総本山だより 竜象への道
—日寛上人奉納角力大会 …… 74

十二月号(三一五号)

今月のグラビア 総本山第十九世日舜上人
第三百五十回遠忌法要 …… 1
妙法の唱え閻浮に絶えず(168)
特集 海外折伏活動報告
「誓願達成の喜び 続々と」 …… 6
御法主日如上人猊下御指南
誓願達成の秘訣は異体同心 …… 10
御書拝読 光日房御書 …… 12
なるほどなっとく!Q&A
五座の勤行について教えて! …… 18
伝統を永遠に 三門大改修工事レポート㉔
一階梁の仕組み …… 22
80万人体勢構築に向かって
岐阜県岐阜市 長昌寺支部〔後編〕 …… 26
新入信者の育成のために
御供養について(1) …… 35
中高生のためのやさしい教学
己心の魔に打ち勝つ …… 39
体験発表
家族全員が御本尊様を中心に
沖縄県光明寺支部 玉那覇あゆみ …… 43
Let's! チャレンジ教学 六即 …… 47
布教講演
謗法を破折し妙法広布へ挺身しよう
大石寺大坊内 百々正寿御尊師 …… 51
寺院紹介 顕正山法王寺 …… 59
折伏の手引き 日蓮宗② …… 64
コミック 日蓮大聖人物語
=横川 華光坊へ= …… 66
総本山だより 竜象への道
—富士学林大学科 授業風景 …… 72

平成31年・令和元年
2019

一月号(三一六号)

今月のグラビア 日蓮大聖人御大会 …… 4
妙法の唱え閻浮に絶えず(169)
「お題目の声が全土に満ちるように」
スリランカ …… 6
新年之辞 御法主日如上人猊下 …… 10
御書拝読 唱法華題目抄 …… 12
なるほどなっとく!Q&A
今年の実践テーマを教えて! …… 18
伝統を永遠に
三門大改修工事レポート㉕
軒先の復原 …… 22
80万人体勢構築に向かって
沖縄県那覇市 光明寺支部〔前編〕 …… 26
Let's! チャレンジ教学
一念三千 …… 35
中高生のためのやさしい教学
宗旨建立と日蓮の二字 …… 39

講中アラカルト
福島県須賀川市・満願寺
開創七百十五周年記念法要 …… 43
体験発表
やっと叶った!! 五十年目の入信
神奈川県妙苑寺支部 森谷光子 …… 47
新入信者の育成のために
御供養について（2） …… 51
布教講演
自行化他の信心で誓願完遂
総本山塔中妙住坊住職
田畑道権御尊師 …… 55
寺院紹介 妙圓山日香寺 …… 61
折伏の手引き 日蓮宗③ …… 66
コミック 日蓮大聖人物語
＝台密と東密の探求＝ …… 68
総本山だより 竜象への道
―御大会・三々九度儀式の給仕 …… 74

二月号（三一七号）

今月のグラビア 法華講新年初登山 …… 1
妙法の唱え閻浮に絶えず(170)
「一年に一人が一人の折伏を」
ブラジル
アングラ・ドス・ヘイス布教所 …… 6
御法主日如上人猊下御指南
異体同心で誓願達成 …… 10
御書拝読 西山殿御返事 …… 12
なるほどなっとく！Q&A
どうして節分に豆をまくの？ …… 18
伝統を永遠に 三門大改修工事レポート㉖
下層天井 …… 22
80万人体勢構築に向かって
沖縄県那覇市 光明寺支部〔後編〕 …… 26
折伏の手引き 天台宗① …… 33
日蓮大聖人御大会布教講演
地獄の身となるも、仏の身となるも、
只一心の所作なり
全国布教師 宗務院布教部副部長
東京都板橋区 妙國寺住職
新井契道御尊師 …… 35
講中アラカルト 大分県大分市・妙祥寺
移転新築落慶法要 …… 43
体験発表 折伏への真剣な祈りは必ず叶う
和歌山県福生寺支部 殿村きわ子 …… 47
新入信者の育成のために
法華講について（1） …… 51
コミック 日蓮大聖人物語
＝法華最勝の確信＝ …… 55
寺院紹介 聖道山蓮徳寺 …… 61
Let's！チャレンジ教学
日蓮大聖人伝 概略 …… 66
中高生のためのやさしい教学
これからの人生 …… 70
総本山だより 竜象への道 ―餅つき …… 74

三月号（三一八号）

今月のグラビア 節分会 …… 1
妙法の唱え閻浮に絶えず(171)
「スペイン、ヨーロッパ、さらには
世界広布の先駆に!!」
スペイン 妙昌寺 …… 6
御法主日如上人猊下御指南
折伏された人が折伏できるように …… 10
御書拝読 一生成仏抄 …… 12
なるほどなっとく！Q&A
座禅は正しい修行？ …… 18
伝統を永遠に
三門大改修工事レポート㉗
下層の躯体 …… 22
80万人体勢構築に向かって
東京都町田市 妙声寺支部〔前編〕 …… 26
折伏の手引き 天台宗② …… 34
体験発表
入信して十年、「家族で信心」の夢叶う
東京都本行寺支部 斉藤晴菜 …… 36

新入信者の育成のために
法華講について（2）……40
講中アラカルト　東京都大島町・妙安寺
災害復興新築落慶法要……43
日蓮大聖人御大会布教講演
時を移さず前進しよう
全国布教師
大阪府吹田市　本説寺住職
濵津治道御尊師……47
コミック　日蓮大聖人物語
＝末法弘通の要法＝……55
寺院紹介　道種山信法寺……61
Let's! チャレンジ教学
日興上人伝　概略……66
中高生のためのやさしい教学
衣について……70
総本山だより
竜象への道　―初登山の受付……74

四月号（三一九号）

今月のグラビア
宗祖御誕生会並びに五重塔お塔開き……1
妙法の唱え閻浮に絶えず(172)
「成仏を願う我らの心一つに」
ペルー共和国……6
御法主日如上人猊下御指南
みんなで心を合わせて折伏に……10
御書拝読　諫暁八幡抄……12
総本山だより　竜象への道
―富士学林大学科海外研修……18
伝統を永遠に
三門大改修工事レポート㉘
下層の壁板と柱……22
80万人体勢構築に向かって
東京都町田市　妙声寺支部〔後編〕……26
新入信者の育成のために
法華講について（3）……35
なるほどなっとく！Q＆A
立宗会について教えて！……39
講中アラカルト
東京都小平市・広説寺
創立五十周年記念法要……43
布教講演
御信心のねのふかく、いさぎよき玉の
心のうちにわたらせ給ふか
大阪府豊中市　本教寺住職
南原評道御尊師……47
Let's! チャレンジ教学
日目上人伝　概略……53
中高生のためのやさしい教学
真の孝養……57
寺院紹介　大観山福徳寺……61
体験発表
下種活動は人を選ばず、どんな時にも！
青森県法浄寺支部　小山洋未……66
コミック　日蓮大聖人物語
＝比叡山からの帰路（一）＝……72

五月号（三二〇号）

今月のグラビア　得度式……1
妙法の唱え閻浮に絶えず(173)
「今日の唱題は明日の折伏へつながる」
アメリカ・サンフランシスコ
妙信寺……6
御法主日如上人猊下御指南
まずは立ち上がって動く……10
御書拝読　呵責謗法滅罪抄……12
なるほどなっとく！Q＆A
四恩報謝ってな～に？……18
伝統を永遠に
三門大改修工事レポート㉙
柱の根継ぎと地覆……22
80万人体勢構築に向かって
愛知県阿久比町　正啓寺支部〔前編〕……26
折伏の手引き　天台宗③……36

布教講演　子にすぎたる財なし
神奈川県平塚市　大経寺住職
横山雄玉御尊師 …… 38
講中アラカルト
神奈川県鎌倉市・護国寺
創立五十周年記念法要 …… 43
体験発表　折伏の輪が次から次に
大阪府妙栄寺支部　村井菊代 …… 47
新入信者の育成のために　法統相続 …… 51
コミック　日蓮大聖人物語
＝比叡山からの帰路（二）＝ …… 55
寺院紹介　中道山円妙寺 …… 61
Let's! チャレンジ教学
熱原法難 …… 66
中高生のためのやさしい教学
新しい時代を歩む …… 70
総本山だより　竜象への道
―海外状況説明会 …… 74

六月号（三二一号）

今月のグラビア　御霊宝虫払大法会 …… 1
妙法の唱え閻浮に絶えず(174)
「すべては広宣流布のために」
フィリピン　法開寺 …… 6
御法主日如上人猊下御指南
折伏することが　いかに尊いか …… 10
御書拝読　四恩抄 …… 12
なるほどなっとく！Q＆A
髻中明珠の譬えってな～に？ …… 18
伝統を永遠に　三門大改修工事レポート㉚
三門を支える礎石 …… 22
80万人体勢構築に向かって
愛知県阿久比町　正啓寺支部〔後編〕 …… 26
新入信者の育成のために
師弟相対の信心（1） …… 33
コミック　日蓮大聖人物語
＝安房への帰郷＝ …… 37
講中アラカルト　東京都練馬区・華王寺
創立五十周年記念法要 …… 43
体験発表　すべて御本尊様に身を任せ
長野県妙照寺支部　山本彰 …… 47
折伏の手引き　律宗 …… 52
御霊宝虫払大法会布教講演
不退の精進行をもって誓願達成を
全国布教師
群馬県前橋市　覚王寺住職
阿部美道御尊師 …… 54
寺院紹介　妙養山啓道寺 …… 61
Let's! チャレンジ教学
二箇相承 …… 66
中高生のためのやさしい教学
一切の物にわたりて
名の大切なるなり …… 70
総本山だより　竜象への道　―練経 …… 74

七月号（三二二号）

今月のグラビア
第十六回法華講夏期講習会 …… 1
妙法の唱え閻浮に絶えず(175)
「法華講支部結成十周年を迎えて」
シンガポール　開妙院 …… 6
御法主日如上人猊下御指南
余念なく一筋に信仰を …… 10
御書拝読　十字御書 …… 12
なるほどなっとく！Q＆A
化城宝処の譬えってな～に？ …… 18
伝統を永遠に
三門大改修工事レポート㉛
礎石の下部 …… 22
80万人体勢構築に向かって
山梨県富士川町　白蓮寺支部〔前編〕 …… 26
折伏の手引き　真言律宗 …… 34

御霊宝虫払大法会布教講演
御命題達成は御本尊様とのお約束
全国布教師　宗務院教学部副部長
東京都墨田区　妙縁寺住職
宮野審道御尊師 …… 36
講中アラカルト　山梨県甲府市・正光寺
創立六十周年記念移転新築落慶法要 …… 43
体験発表
できる時に、できることを精一杯!
京都府顕妙寺支部　井上位登子 …… 47
新入信者の育成のために
師弟相対の信心(2) …… 51
コミック　日蓮大聖人物語
=宗旨の内証宣示(一)= …… 55
寺院紹介　那須山覚徳寺 …… 61
Let's!チャレンジ教学　十大部御書 …… 66
中高生のためのやさしい教学
信じるということ …… 70
総本山だより　竜象への道　―太鼓 …… 74

八月号(三二三号)

今月のグラビア　総本山三門上棟式 …… 1
妙法の唱え閻浮に絶えず(176)
「困難を力に変え　広布前進と地域安寧を」
台湾　花東布教所 …… 6
御法主日如上人猊下御指南
心の財を積んで妙法広布に生きる …… 10
御書拝読　南部六郎殿御書 …… 12
なるほどなっとく!Q&A
盂蘭盆会ってな〜に? …… 18
伝統を永遠に　三門大改修工事レポート㉜
柱の組み上げ順序 …… 22
80万人体勢構築に向かって
山梨県富士川町　白蓮寺支部〔後編〕 …… 26
折伏の手引き　華厳宗 …… 34
布教講演　勤行・唱題で折伏推進
仙台市宮城野区　善修寺住職
岩切耐道御尊師 …… 36
講中アラカルト　岡山県高梁市・園林寺
創立四十周年記念法要 …… 43
体験発表　大御本尊様の御慈悲に包まれて
東京都法道院支部　小西幸子 …… 47
新入信者の育成のために　化儀と化法 …… 51
コミック　日蓮大聖人物語
=宗旨の内証宣示(二)= …… 55
寺院紹介　仏生山蓮華寺 …… 61
Let's!チャレンジ教学
種熟脱の三益 …… 66
中高生のためのやさしい教学
学び知ること …… 70
総本山だより　竜象への道　―夜勤番 …… 74

九月号(三二四号)

今月のグラビア
法華講中等部・高等部合宿登山 …… 1
妙法の唱え閻浮に絶えず(177)
「一歩一歩、着実に広布への歩みを」
オーストリア …… 6
御法主日如上人猊下御指南
滔々と流れる水の如き信心を …… 10
御書拝読　曽谷殿御返事 …… 12
なるほどなっとく!Q&A
「久遠」ってな〜に? …… 18
伝統を永遠に
三門大改修工事レポート㉝
銅板葺きについて(1) …… 22
80万人体勢構築に向かって
広島県福山市　正教寺支部〔前編〕 …… 26
折伏の手引き　曹洞宗 …… 34
布教講演　折伏と育成への行動
新潟市東区　聞正寺住職
大塚正範御尊師 …… 36

講中アラカルト　札幌市北区・日正寺
札幌開教百年記念法要 …… 43
信仰の基本を学ぼう　初参り …… 47
体験発表
御報恩のため〝させて頂く〟信心を
福岡県妙興寺支部　連波由佳 …… 50
コミック　日蓮大聖人物語
＝宗旨の内証宣示（三）＝ …… 55
寺院紹介　本地山成顕寺 …… 61
Let's!チャレンジ教学　三障四魔 …… 66
中高生のためのやさしい教学
私達の使う「言葉」 …… 70
総本山だより
竜象への道　―マイク番役 …… 74

十月号（三二五号）

今月のグラビア
第二十二回海外信徒夏期研修会 …… 1
妙法の唱え閻浮に絶えず(178)
「地区活動の推進を通して
令和三年の目標達成!!」
香港事務所 …… 6
御法主日如上人猊下御指南
一人ひとりが必ず折伏に立ち上がる …… 10
御書拝読　阿仏房尼御前御返事 …… 12
体験発表
今度こそ本当の広宣流布のお役に立ちたい
東京都常泉寺支部　清水咲緒里 …… 17
伝統を永遠に　三門大改修工事レポート㉞
銅板葺きについて（2） …… 22
総本山大石寺の風景　奉安堂 …… 26
80万人体勢構築に向かって
広島県福山市　正教寺支部〔後編〕 …… 28
中高生のためのやさしい教学
親に笑顔を贈ろう …… 36
コミック　日蓮大聖人物語
＝円智房らの画策＝ …… 39
中等部・高等部合宿に参加して
千葉県妙広寺支部　渡邊美貴
神奈川県小田原教会支部　勝又瑠哉
富山県妙顕寺支部　竹内佐智子
愛媛県妙源寺支部　加藤優太 …… 45
信仰の基本を学ぼう
七五三祝・成人式 …… 49
なるほどなっとく！Q&A
本門と迹門ってな〜に？ …… 52
布教講演　自行化他の実践で誓願達成
大石寺大坊内　細井信哲御尊師 …… 56
寺院紹介　妙智山常照寺 …… 63
総本山だより　竜象への道
―御法主上人のお供 …… 68

十一月号（三二六号）

今月のグラビア　寛師会 …… 1
総本山第六十七世日顕上人御遷化 …… 6
妙法の唱え閻浮に絶えず(179)
「若人の姿が講中の活力に」
台湾・宜蘭市　妙照院 …… 8
御法主日如上人猊下御指南
信心とは実践行 …… 12
御書拝読　寂日房御書 …… 14
信仰の基本を学ぼう　結婚式 …… 19
折伏の手引き　日蓮宗各派① …… 22
伝統を永遠に　三門大改修工事レポート㉟
錺金具について …… 24
80万人体勢構築に向かって
福井県大野市　法妙寺支部〔前編〕 …… 28
中高生のためのやさしい教学
身に妙法を染める …… 36
コミック　日蓮大聖人物語
＝立宗の決意＝ …… 39
講中アラカルト
岡山県備前市・音教寺
創立四十周年記念法要 …… 45

体験発表　とにかくお寺に行こう！
岡山県究竟寺支部　岡田由美 …… 49
なるほどなっとく！Q＆A
日目上人様について教えて …… 52
布教講演　不自惜身命の精神で折伏を
栃木県栃木市　信行寺住職
長野鍛道御尊師 …… 56
寺院紹介　寿徳山慧照寺 …… 63
総本山だより　竜象への道
―富士学林大学科　京都研修 …… 68

十二月号（三二七号）

今月のグラビア
総本山第六十七世
御法主日顕上人猊下奉悼特集 …… 1
御法主日如上人猊下御指南
御本尊様にお誓いした約束を守る …… 14
御書拝読　聖愚問答抄 …… 16
信仰の基本を学ぼう　葬儀① …… 21
折伏の手引き　日蓮宗各派② …… 24
伝統を永遠に　三門大改修工事レポート㊱
木製建具について …… 26
80万人体勢構築に向かって
福井県大野市　法妙寺支部〔後編〕 …… 30
コミック　日蓮大聖人物語
＝宗旨建立（一）＝ …… 38
中高生のためのやさしい教学
ルールと心得 …… 44
体験発表　命の続く限り唱題、折伏
沖縄県光明寺支部　高山清子 …… 47
なるほどなっとく！Q＆A
宝物殿について教えて …… 52
布教講演　為せば成る
大阪府岸和田市　平等寺住職
高橋慈豊御尊師 …… 56
寺院紹介　正覚山妙通寺 …… 63
総本山だより　竜象への道
―日顕上人御葬儀 …… 68

令和2年
2020

一月号（三二八号）

今月のグラビア　日蓮大聖人御大会 …… 4
妙法の唱え閻浮に絶えず(180)
「誓願達成を目指し、勇猛果敢に精進」
カナダ東部 …… 6
新年之辞　御法主日如上人猊下 …… 10
御書拝読　主師親御書 …… 12
信仰の基本を学ぼう　葬儀② …… 17
折伏の手引き　日蓮宗各派③ …… 20
伝統を永遠に　三門大改修工事レポート㊲
塗装について（1） …… 22
総本山大石寺の風景
法華講新年初登山 …… 26
80万人体勢構築に向かって
スペイン　妙昌寺支部〔前編〕 …… 28
コミック　日蓮大聖人物語
＝宗旨建立（二）＝ …… 36
中高生のためのやさしい教学
相伝の大事 …… 42
講中アラカルト　北海道網走市・得成寺
移転新築落慶法要並びに御会式 …… 45
体験発表　大切な母への恩返し
滋賀県啓道寺支部　青松美花 …… 49
なるほどなっとく！Q＆A
今年の実践テーマを教えて！ …… 53
布教講演
知恩報恩―恩を知って恩に報いる信心を
宮崎県小林市　実報寺住職
河野正朗御尊師 …… 57
寺院紹介　大照山浄願寺 …… 63

総本山だより
竜象への道 ―通学（登下校） …… 68

二月号（三二九号）

今月のグラビア
総本山第六十七世日顕上人
百箇日御忌法要 …… 1
妙法の唱え閻浮に絶えず(181)
「登山の陰の立役者
―ドメスティックサポート」タイ …… 6
御法主日如上人猊下御指南
折伏は 心を込めて 根気よく …… 10
御書拝読 椎地四郎殿御書 …… 12
信仰の基本を学ぼう 葬儀③ …… 17
折伏の手引き 曹洞宗① …… 20
伝統を永遠に 三門大改修工事レポート㊳
塗装について（2） …… 22
総本山大石寺の風景
五重塔のお塔開き …… 26
80万人体勢構築に向かって
スペイン 妙昌寺支部〔後編〕 …… 28
コミック 日蓮大聖人物語
＝宗旨建立（三）＝ …… 36
中高生のためのやさしい教学
「八千七百六十」と
「五十二万五千六百」 …… 42
講中アラカルト 岐阜県大垣市・経説寺
創立五十周年記念法要 …… 45
なるほどなっとく!Q&A
示同凡夫ってな〜に? …… 49
体験発表
今生人界の思い出は折伏しかない!
東京都妙声寺支部 土山美幸 …… 52
日蓮大聖人御大会布教講演
師弟相対の信心で御命題達成を
全国布教師 浜松市浜北区 妙重寺住職
早瀬義栄御尊師 …… 56
寺院紹介 信光山妙照寺 …… 63
総本山だより
竜象への道 ―防災訓練 …… 68

三月号（三三〇号）

今月のグラビア 法華講新年初登山 …… 1
妙法の唱え閻浮に絶えず(182)
「御命題達成へ異体同心」
アルゼンチン布教所 …… 6
御法主日如上人猊下御指南
人心が乱れる原因は謗法の害毒 …… 10
御書拝読 法華題目抄 …… 12
信仰の基本を学ぼう 法事 …… 17
折伏の手引き 曹洞宗② …… 20
伝統を永遠に
三門大改修工事レポート㊴
階段について …… 22
総本山大石寺の風景 新発意の墓参 …… 26
80万人体勢構築に向かって
広島市安佐北区 本浄寺支部〔前編〕 …… 28
コミック 日蓮大聖人物語
＝清澄寺退出＝ …… 36
体験発表
この信心で絶対幸せになれる!!
愛媛県実正寺支部 馬越美智子 …… 42
なるほどなっとく!Q&A
春季総登山会ってな〜に? …… 46
日蓮大聖人御大会布教講演
御命題達成に向かい 自他共にお題目を
強盛に唱えて折伏実践を
全国布教師
富山県富山市 妙顕寺住職
竹内雄寧御尊師 …… 50
中高生のためのやさしい教学
失敗を恐れずに …… 58
寺院紹介 本法山妙広寺 …… 61
総本山だより
竜象への道 ―年末大掃除 …… 66

四月号（三三一号）

今月のグラビア　節分会 …… 1
妙法の唱え閻浮に絶えず(183)
「国土の安寧と
オセアニア諸国の広布を目指して」
オーストラリア …… 6
御法主日如上人猊下御指南
『立正安国論』に示された原理 …… 10
御書拝読　顕立正意抄 …… 12
信仰の基本を学ぼう
地形式（地鎮祭）・
起工式・上棟式・祈念 …… 17
折伏の手引き　曹洞宗③ …… 20
伝統を永遠に
三門大改修工事レポート㊵
須弥壇周りについて …… 22
総本山大石寺の風景　洗心（宗務院前）…… 26
80万人体勢構築に向かって
広島市安佐北区　本浄寺支部〔後編〕…… 28
コミック　日蓮大聖人物語
＝父母の入信＝ …… 36
体験発表　命ある限り折伏弘教に！
長野県本立寺支部　湯田広年 …… 42
なるほどなっとく！Q&A
御遺命ってな〜に？ …… 46
布教講演　不改本位の成仏
宮崎県新富町　本蓮寺住職
鈴木法徳御尊師 …… 50
中高生のためのやさしい教学
常にお題目を唱えて …… 58
寺院紹介　専光山慈本寺 …… 61
総本山だより
竜象への道　―白衣の着付け …… 66

五月号（三三二号）

今月のグラビア
宗祖御誕生会並びに五重塔お塔開き …… 1
妙法の唱え閻浮に絶えず(184)
「御命題達成の鍵は異体同心の信行」
台湾・苗栗縣　妙徳寺 …… 6
御法主日如上人猊下御指南
安穏なる仏国土実現のため …… 10
御書拝読　四条金吾殿女房御返事 …… 12
信仰の基本を学ぼう　大行会（1）…… 17
折伏の手引き　顕本法華宗① …… 20
伝統を永遠に　三門大改修工事レポート㊶
板壁と柱の継ぎ手 …… 22
総本山大石寺の風景
妙祇園の新緑と富士山 …… 26
80万人体勢構築に向かって
大韓民国　ソウル布教所〔前編〕…… 28
コミック　日蓮大聖人物語
＝いざ鎌倉へ＝ …… 36
体験発表
脱会して怒涛の一年
折伏成就次々と！
千葉県清涼寺支部　片岡佳代 …… 42
なるほどなっとく！Q&A
内護と外護ってな〜に？ …… 46
布教講演
慈悲の心をもって　着実な折伏の実践を
長野県軽井沢町　妙照寺住職
木村道昭御尊師 …… 50
中高生のためのやさしい教学
感謝を行動に移そう …… 57
寺院紹介　妙義山法縁寺 …… 61
総本山だより　竜象への道
―十日番（勤行の準備）…… 66

六月号（三三三号）

今月のグラビア　得度式 …… 1

妙法の唱え閻浮に絶えず(185)
「講中全員が仏恩報謝の人に」
ハワイ　本誓寺 …… 6
御法主日如上人猊下御指南
不幸の根源を断つ …… 10
御書拝読　日女御前御返事 …… 12
信仰の基本を学ぼう　大行会（2） …… 17
折伏の手引き　顕本法華宗② …… 20
伝統を永遠に
三門大改修工事レポート㊷
頭貫と台輪の継ぎ手 …… 22
総本山大石寺の風景
あじさいと御影堂 …… 26
80万人体勢構築に向かって
大韓民国　ソウル布教所〔後編〕 …… 28
体験発表　すべては御本尊様の大功徳
熊本県眞法寺支部　勘場悦子 …… 35
コミック　日蓮大聖人物語
＝鎌倉での弘教＝ …… 40
なるほどなっとく！Q&A
信心と生活の関係を教えて！ …… 46
布教講演　大悪をこれば大善きたる
広島県福山市　正教寺住職
長谷川信達御尊師 …… 50
中高生のためのやさしい教学
感染症に打ち勝つ！ …… 58
寺院紹介　蓮華山寿泉寺 …… 61
総本山だより
竜象への道　―御影堂番 …… 66

七月号（三三四号）

今月のグラビア　大行会 …… 1
妙法の唱え閻浮に絶えず(186)
「誓いも新たに広布へ前進」
インドネシア　妙願寺 …… 6
御法主日如上人猊下御指南
『立正安国論』の御聖意を拝して …… 10
御書拝読　新池御書 …… 12
信仰の基本を学ぼう　盂蘭盆会（1） …… 17
折伏の手引き　法華宗（本門流）① …… 20
伝統を永遠に
三門大改修工事レポート㊸
継ぎ手と仕口 …… 22
総本山大石寺の風景　奉安堂照心庭 …… 26
80万人体勢構築に向かって
パナマ　大廣寺支部〔前編〕 …… 28
コミック　日蓮大聖人物語
＝辻説法＝ …… 36
中高生のためのやさしい教学
善鬼と悪鬼 …… 42
体験発表　今こそ唱題　果敢に折伏！
東京都大修寺支部　大森康平 …… 45
なるほどなっとく！Q&A
信心の心がけを教えて！ …… 50
布教講演
異体同心して御命題を達成しよう
埼玉県東松山市　開徳寺住職
菅原信稔御尊師 …… 54
寺院紹介　東陽山持妙寺 …… 61
総本山だより　竜象への道　―唱題 …… 66

八月号（三三五号）

今月のグラビア　唱題行 …… 1
妙法の唱え閻浮に絶えず(187)
「仏語は実にして虚しからず」
セルビア共和国 …… 6
御法主日如上人猊下御指南
妙法の大良薬をもって …… 10
御書拝読　日厳尼御前御返事 …… 12
信仰の基本を学ぼう　盂蘭盆会（2） …… 17
折伏の手引き　法華宗（本門流）② …… 20
伝統を永遠に
三門大改修工事レポート㊹
（最終回）金物の種類 …… 22

総本山大石寺の風景　盂蘭盆　墓参……26
80万人体勢構築に向かって
パナマ　大廣寺支部〔後編〕……28
中高生のためのやさしい教学
仏様の慈悲……37
コミック　日蓮大聖人物語
＝弟子・檀那の出現＝……40
体験発表
やっぱり日蓮正宗しかない！
岐阜県経説寺支部　国枝活子……46
なるほどなっとく！Q&A
特別御供養について教えて！……50
布教講演　素直な心で信心に徹しよう
名古屋市港区　本覚寺住職
本間雄華御尊師……54
寺院紹介　華光山信善寺……61
総本山だより
竜象への道　―課題論文の執筆……66

九月号（三三六号）

今月のグラビア　八月度広布唱題会……1
妙法の唱え閻浮に絶えず(188)
「動けば必ず智慧が湧く」
台湾・彰化縣　本照院……6
御法主日如上人猊下御指南
一人もかけず仏に成る……10
御書拝読　御義口伝……12
信仰の基本を学ぼう　寛師会……17
折伏の手引き　本門佛立宗①……20
中高生のためのやさしい教学
未来のために、今を大切に……22
コラム　妙法の実践　未来への確信……25
総本山大石寺の風景　寛師会の花火……26
80万人体勢構築に向かって
フィリピン　法開寺〔前編〕……28
コミック　日蓮大聖人物語
＝松葉ヶ谷での弘教＝……36
体験発表　広布のお役に立てる信心を
高知県延寿寺支部　青木孝志……42
布教講演　御命題達成へ向けて
福岡県筑紫野市　信法寺住職
鈴木道雅御尊師……46
なるほどなっとく！Q&A
富木常忍ってどんな人？……54
中興の祖　日寛上人伝（1）
大聖人御入滅後の時代
御誕生から青年期……58
寺院紹介　永正山法乗寺……61
総本山だより
竜象への道　―塔婆書き……66

十月号（三三七号）

今月のグラビア　盂蘭盆会……1
妙法の唱え閻浮に絶えず(189)
「『日々、着実な実践』を合い言葉に」
メキシコ……6
御法主日如上人猊下御指南
断固たる決意と確信と勇気を持って……10
御書拝読　佐渡御勘気抄……12
信仰の基本を学ぼう
日蓮大聖人御大会（御会式）(1)……17
折伏の手引き　本門佛立宗②……20
中高生のためのやさしい教学
自他へエールを……22
コラム　妙法の実践
不染世間法　如蓮華在水……25
総本山大石寺の風景
早朝、初冠雪の富士山を望む……26
80万人体勢構築に向かって
フィリピン　法開寺〔後編〕……28
布教講演
不退転の信行を身につけよう
総本山塔中理境坊内
小川正豪御尊師……37

コミック　日蓮大聖人物語
＝四条金吾の入信＝ …… 44
体験発表　母の病気から得たもの
福岡県妙流寺支部　吉田未有季 …… 50
なるほどなっとく！Q&A
なぜ、御会式には桜の花を飾るの？ …… 54
中興の祖　日寛上人伝（２）普門品の奉納
六十六部の行者との問答 …… 58
寺院紹介　福修山大円寺 …… 61
総本山だより
竜象への道　―食事当番 …… 66

十一月号（三三八号）

今月のグラビア
総本山第六十七世日顕上人
第一周御忌法要 …… 1
妙法の唱え閻浮に絶えず(190)
「信心とは実践行なり」
アメリカ・シカゴ　妙行寺 …… 6
御法主日如上人猊下御指南
いかに折伏が大事か …… 10
御書拝読　御講聞書 …… 12
信仰の基本を学ぼう
日蓮大聖人御大会（御会式）(2) …… 17
折伏の手引き　法華宗（陣門流）① …… 20
中高生のためのやさしい教学
慈悲ある人になろう …… 22
コラム　妙法の実践
我が子の如く　我が親の如く …… 25
総本山大石寺の風景
かがり火と助番僧（御大会） …… 26
80万人体勢構築に向かって
台湾　本興院支部〔前編〕 …… 28
コミック　日蓮大聖人物語
＝清澄寺・二間寺を守る＝ …… 36
中興の祖　日寛上人伝（３）
市之進の出家
覚真の修行　細草檀林（一） …… 42
講中アラカルト
神奈川県鎌倉市・護国寺
竜口発迹顕本七百五十年記念法要 …… 45
体験発表
真剣に信心すれば必ず折伏はできる
富山県福徳寺支部　川上正哉 …… 49
なるほどなっとく！Q&A
唱題行ってな〜に？ …… 53
布教講演　異体同心して全支部達成
大阪市住吉区　妙輪寺住職
盛岡窮道御尊師 …… 57
寺院紹介　法経院 …… 63
総本山だより
竜象への道　―丑寅勤行　客殿番 …… 68

十二月号（三三九号）

今月のグラビア　大石寺三門展開幕式 …… 1
妙法の唱え閻浮に絶えず(191)
「南無妙法蓮華経は師子吼の如し」
ブラジル　正法寺 …… 6
御法主日如上人猊下御指南
妙法を強いて説き聞かせる …… 10
御書拝読　顕仏未来記 …… 12
体験発表
不幸に悩む周囲の人にこの信心を！
北海道寶龍寺支部　伊藤美恵子 …… 17
なるほどなっとく！Q&A
三門大改修工事について教えて！ …… 21
コラム　妙法の実践
行かばその道は開けん …… 25
総本山大石寺の風景　六万塔と富士 …… 26
80万人体勢構築に向かって
台湾　本興院支部〔後編〕 …… 28
布教講演　誓願に生きる信仰の在り方
愛媛県西条市　一心寺住職
長谷良孝御尊師 …… 35

中高生のためのやさしい教学
自らの使命を知り動こう …… 41
講中アラカルト
群馬県安中市・法勤寺
創立四十周年記念法要 …… 45
信仰の基本を学ぼう　丑寅勤行 …… 49
折伏の手引き　法華宗（陣門流）② …… 52
コミック　日蓮大聖人物語
＝災難の続発＝ …… 54
中興の祖　日寛上人伝（4）
細草檀林（二） …… 60
寺院紹介　妙種山法観寺 …… 63
総本山だより
竜象への道　―正月の飾り付け …… 68

令和3年
2021

一月号（三四〇号）

今月のグラビア　日蓮大聖人御大会 …… 4
妙法の唱え閻浮に絶えず(192)
「広布への歩みを止めることなく」
チリ共和国 …… 6
新年之辞　御法主日如上人猊下 …… 10
御書拝読　善無畏三蔵抄 …… 12
体験発表
まずは自分が一人立つ信心を！
東京都法道院支部　佐々木洋一 …… 17
なるほどなっとく！Q&A
今年の実践テーマを教えて！ …… 21
コラム　妙法の実践
今こそ使命を果たす時 …… 25
展示紹介　大石寺三門展①
建立の経緯 …… 26
80万人体勢構築に向かって
広島市東区　興福寺支部（前編） …… 28
コミック　日蓮大聖人物語
＝岩本実相寺の一切経蔵＝ …… 36
中興の祖　日寛上人伝（5）
覚真の檀林生活
『草鶏記』各本にみる
覚真の細草昇進 …… 42
講中アラカルト
千葉県野田市・法道寺
創立五十周年
並びに梵鐘堂新築落慶記念法要 …… 45
信仰の基本を学ぼう　元旦勤行 …… 49
中高生のためのやさしい教学
節目を大切にして …… 52
布教講演　生きる真の目的
大阪市淀川区　妙栄寺住職
岡崎法顕御尊師 …… 56
寺院紹介　法海山深妙寺 …… 63
総本山だより
竜象への道　―塔婆室番役 …… 68

二月号（三四一号）

今月のグラビア　法華講新年初登山 …… 1
妙法の唱え閻浮に絶えず(193)
「一人ひとりが広布の主役」
台湾・高雄市　法宣院 …… 6
御法主日如上人猊下御指南
正法広布に我が身を捧げて …… 10
御書拝読　中興入道御消息 …… 12
信仰の基本を学ぼう　宗祖御誕生会 …… 17
折伏の手引き　法華宗（真門流）① …… 20
中興の祖　日寛上人伝（6）
名目条箇部・
四教儀集解部時代・大石寺叙景詩 …… 22
コラム　妙法の実践
苦難の先に安楽あり …… 25
展示紹介　大石寺三門展②
『当山由緒書』 …… 26

80万人体勢構築に向かって
　広島市東区　興福寺支部〈後編〉…… 28
なるほどなっとく！Q&A
　宗祖御誕生会について教えて！…… 36
布教講演　慈悲の心で一言を発しよう
　東京都江戸川区　大護寺住職
　　原道準御尊師…… 40
講中アラカルト　横浜市旭区・大歓寺
　創立五十周年記念法要…… 45
体験発表
　広布のお役に立つよう
　　これからも精進を
　　北海道日正寺支部　野沢祐子…… 49
コミック　日蓮大聖人物語
　＝日興上人の入門＝…… 54
中高生のためのやさしい教学
　自分らしさを大切に…… 60
寺院紹介　丹生山法林寺…… 63
総本山だより　竜象への道　―同期生…… 68

三月号（三四二号）

今月のグラビア
　総本山三門大改修並びに
　　諸堂宇修復完成奉告法要…… 1
妙法の唱え閻浮に絶えず(194)
「日蓮大聖人御聖誕八百年大佳節に飛躍を」
　アメリカ・ロサンゼルス　妙法寺…… 6
御法主日如上人猊下御指南
　勝利の秘訣…… 10
御書拝読　秋元御書…… 12
信仰の基本を学ぼう　彼岸会…… 17
折伏の手引き　法華宗（真門流）②…… 20
中興の祖　日寛上人伝（7）
　玄義部時代（一）…… 22
コラム　妙法の実践
　行住坐臥を選ぶべからず…… 25
展示紹介　大石寺三門展③
　大石寺三門模型…… 26
我が支部の折伏・育成
　埼玉県東松山市　開徳寺支部〈前編〉…… 28
体験発表
　折伏は動かなければ始まらない！
　　青森県法典院支部　福澤照次…… 37
なるほどなっとく！Q&A
　親孝行について教えて！…… 42
布教講演
　悔いを残さずに　この一年を終えよう
　　名古屋市港区　本覚寺住職
　　　本間雄華御尊師…… 46
コミック　日蓮大聖人物語
　＝一念三千の法門＝…… 52
中高生のためのやさしい教学
　今日より明日、立派な自分に…… 58
寺院紹介　蓮昌院…… 61
総本山だより　竜象への道
　―富士学林大学科　入試…… 66

四月号（三四三号）

今月のグラビア　宗祖日蓮大聖人
　御聖誕八百年慶祝大法要…… 1
妙法の唱え閻浮に絶えず(195)
「今だからこそできる信行を」
　インドネシア　法清寺…… 8
御法主日如上人猊下御指南
　真心からの折伏を…… 12
御書拝読　滅劫御書…… 14
信仰の基本を学ぼう
　立宗会（宗旨建立法要）…… 19
折伏の手引き　本門法華宗①…… 22
中興の祖　日寛上人伝（8）
　玄義部時代（二）…… 24
コラム　妙法の実践
　世のため人のために…… 27
展示紹介　大石寺三門展④
　下層柱の輪切り・三門屋根の旧銅板…… 28

我が支部の折伏・育成
埼玉県東松山市　開徳寺支部〔後編〕…… 30
布教講演
広布の戦いのなかに身を置いてこそ
相模原市緑区　正継寺住職
松尾器道御尊師 …… 39
なるほどなっとく！Q&A
相伝ってな〜に？ …… 46
体験発表
一家和楽の信心で広布のお役に!!
埼玉県華光寺支部　成澤祐也 …… 50
コミック　日蓮大聖人物語
＝謎の雲水＝ …… 54
中高生のためのやさしい教学
東日本大震災から十年 …… 60
寺院紹介　大泉山真福寺 …… 63
総本山だより
竜象への道　―大坊自治会 …… 68

五月号（三四四号）

今月のグラビア
総本山第十一世日底上人
第五百五十回遠忌
並びに第十五世日昌上人
第四百回遠忌法要 …… 1
妙法の唱え閻浮に絶えず(196)
「輝く笑顔で折伏に邁進」スリランカ …… 6
御法主日如上人猊下御指南
世の中の安寧と人々の幸せのために …… 10
御書拝読　読経と法華経と難易の事 …… 12
信仰の基本を学ぼう　勤行 …… 17
折伏の手引き　本門法華宗② …… 20
中興の祖　日寛上人伝（9）
文句部時代（一） …… 22
コラム　妙法の実践
折伏成就のために
「読む、話す、書く」の行動を …… 25
展示紹介　大石寺三門展⑤
看板「日蓮正宗總本山」 …… 26
我が支部の折伏・育成
栃木県那須塩原市
覚徳寺支部〔前編〕 …… 28
なるほどなっとく！Q&A
なぜ、たくさんのお経があるの？ …… 36
体験発表
一歩、踏み出す勇気で願いは叶う
神奈川県寿照寺支部　高橋廣子 …… 40
オンライン法話
立正安国の時来たり
広島県福山市　正教寺住職
長谷川信達御尊師 …… 47
コミック　日蓮大聖人物語
＝『立正安国論』の奏呈＝ …… 52
中高生のためのやさしい教学
鯉のぼり …… 58
寺院紹介　明徳山大経寺 …… 61
総本山だより
竜象への道　―登山事務所番 …… 66

六月号（三四五号）

今月のグラビア　得度式 …… 1
妙法の唱え閻浮に絶えず(197)
「一人・二人・百人と
次第に唱へつたふるなり」ドイツ …… 6
御法主日如上人猊下御指南
決然として破邪顕正の折伏に …… 10
御書拝読　一代聖教大意 …… 12
信仰の基本を学ぼう　勤行② …… 17
折伏の手引き
神社神道・民族信仰・俗信① …… 20
中興の祖　日寛上人伝（10）
文句部時代（二） …… 22
コラム　妙法の実践
力あらば一文一句なりとも
かたらせ給ふべし …… 25

展示紹介　大石寺三門展⑥
三門を支え続けた梁……26
我が支部の折伏・育成
栃木県那須塩原市
覚徳寺支部〔後編〕……28
コミック　日蓮大聖人物語
＝松葉ヶ谷の法難（一）＝……36
中高生のためのやさしい教学
正しい信仰を守る……42
講中アラカルト
千葉県成田市・智妙寺
創立三十五周年記念法要……45
体験発表
御本尊様に巡り値えた喜びをもって
熊本県涌徳寺支部　吉田ユキ子……49
なるほどなっとく！Q&A
所属寺院について教えて！……53
オンライン法話
今こそ大御本尊様を根本とした
信行の実践を
埼玉県東松山市　開徳寺住職
菅原信稔御尊師……57
寺院紹介　華徳山常福寺……63
総本山だより
竜象への道　―御開扉……68

七月号（三四六号）

今月のグラビア　法華講講習会……1
妙法の唱え閻浮に絶えず(198)
「逆境に打ち勝つ信心を！」
台湾・台北市　本興院……6
御法主日如上人猊下御指南
断固たる決意を持って折伏を……10
御書拝読　四条金吾殿御返事……12
信仰の基本を学ぼう　御報恩御講……17
折伏の手引き
神社神道・民族信仰・俗信②……20
中興の祖　日寛上人伝（11）
文句部時代（三）……22
コラム　妙法の実践
不可能を可能にする信心……25
展示紹介　大石寺三門展⑦
大棟の輪宝紋と瓦棒・鬼の鶴丸紋……26
我が支部の折伏・育成
北海道岩見沢市　知道寺支部〔前編〕……28
コミック　日蓮大聖人物語
＝松葉ヶ谷の法難（二）＝……36
中高生のためのやさしい教学
ありのままに輝く自分……42
講中アラカルト　鹿児島県奄美市・立安寺
創立六十周年記念法要……45
体験発表
御本尊様の広大無辺の力用に感謝！
千葉県清涼寺支部　渡邉達也……49
なるほどなっとく！Q&A
勤行の心構えを教えて！……53
オンライン法話
チャンスを逃さず折伏実践
京都市東山区　住本寺住職
阿部郭道御尊師……57
寺院紹介　実法山宣正寺……63
総本山だより
竜象への道　―中学一年生……68

八月号（三四七号）

今月のグラビア
総本山第五十六世日應上人
第百回遠忌法要……1
妙法の唱え閻浮に絶えず(199)
「蓮華のように清らかな信行を」
トリニダード・トバゴ……6
御法主日如上人猊下御指南
南無妙法蓮華経は師子吼の如し……10
御書拝読　兄弟抄……12

信仰の基本を学ぼう　御報恩御講②……17
折伏の手引き
民間信仰①　稲荷信仰……20
中興の祖　日寛上人伝（12）
文句部時代（四）……22
コラム　妙法の実践　真の正直者……25
展示紹介　大石寺三門展⑧
懸魚六葉・降り懸魚六葉……26
我が支部の折伏・育成
北海道岩見沢市　知道寺支部〔後編〕……28
コミック　日蓮大聖人物語
＝松葉ヶ谷の法難（三）＝……36
中高生のためのやさしい教学
世の中のことにアンテナを張ろう……42
講中アラカルト　新潟市秋葉区・正安寺
創立四十周年記念法要……45
体験発表
より多くの方に
笑顔になってもらえるよう折伏に
静岡県妙重寺支部　鈴木喜代美……49
なるほどなっとく！Ｑ＆Ａ
夏休みの過ごし方を教えて！……53
オンライン法話　唯我が信ずるのみに非ず
又他の誤りをも誡めんのみ
相模原市緑区　正継寺住職
松尾器道御尊師……57
寺院紹介　高松山玉林寺……63
総本山だより
竜象への道　―御経日の準備……68

九月号（三四八号）

今月のグラビア　法華講中等部研修会……1
妙法の唱え閻浮に絶えず(200)
「いかなる時も弛まぬ信行を！」
アフリカ・ガーナ　法華寺……6
御法主日如上人猊下御指南
一人でも多くの人に妙法の功徳を……10
御書拝読　総在一念抄……12
信仰の基本を学ぼう　宗祖御難会①……17
オンライン法話
未来広布への確信を持って前進しよう
大石寺大坊内　野中信栄御尊師……20
コラム　妙法の実践
「人格の完成」を目指して……25
展示紹介　大石寺三門展⑨
御供養者の名前が刻まれた銅板……26
我が支部の折伏・育成
千葉県松戸市　妙広寺支部〔前編〕……28
コミック　日蓮大聖人物語
＝下総での弘教＝……36
中興の祖　日寛上人伝（13）
文句部満講……42
講中アラカルト　宮城県登米市・本源寺
復帰奉告法要並びに住職入院式……45
なるほどなっとく！Ｑ＆Ａ
お墓について教えて！……49
リレー体験発表
病によりて道心はおこり候か
岡山県法命寺支部
上者美枝子・郁夫……52
中高生のためのやさしい教学
成功の鍵……60
寺院紹介　法光山宣照寺……63
総本山だより
竜象への道　―蓮蔵坊掃除……68

十月号（三四九号）

今月のグラビア
法華講学生部研修会・
法華講高等部研修会……1
妙法の唱え閻浮に絶えず(201)
「今だからこそできる折伏・育成を！」
スペイン
妙昌寺・テネリフェ出張所……6

御法主日如上人猊下御指南
一天広布を目指して …… 10
御書拝読　本尊問答抄 …… 12
オンライン法話
御難会の月、折伏実践を誓い合おう
群馬県太田市　高林寺住職
宮脇正能御尊師 …… 17
なるほどなっとく！Q＆A
熱原法難について教えて① …… 21
コラム　妙法の実践　理想的な僧伽 …… 25
展示紹介　大石寺三門展⑩
令和の大改修で
取り替えられた肘木と柱 …… 26
我が支部の折伏・育成
千葉県松戸市　妙広寺支部〔後編〕 …… 28
信仰の基本を学ぼう
宗祖御難会② …… 39
中興の祖　日寛上人伝（14）
『新説結座説法』 …… 42
講中アラカルト
北海道帯広市・法廣寺
三師塔建立開眼法要 …… 45
体験発表
ついに巡り会えた正しい教え
茨城県光顕寺支部　大竹洸希 …… 49
コミック　日蓮大聖人物語
＝極楽寺重時の陰謀＝ …… 54
中高生のためのやさしい教学
依法不依人 …… 60
寺院紹介　大行山正妙寺 …… 63
総本山だより
竜象への道　―樒の水替え …… 68

十一月号（三五〇号）

今月のグラビア
総本山第六十七世日顕上人
第三回御忌法要 …… 1
妙法の唱え閻浮に絶えず(202)
「渇仰恋慕の信心で
コロナ禍を乗り越えよう！」
台湾・台中市　妙行院 …… 6
御法主日如上人猊下御指南
今こそ、持てる力のすべてを出して …… 10
御書拝読　四信五品抄 …… 12
信仰の基本を学ぼう
目師会（日目上人法要） …… 17
折伏の手引き　民間信仰②　八幡信仰 …… 20
中興の祖　日寛上人伝（15）
細草檀林の講主時代 …… 22
コラム　妙法の実践
折伏は信心鍛錬の修行 …… 25
展示紹介　大石寺三門展⑪
御厨子（実物展示） …… 26
我が支部の折伏・育成
青森県弘前市　法典院支部〔前編〕 …… 28
コミック　日蓮大聖人物語
＝伊豆配流（一）＝ …… 36
中高生のためのやさしい教学
幸せになるための〝ひと手間〟 …… 42
講中アラカルト　兵庫県西宮市・正蓮寺
創立八十周年記念法要 …… 45
体験発表
大切な方を何としても正信に！
千葉県本顯寺支部　花島泰紀 …… 49
なるほどなっとく！Q＆A
熱原法難について教えて② …… 53
オンライン法話
大聖人様の御意にかなった信心
仙台市宮城野区　善修寺住職
岩切耐道御尊師 …… 57
寺院紹介　大乗山善福寺 …… 63
総本山だより
竜象への道　―御講の準備 …… 68

十二月号（三五一号）

今月のグラビア
総本山第十世日乗上人
第五百五十回遠忌法要 …… 1
妙法の唱え閻浮に絶えず(203)
「いかなる困難にも打ち勝つ確固たる信行を」
カナダ・バンクーバー　妙正寺 …… 6
御法主日如上人猊下御指南
この妙法を一人でも多くの人々に …… 10
御書拝読　佐渡御書 …… 12
信仰の基本を学ぼう　唱題のすすめ …… 17
折伏の手引き　民間信仰③　天神信仰 …… 20
中興の祖　日寛上人伝（16）
御書の講談（一） …… 22
コラム　妙法の実践
喜びの心で折伏を …… 25
展示紹介
総本山第五十六世日應上人
第百回遠忌記念展①
日應上人略伝・
御肖像画・御辞世石摺 …… 26
我が支部の折伏・育成
青森県弘前市　法典院支部〔後編〕 …… 28
コミック　日蓮大聖人物語
＝伊豆配流（二）＝ …… 36
中高生のためのやさしい教学
どうして人はみんな違うの？ …… 42
講中アラカルト
神奈川県小田原市・小田原教会
創立百三十五周年記念
本堂屋根改修完成奉告法要 …… 45
体験発表
変わるにはこの信心しかない！
京都府平安寺支部　冨田小百合 …… 49
なるほどなっとく！Q&A
須梨槃特ってどんな人？ …… 53
オンライン法話
日目上人様のお振る舞いを拝して
山梨県富士川町　白蓮寺住職
長倉正裕御尊師 …… 57
寺院紹介　広布山教徳寺 …… 63
総本山だより
竜象への道　─丑寅勤行のお供 …… 68

令和4年
2022

一月号（三五二号）

今月のグラビア　日蓮大聖人御大会 …… 4
妙法の唱え閻浮に絶えず(204)
「異体同心で広布に前進」
ブラジル
アングラ・ドス・ヘイス布教所 …… 6
新年之辞　御法主日如上人猊下 …… 10
御書拝読　三大秘法稟承事 …… 12
信仰の基本を学ぼう
興師会（日興上人法要）① …… 17
折伏の手引き　民間信仰④　観音信仰 …… 20
中興の祖　日寛上人伝（17）
御書の講談（二） …… 22
コラム　妙法の実践
さいわいは心よりいでて我をかざる …… 25
展示紹介　総本山第五十六世日應上人
第百回遠忌記念展②
御句「深川に蛸一匹の浮き沈み」・
富士派萬歳之図 …… 26

当流法難史
江戸時代の大石寺と
江戸幕府の宗教政策 …… 28
仏教説話をひもとく
第一話「石虎将軍」 …… 32
コミック　日蓮大聖人物語
＝地頭・伊東八郎左衛門の帰伏＝ …… 36
中高生のためのやさしい教学
発心 …… 42
講中アラカルト
滋賀県近江八幡市・慧照寺
創立四十周年記念法要 …… 45
体験発表
邪宗との決別で正法の功徳を実感
広島県正教寺支部　吉山正晃 …… 49
なるほどなっとく！Q&A
今年の実践テーマを教えて！ …… 54
オンライン法話
最後まで、敢然と挑戦を
愛媛県松山市　妙源寺住職
大橋慈興御尊師 …… 58
寺院紹介　樽前山仏宝寺 …… 63
総本山だより
竜象への道　―お経廻り …… 68

二月号（三五三号）

今月のグラビア　法華講新年初登山 …… 1
妙法の唱え閻浮に絶えず(205)
「遂に願ふべきは仏国なり」
フランス　信行寺 …… 6
御法主日如上人猊下御指南
信心とは実践 …… 10
御書拝読　最蓮房御返事 …… 12
信仰の基本を学ぼう
興師会（日興上人法要）② …… 17
折伏の手引き
民間信仰⑤　薬師信仰 …… 20
中興の祖　日寛上人伝（18）
御書の講談（三） …… 22
コラム　妙法の実践　縁を結べばこそ …… 25
アメリカ・ニューヨーク妙説寺
日蓮大聖人御聖誕八百年展
開催概要 …… 26
当流法難史　金沢法難（一）
加賀藩における大石寺信仰の濫觴 …… 28
仏教説話をひもとく
第二話「鹿野苑の鹿」 …… 32
コミック　日蓮大聖人物語
＝極楽寺重時の最期＝ …… 36
中高生のためのやさしい教学
あなたが背負う看板 …… 42
講中アラカルト
静岡県富士宮市・要行寺
本堂新築落慶法要 …… 45
体験発表
広布のお手伝いに我が身を捧げて
宮城県佛眼寺支部　尾﨑正隆 …… 49
なるほどなっとく！Q&A
興師会ってな～に？ …… 54
オンライン法話
一天四海本因妙広宣流布達成を目指して
宗務院海外部長
静岡県富士宮市　妙蓮寺住職
漆畑日実御尊能化 …… 58
寺院紹介　千歳山法涌寺 …… 63
総本山だより
竜象への道　―典礼院番 …… 68

三月号（三五四号）

今月のグラビア　節分会 …… 1

妙法の唱え閻浮に絶えず(206)
「御指南のままに異体同心の信行を」
フィリピン　法開寺 …… 6
御法主日如上人猊下御指南
今こそ　折伏の時 …… 10
御書拝読　御講聞書 …… 12
信仰の基本を学ぼう　節分会 …… 17
折伏の手引き　民間信仰⑥　地蔵信仰 … 20
中高生のためのやさしい教学
視野を広げて世界を見る …… 22
コラム　妙法の実践
如説修行の人を目指して …… 25
アメリカ・ニューヨーク妙説寺
日蓮大聖人御聖誕八百年展
展示開催報告 …… 26
当流法難史　金沢法難（二）
取り調べの顛末 …… 28
体験発表
折伏は諦めなければ必ず叶う！
長野県妙照寺支部　中島俊子 …… 33
コミック　日蓮大聖人物語
＝五綱教判＝ …… 38
仏教説話をひもとく
第三話「季札」 …… 44
中興の祖　日寛上人伝（19）
御書の講談（四） …… 48
なるほどなっとく！Q&A
御本尊様への
お供えについて教えて！ …… 52
オンライン法話
確信と勇気をもって折伏しよう
名古屋市中村区　妙通寺住職
細井道迅御尊師 …… 56
寺院紹介　本法山直唱寺 …… 61
総本山だより
竜象への道　―英会話 …… 66

四月号（三五五号）

今月のグラビア
宗祖御誕生会並びに五重塔お塔開き … 1
アメリカ・ニューヨーク妙説寺
日蓮大聖人御聖誕八百年展 …… 6
御法主日如上人猊下御指南
一人でも多くの人々に妙法を …… 12
御書拝読　聖愚問答抄 …… 14
信仰の基本を学ぼう
御霊宝虫払大法会 …… 19
折伏の手引き　民間信仰⑦　不動信仰 … 22
中高生のためのやさしい教学
文字は人の心の表れ …… 24
コラム　妙法の実践　今こそ折伏の時 … 27
当流法難史　金沢法難（三）
日詳上人による末寺建立願い …… 28
オンライン法話　今こそ折伏の時
岩手県盛岡市　得道寺住職
水島信淳御尊師 …… 33
コミック　日蓮大聖人物語
＝金剛院行満の帰伏＝ …… 38
仏教説話をひもとく
第四話「須達長者と祇園精舎」 …… 44
体験発表　折伏の縁は身近なところに
福岡県霑妙寺支部　古賀文子 …… 48
なるほどなっとく！Q&A
どうしたら平和な世界になるの？ …… 52
中興の祖　日寛上人伝（20）
御書の講談（五） …… 56
寺院紹介　法悦院 …… 61
総本山だより
竜象への道　―仏飯のお給仕 …… 66

五月号（三五六号）

今月のグラビア　得度式 …… 1

妙法の唱え閻浮に絶えず(207)
「疫病に負けない！ 日々信行に精進」
台湾・新北市 法秀院 …… 6
御法主日如上人猊下御指南
確信あるひとことが、
相手の心を動かす …… 10
御書拝読 転重軽受法門 …… 12
信仰の基本を学ぼう
日蓮大聖人の御一生（1） …… 17
折伏の手引き 民間信仰⑧
鬼子母神信仰 …… 20
中興の祖 日寛上人伝（21）御登座 …… 22
コラム 妙法の実践
折伏の一歩を踏み出そう …… 25
当流法難史 金沢法難（四）
法統相続と加賀からの出家得度 …… 26
オンライン法話
今こそ自分にできる報恩の折伏を
東京都町田市 妙声寺住職
井尻執道御尊師 …… 31
仏教説話をひもとく
第五話「卞和の璞」 …… 36
中高生のためのやさしい教学
「ウサギとカメ」に学ぶ …… 40
講中アラカルト
岡山県玉野市・法命寺
創立四十周年記念法要 …… 43
体験発表 どんな願いも必ず叶う
神奈川県正継寺支部 永登美幸 …… 47
なるほどなっとく！Q&A
諸天善神ってな〜に？ …… 51
コミック 日蓮大聖人物語
＝毒不能害＝ …… 55
寺院紹介 国見山正徳寺 …… 61
総本山だより 竜象への道
—富士学林大学科入学並びに開講式 …… 66

六月号（三五七号）

今月のグラビア 大行会 …… 1
妙法の唱え閻浮に絶えず(208)
「折伏と育成は一体」
パナマ共和国 大廣寺 …… 6
御法主日如上人猊下御指南
折伏を行ずることが第一 …… 10
御書拝読 瑞相御書 …… 12
信仰の基本を学ぼう
日蓮大聖人の御一生（2） …… 17
折伏の手引き
民間信仰⑨ 七福神信仰 …… 20
中興の祖 日寛上人伝（22）
金沢信徒への御指南（一） …… 22
コラム 妙法の実践
悪友のために殺されては
必ず三趣に至る …… 25
当流法難史 金沢法難（五）
一結講中・異体同心 …… 26
オンライン法話
一心欲見仏 不自惜身命の折伏実践
熊本県菊池市 眞法寺住職
黒沢糾道御尊師 …… 31
仏教説話をひもとく
第六話「喜根比丘と勝意比丘」 …… 36
中高生のためのやさしい教学
五十展転の功徳 …… 40
講中アラカルト 東京都新宿区・大願寺
創立五十周年記念法要 …… 43
体験発表 折伏の縁を願って
岡山県究竟寺支部 牧敏恵 …… 47
なるほどなっとく！Q&A
なぜ、御講に参詣するの？ …… 51
コミック 日蓮大聖人物語
＝白髪の翁の夢＝ …… 55
寺院紹介 誠諦山真教寺 …… 61
本山だより
竜象への道 —中学二年生 …… 66

御書拝読索引

御書名	新編御書頁	拝読御文	信行のポイント・キーワード	掲載号
四条金吾殿御返事	一二八七	とのも又かくのごとし。兄弟にもすてられ、（中略）いよいよ道心堅固にして今度仏になり給へ。	成仏の道、上求菩提下化衆生、執着を離れる	平成20・特—10
弁殿尼御前御書	六八六	貞任は十二年にやぶれぬ。将門は八年にかたぶきぬ。（中略）定めて釈迦・多宝・十方分身の諸仏も御知見あるか。恐々謹言。（文末）	魔に見せられた者たち、折伏弘通は魔軍との戦い、魔の手先か地涌の眷属かの二者択一	平成20・5—8
御講聞書	一八五八	今末法の時は所弘の法は法華経本門、事の一念三千の南無妙法蓮華経なり。（中略）無明法性体一となるべきなり云云。	三障四魔、己心の魔、体の魔・用の魔	平成20・6—8
教行証御書	一一一〇	但し此の本門の戒の弘まらせ給はんには、必ず前代未聞の大瑞あるべし。（中略）本門正宗に至って説き顕はし給ふのみ。	本門の大戒と小乗の斎戒、災害興起の由来と大法興隆の瑞相	平成20・7—8
諸法実相抄	六六六	いかにも今度信心をいたして法華経の行者にてとをり、（中略）ともかくも法華経に名をたて身をまかせ給ふべし。	地涌の菩薩、地涌の菩薩の徳	平成20・8—8
異体同心事	一三八九	異体同心なれば万事を成じ、同体異心なれば諸事叶ふ事なし（中略）一定法華経ひろまりなんと覚へ候。	異体同心、紂王と武王、声をかけ合うことの大切さ	平成20・9—8

御書名	新編御書頁	拝読御文	信行のポイント・キーワード	掲載号
松野殿御返事	一〇四六	過去の不軽菩薩は一切衆生に仏性あり、法華経を持たば必ず成仏すべし、（中略）仏を毀りては罪を得るなり。	他に振り回されない信行、不軽菩薩、十四誹謗	平成20・10—8
兄弟抄	九八六	此の法門を申すには必ず魔出来すべし。（中略）謹んで習ひ伝へて未来の資糧とせよ。	障魔の種類とはたらき、三障四魔、障魔を乗り越える信行	平成20・11—8
妙法尼御前御返事	一四八二	夫以みれば日蓮幼少の時より仏法を学し候ひしが（中略）臨終の後とに引き向けてみ候へば、すこしもくもりなし。	臨終の大事、臨終正念、多念の臨終・刹那の臨終	平成20・12—8
立正安国論	二五〇	客の曰く、今生後生誰か慎まざらん誰か和はざらん。（中略）唯我が信ずるのみに非ず、又他の誤りをも誡めんのみ。	「正義顕揚の年」、破邪顕正、実践三項目	平成21・1—8
日女御前御返事	一二三二	黄河は千年に一度すむといへり。（中略）若し悩乱する者は頭七分に破れん」云云。	法華経の行者には値い難し、功徳と罰、頭破作七分	平成21・2—8
千日尼御返事	一四七八	目連尊者は母の餓鬼の苦をすくい、浄蔵・浄眼は父の邪見をひるがえす。（中略）子にすぎたる財なし、子にすぎたる財なし。（文末）	子に過ぎたる財なし、目連、浄蔵・浄眼、法統相続	平成21・3—8
顕仏未来記	六七八	日蓮此の道理を存じて既に二十一年なり。（中略）我を生める父母等には未だ死せざる已前に此の大善を進らせん。	広布前進に競う障魔、三障四魔、今こそ無始の罪障を消滅する時、折伏の功徳	平成21・4—8

御書名	新編御書頁	拝読御文	信行のポイント・キーワード	掲載号
十章抄	四六六	真実に円の行に順じて常に口ずさみにすべき事は南無妙法蓮華経なり。（中略）名は必ず体にいたる徳あり。	七百五十億遍の唱題行を完遂しよう、唱題の意義と功徳、本門の題目	平成21・5—8
祈祷抄	六三〇	されば諸菩薩・諸天人等は法華経の敵の出来せよかし、（中略）下は九界をたぼらかす失あり。	祈ることの大切さ、祈りを成就するために、祈りが叶わない理由	平成21・6—8
立正安国論	二五〇	広く衆経を披きたるに専ら謗法を重んず。（中略）此の詞此の言信ずべく崇むべし。	大結集総会を成功させよう、地涌六万大結集総会を振り返って	平成21・7—8
四条金吾殿御返事	一一一七	賢人は八風と申して八つのかぜにをかされぬを賢人と申すなり。（中略）いかに申せども天まぼり給ふ事なし。	新たな御命題達成に向かって、口のわざわい、舌の罪、八風不侵の信行	平成21・8—8
諸法実相抄	六六六	日蓮と同意ならば地涌の菩薩たらんか。（中略）ともかくも法華経に名をたて身をまかせ給ふべし。	地涌湧出の意義、地涌の菩薩、広宣流布	平成21・9—8
開目抄	五四一	当世、法華の三壘の強敵なくば誰か仏説を信受せん。（中略）未来の悪道を脱すらんとをもえば悦ぶなり。	難即功徳の信行、三業実践の信心、信じ切る姿勢、折伏が主体	平成21・10—8
上野殿御返事	七四五	其の上殿はをさなくをはしき。（中略）法華経を信じさせ給へば、同じところに生まれさせ給ふべし。	法統相続はなぜ大切か、広宣流布、親の取り組みが大事	平成21・11—8

御書名	新編御書頁	拝読御文	信行のポイント・キーワード	掲載号
新池御書	一四五七	弥はげませ給ふべし、懈ることなかれ。（中略）弥法の道理を聴聞して信心の歩みを運ぶべし。	誓願達成の信行、講中の力を結集して取り組もう、異体同心	平成21・12—8
撰時抄	八六八	一渧あつまりて大海となる。微塵つもりて須弥山となれり。（中略）仏になる道は此よりほかに又もとむる事なかれ。	自行化他の基本に徹そう、実践テーマの意義、広布前進のために	平成22・1—8
種々御振舞御書	一〇五六	各々我が弟子となのらん人々は一人もをくしをもはるべからず。（中略）此の身を法華経にかうるは石に金をかへ、糞に米をかうるなり。	不惜身命の信行、自受法楽の境界に安住しよう	平成22・2—8
四条金吾殿御返事	一一七九	火はをびたゞしき様なれども、暫くあればしめる。（中略）仏法と申すは道理なり。道理と申すは主に勝つ物なり。	仏法は勝負を先とする、優劣、常に道理を立てた信行の実践を、夏の禹	平成22・3—8
法華証明抄	一五九一	又此の者嫡子となりて、人もすゝめぬに心中より信じまいらせて、（中略）日蓮が言をいやしみて後悔あるべし、後悔あるべし。	大聖人の御心、南条時光、病苦と対峙するために、病の起こる因縁	平成22・4—8
法華初心成仏抄	一三一四	譬へばよき火打ちとよき石のかどとよきほくちと此の三つ寄り合ひて火を用ふるなり。（中略）吉き法とは、此の法華経を最為第一の法と説かれたり。	よき師・よき檀那、僧俗和合、祈りを叶えるために	平成22・5—8
転重軽受法門	四八〇	涅槃経に転重軽受と申す法門あり。（中略）不軽菩薩の難に値ふゆへに、過去の罪の滅するかとみへはんべり。	不軽菩薩の滅罪、転重軽重の功徳、罪障消滅、不軽菩薩	平成22・6—8

御書名	新編御書頁	拝読御文	信行のポイント・キーワード	掲載号
上野殿御返事	一四九四	女子は門をひらく、男子は家をつぐ。（中略）さればこの男子をば日若御前と申させ給へ。くはしくは又々申すべし。	時光殿の信心の継承、法統相続は家族・組織ぐるみで	平成22・7—8
妙一女御返事	一五〇〇	尚々即身成仏とは、迹門は能入の門、本門は即身成仏の所詮の実義なり。（中略）寂光の覚月を詠め給ふべし。委細は又々申すべく候。	二種開会の成仏、即身成仏、布教と興学に精励しよう	平成22・8—8
可延定業御書	七六〇	されば日蓮悲母をいのりて候ひしかば、（中略）早く心ざしの財をかさねて、いそぎいそぎ御対治あるべし。	命とは、死、命の尊厳、一念	平成22・9—8
崇峻天皇御書	一一七三	人身は受けがたし、爪の上の土。（中略）此の御文を御覧あらんよりは心の財をつませ給ふべし。	人の振る舞い、四条金吾、主君、短気、世法即仏法	平成22・10—8
上野殿御返事	一二〇六	仰今の時、法華経を信ずる人あり。（中略）水のごとく信ぜさせ給へるか。たうとしたうとし。	精進することの大切さ、常に水の流れる信心を、火の信心、水の信心	平成22・11—8
御義口伝	一七五〇	第七　衣座室の事 御義口伝に云はく、衣座室とは法報応の三身なり。（中略）豈一念に三軌を具足するに非ずや。	如来の衣を著るとは、衣座室の三軌、三縁の慈悲、折伏	平成22・12—8
種々御振舞御書	一〇五七	仏滅後二千二百二十余年が間、（中略）仏の御使ひとなのりながら、をくせんは無下の人々なりと申しふくめぬ。	「実践行動の年」を迎えて、勤行・唱題で広布へ前進、折伏実践で御命題達成、全講員で支部総登山	平成23・1—8

御書名	新編御書頁	拝読御文	信行のポイント・キーワード	掲載号
法蓮抄	八一九	法蓮法師は毎朝口より金色の文字を出現す。（中略）是こそ実の孝養にては候なれ。	烏竜・遺竜の故事に学ぶ、死せる者をも治す功徳、追善供養、回向の功徳	平成23・2―8
四条金吾殿御返事	五九九	貴辺又日蓮にしたがひて法華経の行者として諸人にかたり給ふ。（中略）寂光の宝刹へ飛ばん事須臾刹那なるべし。（文末）	一人立つ覚悟の信行を、地涌の菩薩、夫婦和合の信心	平成23・3―8
四条金吾殿御返事	一五〇一	我が身法華経の行者ならば、霊山の教主釈迦、（中略）毎年度々の御参詣には、無始の罪障も定めて今世一世に消滅すべきか。弥はげむべし、はげむべし。	道の遠きに志のあらわるゝにや、阿仏房夫妻、登山参詣の意義と功徳	平成23・4―8
立正安国論	二三四	是何なる禍に依り、是何なる誤りに由るや。（中略）言はずんばあるべからず。恐れずんばあるべからず。	災難興起の因、東日本大震災、災難が起こる意義を考える、謗法、大法出現の瑞相	平成23・5―8
開目抄	五七二	詮ずるところは天もすて給へ、諸難にもあえ、身命を期とせん。（中略）我日本の大船とならむ等とちかいし願やぶるべからず。	誓願を立てることの大切さ、四弘誓願、地涌の誓願、地涌の菩薩の特性	平成23・6―8
佐渡御書	五八三	日蓮を信ずるやうなりし者どもが、日蓮がかくなれば疑ひをこして法華経をすつるのみならず、（中略）烏鵲が鸞鳳をわらふなるべし、わらふなるべし。（文末）	慢を誡めよう、五千起去、増上慢、十四誹謗、七慢、信行貫徹の要道、難信難解	平成23・7―8
三沢抄	一二〇二	仏法をばがくすれども、或は我が心のをろかなるにより、（中略）第七にやぶられぬれば仏になる事かたし。	仏には成り難し、竜門の滝、一眼の亀、雑事と障魔を乗り越えて、魔の十軍	平成23・8―8

御書名	新編御書頁	拝読御文	信行のポイント・キーワード	掲載号
減劫御書	九二五	法華経に云はく「皆実相と相ひ違背せず」等云云。（中略）世間の治世の法を能く能く心へて候を智者とは申すなり。	生活は信心そのもの、信心根本の生活を、世法即仏法	平成23・9—8
南条殿御返事	八八三	迦葉尊者の麦のはんはいみじくて光明如来とならせ給ふ。（中略）十らせつには此のむぎをば仏のたねとこそ御らん候らめ。	御供養の志を学ぼう、迦葉、阿那律、広布と仏法久住のために、御供養の意義	平成23・10—8
衆生身心御書	一二一二	法華経と申すは随自意と申して仏の御心をとかせ給ふ。（中略）なにとなけれどもこの経を信じぬる人をば仏のよき物とをぼすなり。	難信難解の教え、随自意、随他意、素直な求道の心こそ大切、信受	平成23・11—8
持妙法華問答抄	二九八	出る息は入る息をまたず。（中略）仏は一念随喜の功徳と説き給へり。	臨終の課題、臨終正念の心構え、多念の臨終、刹那の臨終	平成23・12—8
生死一大事血脈抄	五一四	総じて日蓮が弟子檀那等自他彼此の心なく、水魚の思ひを成して（中略）法華経の金を持つ故か。	「実行実践の年」に当たって、実践テーマに徹しよう、家族、折伏、新入講者と登山	平成24・1—8
一念三千法門	一〇九	妙楽大師の云はく「若しは取若しは捨、（中略）是を耳に触るゝ一切衆生は功徳を得る衆生なり。	声かけこそ育成の第一歩、言葉の力、聞法の大事	平成24・2—8
南条兵衛七郎殿御書	三二二	信心ふかき者も法華経のかたきをばせめず。（中略）奉公皆うせて還ってとがに行なはれんが如し。	私たちの修行、信心の目的、使命のない人はいない、地涌の眷属、阿仏房夫妻	平成24・3—8

御書名	新編御書頁	拝読御文	信行のポイント・キーワード	掲載号
持妙法華問答抄	二九八	倩世間を見るに法をば貴しと申せども、其の人をば万人是を悪む。（中略）豈冥の照覧恥づかしからざらんや。	法は人によって弘まる、同志を敬おう、十四誹謗	平成24・4―8
富木尼御前御書	九五五	なによりもをぼつかなき事は御所労なり。（中略）身を持し、心に物をなげかざれ。	高齢化社会を生きる、少子化、高齢信徒の使命、阿仏房夫妻、更賜寿命	平成24・5―8
四条金吾殿御返事	一一一八	だんなと師とをもひあわぬいのりは、水の上に火をたくがごとし。（中略）我が身もだんなもほろび候なり。	仏法で説く師について、師厳道尊に徹する信行、師弟子の関係	平成24・6―8
聖人御難事	一三九八	彼のあつわらの愚癡の者どもいゐはげましてをとす事なかれ。（中略）ぬれるうるしに水をかけ、そらをきりたるやうに候ぞ。	「言い励ます」ことの大切さ、人の心を動かすもの、赤ちゃん行動、異体同心	平成24・7―8
種々御振舞御書	一〇六三	弘決の八に云はく「若し衆生生死を出でず仏乗を慕はずと知れば、（中略）強敵が人をばよくなしけるなり。	様々な魔の働き、己心の魔に打ち勝つ信行を、十種の魔軍	平成24・8―8
種々御振舞御書	一〇七一	又頭破作七分と申す事はいかなる事ぞ。（中略）これは法華経の行者をそしりしゆへにあたりし罰とはしらずや。	謗法の現証、頭破作七分、霍乱と白癩病、与同罪	平成24・9―8
崇峻天皇御書	一一七四	孔子と申せし賢人は九思一言とて、（中略）賢きを人と云ひ、はかなきを畜という。	瞋恚を離れる、忍耐、異体同心でなければ広布は進まない	平成24・10―8

御書名	新編御書頁	拝読御文	信行のポイント・キーワード	掲載号
如説修行抄	六七一	法華折伏破権門理の金言なれば、（中略）現世安穏の証文疑ひ有るべからざる者なり。	達成の理念と志、誓願、師命の遂行、具体的な実践、折伏と唱題、動く	平成24・11－8
生死一大事血脈抄	五一四	過去の生死・現在の生死・未来の生死、三世の生死に法華経を離れ切れざるを（中略）結句此の島まで流罪す。	同心を破るもの、広布は必ず異体同心で、悪口	平成24・12－8
異体同心事	一三八九	あつわらの者どもの御心ざし、異体同心なれば万事を成じ（中略）此の一門も又かくのごとし。	人材を大切にする、劉備、異体同心、衆心は城を成す、十四誹謗	平成25・1－8
乙御前御消息	八九七	いよいよ強盛の御志あるべし。氷は水より出でたれども水よりもすさまじ。（中略）水は大干魃に失すれども黄河に入りぬれば失せず。	立志の大事、広布への志を持とう、求道、求法	平成25・2－8
千日尼御前御返事	一二九〇	佐渡の国より此の国までは山海を隔てゝ千里に及び候に、（中略）いつかいつか釈迦仏のをはします霊山会上にまひりあひ候はん。（文末）	登山参詣、阿仏房・千日尼の志	平成25・3－8
観心本尊抄	六六二	一念三千を織らざる者には仏大慈悲を起こし、（中略）四皓が恵帝に待奉せしに異ならざる者なり。	御本尊の大功徳、本尊、所縁の境、ニセ本尊	平成25・4－8
乙御前母御書	六八八	釈迦如来の御弟子あまたをはしゝなかに、十大弟子とて十人ましましゝが、（中略）いかなる宿善にてやをはすらん。	御講参詣の意義と功徳、聞法の功徳、法統相続、発心の場	平成25・5－8

御書名	新編御書頁	拝読御文	信行のポイント・キーワード	掲載号
妙一尼御前御返事	一四六七	夫信心と申すは別にはこれなく候。（中略）すこしもすつる心なく案じ給ふべく候。	信の大切さ、信心と修行の関係	平成25・6—8
南条兵衛七郎殿御書	三二二	いかなる大善をつくり、法華経を千万部書写し、（中略）当世の人々は謗法の者としろしめすべし。	地涌の誓いを果たそう、五濁、謗法呵責、地涌の菩薩、随力弘通	平成25・7—8
中興入道御消息	一四三四	去りぬる幼子のむすめ御前の十三年に、（中略）此より後々の御そとばにも法華経の題目を顕はし給へ。	心のおよぶほどはげみ給うべし、追善供養の功徳、塔婆建立の歴史	平成25・8—8
法華初心成仏抄	一三一六	地獄には堕つるとも、仏になる法華経を耳にふれぬれば、（中略）何にとしても仏の種は法華経より外になきなり。	強いて説く、下種・折伏、順縁・逆縁	平成25・9—8
南条殿御返事	一五六九	此の砌に望まん輩は無始の罪障忽ちに消滅し、（中略）是にて待ち入って候べし。	なぜ総本山に登山するのか、仏の大恩、罪障消滅、即身成仏、報恩謝徳	平成25・10—8
南条殿御返事	一五六九	教主釈尊の一大事の秘宝を霊鷲山にして相伝し、（中略）乃至般涅槃したまふ」云云。	「常住此説法」の儀式、御大会、御会式	平成25・11—8
阿仏房御書	七九二	末法に入って法華経を持つ男女のすがたより外には宝塔なきなり。（中略）かく信じ給ひて南無妙法蓮華経と唱へ給へ。	宝塔湧現の信行、五大（地水火風空）と題目の五字、七宝	平成25・12—8

御書名	新編御書頁	拝読御文	信行のポイント・キーワード	掲載号
開目抄	五七三	生死を離るゝ時は、必ず此の重罪をけしはてゝ出離すべし。（中略）睡れる師子に手をつくれば大いに吼ゆ。	折伏する功徳、折伏貫徹の年、罪障消滅	平成26・1—12
開目抄	五四〇	日蓮が法華経の智解は天台伝教には千万が一分も及ぶ事なけれども、（中略）「加刀杖瓦石」等云云。	御本仏出現の意義、一大事因縁	平成26・2—8
種々御振舞御書	一〇六三	国主等のかたきにするは、既に正法を行ずるにてあるなり。（中略）争でか法華経の行者とはなるべきと悦ぶ。	苦難を乗り越える信行、三障四魔	平成26・3—8
新池御書	一四五七	雪山の寒苦鳥は寒苦にせめられて、（中略）寸善尺魔と申すは是なり。	覚悟・前進の信行、寒苦鳥、身口意の三業、五根、折伏	平成26・4—8
四条金吾殿御返事	九九一	一切衆生、南無妙法蓮華経と唱ふるより外の遊楽なきなり。（中略）いよいよ強盛の信力をいたし給へ。	自受法楽の境界を目指そう、四条金吾、六験、五欲	平成26・5—8
松野殿御返事	一〇四六	過去の不軽菩薩は一切衆生に仏性あり、法華経を持たば必ず成仏すべし、（中略）仏を毀りては罪を得るなり。	異体同心は誓願達成の秘訣、報告・連絡・相談、決められた約束を守る	平成26・6—8
上野殿後家尼御返事	一三三八	寿量品に云はく「我実に成仏してより已来無量無辺なり」等云云。（中略）此の文には日蓮が秘蔵の法門かきて候ぞ。秘しさせ給へ、秘しさせ給へ。	烏竜・遺竜の故事、追善供養	平成26・7—8

御書名	新編御書頁	拝読御文	信行のポイント・キーワード	掲載号
四恩抄	二六七	釈迦如来無量劫の間菩薩の行を立て給ひし時、（中略）比丘比丘尼の命のさゝへとせんと誓ひ給へり。	仏恩に報い奉る途、果地の功徳、四恩、折伏行の実践、報恩謝徳	平成26・8—8
三三蔵祈雨事	八七三	仏になるみちは善知識にはすぎず。（中略）善知識は爪上の土よりもすくなし。	講中組織がなぜ必要なのか、善知識、悪知識、法華講の組織	平成26・9—8
寂日房御書	一三九三	一切の物にわたりて名の大切なるなり。（中略）日本国の一切衆生に法華経をうけたもてと勧めしは是なり。	御会式には折伏した方と参詣しよう、日蓮大聖人のお名前、御会式の意義	平成26・10—8
四条金吾殿御返事	一五〇一	我が身法華経の行者ならば、霊山の教主釈迦、（中略）毎年度々の御参詣には、無始の罪障も定めて今生一世に消滅すべきか。弥はげむべし、はげむべし。	家族そろって支部総登山に参加しよう、師弟相対、登山参詣の意義	平成26・11—8
撰時抄	八六三	権大乗経の題目の広宣流布するは、実大乗経の題目の流布せんずる序にあらずや。（中略）影と身と声と響きとのごとくならん。	全支部が誓願を達成しよう、僧俗一致、異体同心、師弟相対	平成26・12—8
報恩抄	一〇三六	日蓮が慈悲曠大ならば南無妙法蓮華経は万年の外未来までもながるべし。（中略）時のしからしむるに有らずや。	新たな広布への出陣、達成・出陣の年、疫癘、火宅、大御本尊への信仰の否定	平成27・1—8
日興遺誡置文	一八八三	夫以れば末法弘通の慧日は、極悪謗法の闇を照らし、（中略）偏に広宣流布の金言を仰がんが為なり。	日蓮正宗の重要な指針、富士の立義、御遺誡、日興上人の御遺徳	平成27・2—8

御書名	新編御書頁	拝読御文	信行のポイント・キーワード	掲載号
日興跡条々事	一八八三	一、本門寺建立の時、新田卿阿闍梨日目を座主と為し、（中略）仍って後の為証状件の如し。	大御本尊への信仰放棄は大聖人の否定、本門戒壇の大御本尊、創価学会の大謗法	平成27・3―10
三三蔵祈雨事	八七三	夫木をうへ候には、大風ふき候へどもつよきすけをかひぬればたうれず。（中略）善知識は爪上の土よりもすくなし。	折伏も育成も「声掛け」から、順逆の二縁、御講は人材育成の場	平成27・4―12
南条殿御返事	九五四	夫衣は身をつゝみ、食は命をつぐ。（中略）経に云はく「是の人仏道に於て決定して疑ひ有ること無けん」と。	家庭訪問の大事、名実共に、自行の充実、御講、座談会	平成27・5―12
聖愚問答抄	四〇一	父母の命に背きて無為に入り、（中略）非道にも主命に随はんと云ふ事、佞臣の至り不忠の極まりなり。	真の孝養とは、親の恩、浄蔵・浄眼、池上兄弟、一家和楽の信心	平成27・6―12
日妙聖人御書	六〇六	玄奘は西天に法を求めて十七年、十万里にいたれり。（中略）故に名を一つつけたてまつりて不軽菩薩の義になぞらえん。日妙聖人等云云。	御講参詣の意義と功徳、五十展転随喜の功徳	平成27・7―12
千日尼御前御返事	一二五三	人は見る眼の前には心ざし有れども、（中略）大地よりもあつく大海よりもふかき御心ざしぞかし。	広布に活かしたい人生経験の力、阿仏房夫妻、高齢信徒の使命	平成27・8―12
上野殿御返事	一三六一	涌出品は日蓮がためにはすこしよしみある品なり。（中略）此の法華経の題目を弘めんと思ふばかりなり。	講中全員で折伏をしていこう、地涌の菩薩、仏縁に触れさせる	平成27・9―12

御書名	新編御書頁	拝読御文	信行のポイント・キーワード	掲載号
土篭御書	四八三	日蓮は明日佐渡国へまかるなり。（中略）色心二法共にあそばされたるこそ貴く候へ。	三業にわたる実践で広布を推進、一信二行三学、信仰は実践・体験	平成27・10—12
白米一俵御書	一五四四	南無と申すはいかなる事ぞと申すに、（中略）たゞ一つきて候衣を法華経にまいらせ候が、身のかわをはぐにて候ぞ。	我が命を仏に奉る信行、南無（帰命）、時間と労力を惜しまない	平成27・11—12
法華初心成仏抄	一三一四	末法今の世の番衆は上行・無辺行等にてをはしますなり。（中略）国土の大難をも払ふべき者なり。	広布前進は師弟相対の信行から、師弟相対、僧俗和合、よき法・よき師・よき檀那	平成27・12—12
妙一尼御前御返事	一四六七	夫信心と申すは別にはこれなく候。（中略）すこしもすつる心なく案じ給ふべく候。	信を深める、折伏躍進の年、人材を輩出、仏法即世法・信心即生活	平成28・1—12
報恩抄	九九九	夫老狐は塚をあとにせず、白亀は毛宝が恩をほうず。（中略）必ず仏法をならひきわめ、智者とならで叶ふべきか。	知恩・報恩の大事、予譲、折伏こそ真の知恩・報恩	平成28・2—12
祈祷抄	六三〇	大地はさゝばはづるゝとも、虚空をつなぐ者はありとも、（中略）南無妙法蓮華経と申さば必ず守護し給ふべし。	正境に祈ることが肝要、御祈念、祈りは必ず叶う、信力・行力	平成28・3—12
新池御書	一四五六	うれしきかな末法流布に生まれあへる我等、（中略）終に命を失ふが如し。	御聖誕八百年に巡り値える尊さ、妙法に縁する有り難さ、仏縁と使命	平成28・4—12

御書名	新編御書頁	拝読御文	信行のポイント・キーワード	掲載号
兄弟抄	九八六	此の法門を申すには必ず魔出来すべし。（中略）謹んで習ひ伝へて未来の資糧とせよ。	障魔を打ち破る信行、三障四魔、心のゆるみ、十軍の魔	平成28・5—12
佐渡御書	五八二	法華経の行者を過去に軽易せし故に、法華経は月と月とを並べ、（中略）「斯護法の功徳力に由る故なり」等は是なり。	転重軽受の功徳、自業自得果、八種の難	平成28・6—12
新池御書	一四五七	皆人の此の経を信じ始むる時は信心有る様に見え候が、（中略）弥法の道理を聴聞して信心の歩みを運ぶべし。	御指南に随順する信行を、師弟相対、師厳道尊	平成28・7—12
盂蘭盆御書	一三七七	悪の中の大悪は我が身に其の苦をうくるのみならず、（中略）我等と衆生と皆共に仏道を成ぜん」云云。	三世の生命と追善供養の大事、中有、四有、盂蘭盆	平成28・8—12
上野殿御返事	七四四	得勝・無勝の二童子は仏に沙の餅を供養したてまつりて（中略）法華経の行者を供養する功徳はすぐれたりととかせ給ふ。	御供養の大切さを説いていこう、二種供養、三業供養、事供養・理供養、御供養の功徳	平成28・9—12
上野殿御返事	一五二八	鵞目一貫文送り了んぬ。（中略）二つなき物を人にあたへ、命のたゆるに人のせにあふがごとし。	教えることの大切さ、人材の輩出、育成、家庭訪問、信頼関係	平成28・10—12
白米一俵御書	一五四五	彼々の二経は深心の経々なれども、（中略）白米は白米にはあらず。すなはち命なり。	信心即生活を実践していこう、世法即仏法、一大事因縁、広宣流布	平成28・11—12

御書名	新編御書頁	拝読御文	信行のポイント・キーワード	掲載号
如説修行抄	六七一	法華折伏破権門理の金言なれば、（中略）現世安穏の証文疑ひ有るべからざる者なり。	なんのために折伏をするのか、誓願、三災七難、立正安国論、常寂光土、依正不二	平成28・12—12
諸法実相抄	六六七	一閻浮提第一の御本尊を信じさせ給へ。（中略）力あらば一文一句なりともかたらせ給ふべし。	人材の育成こそ鍵、折伏、育成、一信二行三学、山本五十六	平成29・1—12
開目抄	五七四	我並びに我が弟子、諸難ありとも疑ふ心なくば、（中略）霊山にまいりて返ってみちびけかし。	大確信を持って自行化他の実践を、無疑曰信の信心、妻子との別れ、強盛な信心	平成29・2—12
異体同心事	一三八九	あつわらの者どもの御心ざし、異体同心なれば万事を成じ、（中略）此の一門も又かくのごとし。	誓願達成の鍵は異体同心、同志を毀らない、広宣流布の一点に焦点を	平成29・3—12
開目抄	五七一	いたうの大悪人ならざる者、正法を誹謗すれば（中略）具には、立正安国論にかんがへたるがごとし。	覚悟の信行、諸天の加護、法難の起こる理由、三大誓願	平成29・4—12
四条金吾殿御返事	一一一八	はきりどのの事は法門は御信用あるやうに候へども、（中略）我が身もだんなもほろび候なり。	御指南に添い奉る信行、退転していく者、折伏誓願	平成29・5—12
南条兵衛七郎殿御書	三二二	信心ふかき者も法華経のかたきをばせめず。（中略）当世の人々は謗法の者としろしめすべし。	勇気とは行動、自行化他、新入信者の育成	平成29・6—12

御書名	新編御書頁	拝読御文	信行のポイント・キーワード	掲載号
種々御振舞御書	一〇五七	仏滅後二千二百二十余年が間、（中略）迦葉・阿難にも勝れ、天台・伝教にもこへよかし。	「広布推進会」に参加し全支部が誓願達成を、大聖人のお振る舞いを手本に	平成29・7－12
聖愚問答抄	四〇二	人身は得難く、天上の糸筋の海底の針に貫けるよりも希に、（中略）父母の菩薩を資け、愚身が獄縛をも免るべし。	命の尊さを知り妙法広布に生きよう、天上の糸、一眼の亀、価値ある生き方	平成29・8－14
松野殿御返事	一〇五一	然るに在家の御身は、但余念なく南無妙法蓮華経と御唱へありて、（中略）退転なく修行して最後臨終の時を待って御覧ぜよ。	不惜身命・随力弘通の実践を、五十展転随喜の功徳、臨終	平成29・9－14
種々御振舞御書	一〇六六	教主釈尊の御使ひなれば天照太神・正八幡宮も頭をかたぶけ、（中略）大蒙古国より打手を向けて日本国ほろぼさるべし。	『立正安国論』・申状捧読の精神を受け継ぎ折伏実践へ、謗法の根源、破邪顕正	平成29・10－12
本尊供養御書	一〇五四	法華経御本尊御供養の御僧膳料の米一駄（中略）法華経の不思議も又是の如し。凡夫を仏に成し給ふ。	不思議の妙法を信じて全員参加の支部総登山を、仙台法難、覚林日如師、登山・御講参詣	平成29・11－12
開目抄	五七三	生死を離るゝ時は、必ず此の重罪をけしはてゝ出離すべし。（中略）睡れる師子に手をつくれば大いに吼ゆ。	諸難を乗り越えて折伏を実践、一生成仏、広宣流布、なんとしても全支部が誓願目標の達成を	平成29・12－12
祈祷抄	六三〇	大地はさゝばはづるゝとも、虚空をつなぐ者はありとも、（中略）いかでか祈りのかなはざるべき。	大聖人御聖誕八百年まであと三年なんとしても折伏誓願達成を成就しよう、正境に縁すれば祈りは必ず叶う	平成30・1－12

御書名	新編御書頁	拝読御文	信行のポイント・キーワード	掲載号
種々御振舞御書	一〇五六	各々我が弟子となのらん人々は一人もをくしをもはるべからず。（中略）石に金をかへ、糞に米をかうるなり。	臆せず折伏への行動を、お塔開き、異体同心	平成30・2―12
法華取要抄	七三六	問うて云はく、如来滅後二千余年に竜樹・天親・天台・伝教の（中略）逆縁の為には但妙法蓮華経の五字に限る。	三大秘法総在の大御本尊のもと破邪顕正の折伏に打って出よう、逆縁、自行化他の題目	平成30・3―12
聖人御難事	一三九七	各々師子王の心を取り出だして、いかに人をどすともをづる事なかれ。（中略）すこしもたゆむ心あらば魔たよりをうべし。	障魔に打ち勝つ信心、三障四魔、正法ゆえに障魔は起こる、師子王の心	平成30・4―12
経王殿御返事	六八五	日蓮がたましひをすみにそめながしてかきて候ぞ、信じさせ給へ。（中略）「現世安穏、後生善処」疑ひなからん。	堅固な信心で行学に精進しよう、御本尊に具わる徳用、四力、安居	平成30・5―14
法衣書	一五四六	抑食は命をつぎ、衣は身をかくす。（中略）蛇形をかくして珠を授けたてまつる。	最高の善・功徳を修する法、因果撥無、善因善果	平成30・6―12
四条金吾殿御返事	七七五	法華経の文に「難信難解」と説き玉ふは是なり。（中略）三世の諸仏の大事たる南無妙法蓮華経を念ずるを持つとは云ふなり。	妙法受持こそ成仏の要諦、総体の受持、別体の受持、諸難を覚悟する堅固な信心	平成30・7―12
妙心尼御前御返事	九〇三	をさなき人の御ために御まぼりさづけまいらせ候。（中略）昼夜にかげのごとくまぼらせ給ふ法にて候。よくよく御信用あるべし。	本門戒壇の大御本尊は功徳の根源、御本尊受持の人に諸天の守護あり、誓願成就の鍵は絶対の確信と実践行動	平成30・8―12

御書名	新編御書頁	拝読御文	信行のポイント・キーワード	掲載号
富木尼御前御書	九五五	病なき人も無常まぬかれがたし。（中略）寿ものざびるべきと強盛にをぼしめし、身を持し、心に物をなげかざれ。	いかなる病も障りなし、病苦を乗り越える、大御本尊への絶対の確信	平成30・9－12
崇峻天皇御書	一一七四	孔子と申せし賢人は九思一言とて、こゝのたびおもひて一度申す。（中略）賢きを人と云ひ、はかなきを畜という。	人としての振る舞いこそ仏法の大事、九思一言、握髪吐哺、人格の完成を目指して、折伏の姿勢	平成30・10－12
国府尼御前御書	七三九	法華経第四法師品に云はく「人有って仏道を求めて（中略）留難をなさん人々は頭七分にわるべしと云云。	御報恩のため真心からの御供養を、法供養、財供養、衆生救済を誓願して捧げた貧女の一灯	平成30・11－12
光日房御書	九六二	夫、針は水にしずむ。雨は空にとゞまらず。（中略）大逆なれども懺悔すれば罪きへぬ。	「行動の年」最後の月　なんとしても誓願を達成しよう、謗法罪障消滅、登山参詣	平成30・12－12
唱法華題目抄	二三一	末代には善無き者は多く善有る者は少なし。（中略）当時の苦をかへりみず、後を思ふ故に灸を加ふるが如し。	二年後の大佳節を目指し下種・折伏行に勇躍前進しよう、喜根菩薩、不軽菩薩、逆縁の功徳	平成31・1－12
西山殿御返事	一〇七二	雪至って白ければ、そむるにそめられず。（中略）いかにも御信心をば雪漆のごとくに御もち有るべく候。	妙法を心に染め堅固な信心で進もう、謗法厳誡、善知識	平成31・2－12
一生成仏抄	四六	衆生の心けがるれば土もけがれ、（中略）只南無妙法蓮華経と唱へたてまつるを、是をみがくとは云ふなり。	唱題で心を磨き折伏成就の花を咲かせよう、煩悩、懈怠	平成31・3－12

御書名	新編御書頁	拝読御文	信行のポイント・キーワード	掲載号
諫暁八幡抄	一五四三	天竺国をば月氏国と申す、仏の出現し給ふべき名なり。（中略）各々我が弟子等はげませ給へ、はげませ給へ。	新しい時代も妙法広布に邁進しよう、不軽菩薩、折伏行、日本の国名	平成31・4—12
呵責謗法滅罪抄	七一二	日蓮は法華経の明鏡をもて自身に引き向かへたるに都てくもりなし。（中略）かゝる身となれば所願も満足なるべし。	「令和三年」の御命題成就に向かって前進しよう、罪業・悪業、転重軽受、自折折他	令和元・5—12
四恩抄	二六八	僧の恩をいはゞ、仏宝・法宝は必ず僧によて住す。（中略）然れば僧の恩を報じ難し。	尊い時間を使って最高の報恩行に励もう、四恩、不惜身命の信心	令和元・6—12
十字御書	一五五一	抑地獄と仏とはいづれの所に候ぞとたづね候へば、（中略）我等が心の内に仏はをはしましけるを知り候はざりけるぞ。	一生成仏を果たすため自行化他の信行に精進しよう、多根樹の種	令和元・7—12
南部六郎殿御書	四六三	眠れる師子に手を付けざれば瞋らず、（中略）所修の善根悉く滅して倶に地獄に堕落せん。	勇気を持って謗法を破折しよう、謗法厳誡、与同罪、「見」「置」の二字	令和元・8—12
曽谷殿御返事	一〇四〇	謗法を責めずして成仏を願はゞ、（中略）仏はうへての如く、衆生は田の如くなり。	謗法厳誡を堅持し必ず誓願を達成しよう、わずかな謗法が大きな罪障に、下種折伏	令和元・9—12
阿仏房尼御前御返事	九〇六	此の度大願を立て、後生を願はせ給へ。（中略）力あらん程は謗法をばせめさせ給ふべし。	御会式、謗法厳誡、破邪顕正、謗法不信の水を取り除き信心の畷を固める	令和元・10—12

御書名	新編御書頁	拝読御文	信行のポイント・キーワード	掲載号
寂日房御書	一三九四	かゝる者の弟子檀那とならん人々は宿縁ふかしと思ひて、（中略）よくよく信じ給ふべし。	日蓮と同じく法華経を弘むべきなり、自行化他の題目、本已有善・本未有善	令和元・11—14
聖愚問答抄	四〇二	抑仏法を弘通し群生を利益せんには、（中略）然るに今世は摂受の時か折伏の時か先づ是を知るべし。	堅実な折伏を行じて広宣流布を目指そう、自分の「物差し」、宗教の五綱、摂受・折伏	令和元・12—16
主師親御書	四九	何れの人か仏を悪み奉るべきなれども、尚怨嫉するもの多し。（中略）能く能く心得べき事なり。明らむべき物なり。	強敵・障魔を打ち破る強盛な信行を、真の法華経の行者、三類の強敵	令和2・1—12
椎地四郎殿御書	一五五五	法華経の法門を一文一句なりとも人にかたらんは（中略）貴辺すでに俗なり、善男子の人なるべし。	大佳節に向かい「一人が一人の折伏」を実践しよう、如来の使い、宿縁深厚	令和2・2—12
法華題目抄	三五五	この経に値ひたてまつる事をば、（中略）法華経の題目に値ひ奉る事はかたし。	妙法値遇の宿縁を胸に正法弘通に邁進しよう、優曇華、一眼の亀、善知識	令和2・3—12
顕立正意抄	七五〇	不軽軽毀の衆は現身に信伏随従の四字を加ふれども（中略）其の時我を恨むべからず等云云。	大聖人の教えを心中に染めて、信伏随従、唱題の功徳	令和2・4—12
四条金吾殿女房御返事	七五七	今三十三の御やくとて、御ふせをくりたびて候へば、（中略）風ゆるなればなみちひさきはじねんのだうりなり。	真の幸福は苦難を乗り越えた先にある、此経難持、厄年、強盛な信心	令和2・5—12

御書名	新編御書頁	拝読御文	信行のポイント・キーワード	掲載号
日女御前御返事	一三八八	南無妙法蓮華経とばかり唱へて仏になるべき事尤も大切なり。（中略）故に華厳に信を道の元、功徳の母と為す」等。	折伏こそ真の平和を実現する方途、御本尊に対する絶対信、熱原三烈士	令和２・6－12
新池御書	一四六一	有解無信とて法門をば解りて信心なき者は更に成仏すべからず。（中略）信心なくば仏にならんことおぼつかなし。	制約のなかでも折伏の方途はある、妙法信受、正しい信行の在り方	令和２・7－12
日厳尼御前御返事	一五一九	尼日厳の立て申す立願の願書、（中略）風のゆるがすは経文をよむがごとしとをぼしめせ。	四力成就の信心に励もう、強盛な信心、真剣な祈り	令和２・8－12
御義口伝	一七三七	一念三千も信の一字より起こり、（中略）信は智慧の種なり、不信は堕獄の因なり。	「信」の一字で御命題達成を目指そう、以信代慧、胸突き八丁	令和２・9－12
佐渡御勘気抄	四八二	九月十二日に御勘気を蒙りて、（中略）死して候はゞ、必ず各々をたすけたてまつるべし。	工夫して時間を作り出し必ず御命題を達成しよう、一所懸命、化他行の実践	令和２・10－12
御講聞書	一八一八	今末法は南無妙法蓮華経の七字を弘めて利生得益有るべき時なり。（中略）此の妙法の大曼荼羅を身に持ち心に念じ口に唱へ奉るべき時なり。	末法は妙法を広宣流布する時、下種益、夏炉冬扇、去年の暦	令和２・11－12
顕仏未来記	六七八	去ぬる正嘉年中より今年に至るまで、（中略）惟れ偏に此の大法興廃の大瑞なり。	御命題を達成して大佳節を迎えよう、御本仏の出現、大法興廃の大瑞	令和２・12－12

御書名	新編御書頁	拝読御文	信行のポイント・キーワード	掲載号
善無畏三蔵抄	四三八	日蓮は安房国東条片海の石中の賤民が子なり。（中略）日本国の念仏大体留まり了んぬ。	折伏を実践して大佳節をもてなそう、疫病	令和3・1—12
中興入道御消息	一四三一	日蓮は中国・都の者にもあらず、（中略）二十七年が間、退転なく申しつより候	宗祖御聖誕八百年の大慶事を迎えて、示同凡夫、真の仏、六種の尊貴	令和3・2—12
秋元御書	一四四七	器に四つの失あり。（中略）信心のこゝろ全ければ平等大慧の智水乾く事なし。	四失を排し完器の信心を貫こう、御命題達成、己心の魔	令和3・3—12
減劫御書	九二四	末代濁世の心の貪欲・瞋恚・愚癡のかしこさは、（中略）いよいよ代のほろぶる事出来せり。	妙法の大良薬をもって人々を救おう、煩悩の毒病	令和3・4—14
諸経と法華経と難易の事	一四六九	弘法・慈覚・智証の御義を本としける程に、（中略）苦しきは世間の学者、随他意を信じて苦海に沈まん。	折伏を実践し法界を浄化していこう、承久の乱、仏法の正邪、人新世、依正不二	令和3・5—12
一代聖教大意	九二	問ふ、諸経の如きは或は菩薩の為、（中略）総じて十界の衆生の為なり。	強盛な信心を堅持して聞法下種の折伏を実践しよう、難信難解、相伝、三重秘伝	令和3・6—12
四条金吾殿御返事	五九八	かゝるいみじくたうとき法華経を、（中略）現世に又人にさげられ用ひられざるなり。	折伏を実践して罪障消滅を果たそう、因果の道理、示同凡夫、諸難の原因は自らの謗法罪障にある	令和3・7—12

御書名	新編御書頁	拝読御文	信行のポイント・キーワード	掲載号
兄弟抄	九八七	心の師とはなるとも心を師とせざれとは、（中略）仏も叶ひ給はず、無間地獄にをちにき。	コロナ禍の今この時こそ折伏に励み魔を打ち破ろう、第六天の魔	令和3・8―12
総在一念抄	一一五	問うて云はく、一文不通の愚人南無妙法蓮華経と唱へては何の益か有らんや。（中略）故に伝教大師云はく「信謗彼此決定成仏」等云云。	順逆二縁の人々を救う折伏に励もう、不軽菩薩、逆縁成仏、下種折伏の使命	令和3・9―12
本尊問答抄	一二八三	此の御本尊は世尊説きおかせ給ひてのち、（中略）他事をすてゝ此の御本尊の御前にして一向に後世をもいのらせ給ひ候へ。	災厄と不幸を解決する折伏に励もう、人法一箇、唯授一人、他事を捨てる	令和3・10―12
四信五品抄	一一一四	問ふ、其の義を知らざる人唯南無妙法蓮華経と唱へて（中略）而も之を行ずるに自然に意に当たるなり。	今こそ憂国の士となり破邪顕正の折伏を実践しよう、三学、四信五品、正法受持の一行	令和3・11―12
佐渡御書	五七九	畜生の心は弱きをおどし強きをおそる。（中略）正法は一字一句なれども時機に叶ひぬれば必ず得道なるべし。	師子王の如き強盛な信心を奮い出だして折伏に、不退の信心、勇猛心	令和3・12―12
三大秘法稟承事	一五九四	題目とは二意有り。所謂正像と末法となり。（中略）自行化他に亘りて南無妙法蓮華経なり。	「報恩躍進の年」を自行化他の実践で、題目の二意、脱益・下種益、自行化他にわたる題目	令和4・1―12
最蓮房御返事	五八五	今時は師に於て正師・邪師・善師・悪師の不同ある事を知って、（中略）所詮其の邪悪の師とは今の世の法華誹謗の法師なり。	正善の師のもとで勇猛前進、正師・善師、邪師・悪師	令和4・2―12

御書名	新編御書頁	拝読御文	信行のポイント・キーワード	掲載号
御講聞書	一八一九	法華経二十八品は影の如く響きの如し、（中略）一念三千の大事の法門とは是なり。	力強い唱題と折伏の実践で国土・法界を浄化しよう、一念三千	令和4・3―12
聖愚問答抄	三九九	我釈尊の遺法をまなび、仏法に肩を入れしより已来、（中略）唯知恩を旨とする計りなり。	知恩報恩の大事、四恩、折伏こそ真の報恩行	令和4・4―14
転重軽受法門	四八〇	涅槃経に転重軽受と申す法門あり。（中略）不軽菩薩の難に値ふゆへに、過去の罪の滅するかとみへはんべり。	魔や難が起きた時こそ唱題と折伏に、竜口法難、軽受の功徳、折伏は他を救い自身の功徳の源となる、不軽菩薩	令和4・5―12
瑞相御書	九二〇	人の悦び多々なれば、天に吉瑞をあらはし、（中略）此の悪心の根本は日蓮によりて起これるところなり。	災難の根本を断つために折伏実践、瑞相、災難興起の由来、依正不二	令和4・6―12

妙教《みょうきょう》総索引
（一八七号～三五七号）

令和五年九月十二日　初版発行

編集・発行　株式会社 大日蓮出版

印　　刷　田嶋製本株式会社

ISBN 978-4-910458-16-8